U0043019

臺灣研究叢刊

荷據時代台灣史

楊彥杰／著

序

　　荷蘭占據台灣達38年之久（1624-1662），這是台灣早期歷史的一個特點。有關這一時期的研究，曾經發表過一些專題論文，但以整個荷據時代為對象進行綜合研究的專著卻未見出版。本書可以說是填補了這方面的空白，是第一部全面研究荷據時代台灣歷史的學術著作。

　　荷蘭海牙國立綜合檔案館所藏當年荷蘭東印度公司的檔案資料，是研究這段歷史的最重要資料之一，可惜還沒有完全整理和翻譯出來，一般學者還難以使用。儘管如此，本書作者還是盡力搜集了各種中外文資料，包括古籍、檔案、奏稿、方志、日記等，並且全面查閱了中國大陸、台灣、日本、荷蘭、美國學者的研究成果，特別是充分利用了日譯本《巴達維亞日記》這種第一手資料，因而能夠比較全面地描繪出當時台灣社會生活的具體狀況，使讀者對這段歷史有一個既系統又細緻的認識。這是本書的一個貢獻。

　　當然，更重要的是，作者對荷據時代許多重要的歷史問題都作了相當深入的研究，並且提出了自己獨到的見解。諸如，關於荷據時代的歷史分期，台灣被荷蘭人侵占的原因，荷蘭人對日本人、西班牙人、中國當局以及鄭芝龍的不同策略，荷蘭人由從事轉口貿易為主到以經營本島為主的轉變，台灣轉口貿易從興盛到衰落演變，荷據時代對台灣發展的影響等。讀者可以從本書的論述中看出作者對學術問題所持的客觀的和實事求是的態度。作者

認為，當年台灣轉口貿易的興衰，與大陸沿海地區的經濟狀況有著密切的關係，他以翔實的資料，說明當時台灣轉口貿易「不是建立在台灣本島社會經濟發展的基礎之上，而是依靠大陸商品源源不斷的供應才發展起來的」。作者還具體分析了當時台灣蔗糖生產等情況，說明荷蘭殖民者對農業的獎勵政策是為了「發展殖民經濟，以利於其對台灣的掠奪和統治」。與此同時，作者又不否認荷據時代對後來台灣社會發展的客觀作用，認為當時農業生產和市場經濟的密切關係對後來台灣經濟發生了久遠的影響。這些論點及其論證都是值得讀者留意的。

此外，作者還用數學方法重新估算了若干重要的數據，例如，他根據徵收人頭稅的資料，估算出荷據時代若干年代漢人的人口數字，男女比例以及人口流動狀況；測算出歷年的砂糖產量、稻穀產量以及稻作租稅的標準；編製出歷年財政收支表等。用必要的數據說明自己的論點，有時還是相當有說服力。這是本書的一個特色。

作者花費了幾年的時間，總算「熬」出了這部著作，其中的艱辛，作為研究工作的同行也有一定的體會。我相信這部著作的出版，對台灣史研究將會有所助益，也會引起台灣同行的重視。至於他們對這本書會有什麼評論，我還無法估計。以上只是我作為第一個讀者發表的一些議論而已。

陳孔立

誌於廈門

目次

序 ……………………………………………………陳孔立 i

第一章　入據台灣 ………………………………………… 1

第一節　16、17世紀的台澎形勢 ……………………… 1
第二節　荷蘭人第一次入侵澎湖 ……………………… 7
第三節　荷蘭人第二次入侵澎湖 ……………………… 17
第四節　台灣被占的原因分析 ………………………… 32

第二章　矛盾衝突 ………………………………………… 43

第一節　荷據以前漢族移民在台灣的活動 …………… 43
第二節　荷蘭人與鄭芝龍的關係 ……………………… 51
第三節　荷蘭人與日本人的糾紛 ……………………… 60
第四節　荷蘭人與西班牙人的對立 …………………… 65

第三章　殖民統治 ………………………………………… 71

第一節　在大員建立殖民據點 ………………………… 71
第二節　擴大殖民統治範圍 …………………………… 77
第三節　對原住民和漢族人民的統治 ………………… 91
第四節　傳布基督教 …………………………………… 107

第四章　轉口貿易 ………………………………………… 121

第一節　轉口貿易的基本內容 ………………………… 121
第二節　轉口貿易的發展 ……………………………… 126
第三節　轉口貿易的衰敗 ……………………………… 135
第四節　中國商人與台灣的轉口貿易 ………………… 146

第五節　餘論 ……………………………………… 156

第五章　移民開發 ………………………………… 159

第一節　大陸向台灣移民 ………………………… 159
第二節　台灣土地的開發 ………………………… 174
第三節　糖米生產及其商品經濟性質 …………… 185
第四節　關於租稅問題 …………………………… 199

第六章　經濟掠奪 ………………………………… 205

第一節　對自然資源的掠奪 ……………………… 205
第二節　徵收賦稅 ………………………………… 226
第三節　財政收入與支出 ………………………… 239

第七章　統治危機 ………………………………… 247

第一節　郭懷一起義 ……………………………… 247
第二節　謀求與清朝人通商 ……………………… 255
第三節　鄭成功實行海禁 ………………………… 263
第四節　何斌事件 ………………………………… 274
第五節　鄭成功驅逐荷蘭人 ……………………… 281

第八章　最後失敗 ………………………………… 295

第一節　荷、清聯合進攻鄭氏 …………………… 295
第二節　荷蘭人重占雞籠及其失敗 ……………… 304

第九章　結　語 …………………………………… 311

附　錄 ……………………………………………… 315

巴城總督一覽表 …………………………………… 316
台灣長官一覽表 …………………………………… 316
駐台牧師一覽表 …………………………………… 317
重要譯名對照表 …………………………………… 319

第一章

入據台灣

第一節　16、17世紀的台澎形勢

　　16世紀中葉某日，一艘葡萄牙船在中國東南海上行駛，當它駛過台灣海峽的時候，船員們在甲板上望見台灣島一片森林蔥翠，風景秀麗，不禁歡呼："Ilha Formosa, Ilha Formosa"（意爲美麗之島）。從此，台灣島便被歐洲人稱爲「福摩薩」，並於1554年首次標入羅伯・歐蒙(Lopo Homem)繪製的世界地圖上[1]。台灣島這一得名過程是偶然的；但在這偶然的歷史現象後面，卻隱含著十分廣闊而深刻的背景。

　　台灣地處中國東南海上，與福建省隔海相望。北鄰日本，南鄰菲律賓群島，是西太平洋航道的重要島嶼。早在石器時代，台灣就與大陸有著經濟、文化交往。三國時期，吳國孫權曾派衛溫、諸葛直「浮海求夷洲」[2]。史學界一般認爲，夷洲即指台灣。隋唐以後，台灣稱流求(或作琉球、瑠求等)。隋煬帝數次派人渡海「擊

---

[1]　參見曹永和，〈歐洲古地圖上之台灣〉，《台灣早期歷史研究》（台北：聯經出版事業公司，1981）。

[2]　《三國志・吳書・孫權傳》。

流求國」，並帶數千男女「而歸」[3]。唐時據說已有人渡台貿易[4]。明末曾遊歷台灣的普陀山僧人華祐云：台東「里劉有唐碑，上書『開元』二字，分明可辨」[5]。倘若屬實，可能是零星移民的遺跡。

　　宋元以後，隨著大陸社會經濟的發展，特別是福建沿海地區的開發日臻成熟，海外貿易興盛，人口壓力增大，台灣與大陸之間的聯繫益見密切。宋時澎湖已有漢人聚居，不僅有房屋遺址，而且有錢幣、瓷器、鐵具等物被發掘出來。清人朱景英在《海東札記》說，台灣有宋錢，為太平、至道、元祐、天禧等年號，「相傳初闢時，土中有掘出古錢千百甕者」；他自己亦在笨港口「得錢數百，肉好深翠，古色可玩」[6]。台、澎兩地都發現宋錢，絕非偶然，它是兩岸密切交往關係的反映。由於漢族人民前往台澎越來越多，大陸政權也加強了對這一地區的管理。宋時泉州設有市舶司，澎湖「為泉之外府」，「訟者取決於晉江縣」[7]。南宋時為加強海防，在澎湖派駐軍隊，「建屋二百間，遣將分屯」[8]。元朝時期，大陸政權在澎湖設立巡檢司，開直接建置政權機構的歷史[9]。當時商船航海已有了「東洋針路」[10]，即從福建沿海出發，取道台

3　《隋書》，〈煬帝紀〉、〈陳稜傳〉、〈琉求〉。

4　《安海志》引蔡永兼《西山雜誌》云「唐開元八年，林鑾舟至勃泥、台灣」貿易，並建七星塔作為航標。「唐乾符時，林鑾九世孫林靈字應素，經商航海台灣、甘棠、真臘諸國，建造百艘大舟。」此為清人所記，但言之真確，似有所據。

5　連橫，《雅堂文集·台灣遊記書後》。

6　朱景英，《海東札記》卷4。

7　陳懋仁，《泉南雜誌》卷上，引《泉郡志》。

8　樓鑰，《攻媿集》，卷88，汪大猷引傳。

9　關於設置澎湖巡檢司的時間，多有爭議。據陳孔立教授考證，當在元世祖至元末年。見陳孔立，〈元置澎湖巡檢司考〉，《中華文史論叢》，1980年第2輯。

10　參閱曹永和，〈早期台灣的開發與經營〉，《台灣早期歷史研究》。

灣，再經呂宋航向南太平洋諸國。台灣是東洋針路的起點。元時到過台灣的汪大淵說：台島地產砂金、硫磺、鹿皮等物，商船前往貿易，用「土珠、瑪瑙、金珠、粗碗、處州瓷器之屬易貨」，外出海外諸國，「蓋由此始」[11]。

　　16世紀的台灣成為東、西方各侵略勢力爭奪的一個焦點。而在中國內部，由於明朝政府實行海禁政策以及海上武裝勢力的興起，使得這一地區的形勢更為複雜。

　　明朝建立後，為了穩固它的封建統治，採取了消極的海防政策：一方面嚴禁沿海人民下海經商，限定通商貿易；另一方面遷徙海島居民返回內地，並於海防要地築城戍守。顧祖禹《讀史方輿紀要》澎湖條云：「明初洪武五年(1372年)，湯信國經略海上，以島民叛服難信，議徙之於近郊。二十年(1387年)，盡徙嶼民，廢巡司而墟其地。」澎湖巡檢司的廢除不能不說是一種倒退。從此，台、澎地區防務空虛。在商品經濟的衝擊下，沿海豪強世族私置武裝大船，強行下海走私，澎湖、台灣遂成為海上武裝勢力的「潛聚」之所。

　　15世紀中葉以後，日本進入戰國時期。連綿不斷的割據戰爭導致大批封建領主專注於海上，他們指使武士、浪人及走私商人外出搶劫或走私貿易，形成中國歷史上有名的倭患。日本倭寇與中國海上勢力相勾結[12]，或以台、澎為巢穴，視風向所，北風時進犯廣東，東風時進犯福建；或分艅北上浙江、江蘇，燒殺擄掠，為害甚烈[13]。當時著名的亦盜亦商的海上勢力集團如曾一本、林道

11　汪大淵，《島夷志略》，琉球條。

12　林希之，〈拒倭議〉云：「今雖曰『倭』，然中國之人居三分之二。」(《明經世文編》，卷165，《林次崖文集》)可見當時的倭寇有許多是中國人，這些中國人實是亦商亦盜的海上武裝集團。

13　王世貞，《倭志》云：「若其入寇，則隨風所之：東北風猛，則由薩

乾、林鳳等，都與台澎發生關係。顧炎武《天下郡國利病書》說：
「彭湖一島，在漳泉遠洋之外，……明朝徙其民而虛其地。自是
常爲盜賊假息淵藪。倭奴往來，停泊取水必經之要害。嘉隆之季、
萬曆初年，海寇曾一本、林鳳等常嘯聚往來，分綜入寇，至煩大
海搗之始平。」曹學佺〈倭患始末〉亦載：「萬曆元年(1573年)，
海賊林道乾竄據澎湖，尋投東番。」林道乾竄據台、澎的時間，
史載相當混亂，有云嘉靖十二年、二十四年、三十五年、四十二
年、四十五年者。日本學者中村孝志認爲，林道乾似未往台灣，
當時與台澎發生關係的是林鳳。他於1574年(萬曆二年)被總兵胡
守仁追擊，逃至澎湖，入魍港，後來前往菲律賓；在攻擊馬尼拉
失敗後又重返台島，再次被胡守仁擊敗於淡水洋[14]。而台灣學者張
增信則認爲林道乾到台灣可能在萬曆元年[15]。但無論如何，當時台
澎地區已成爲盜賊淵藪是可以肯定的。明朝政府實行消極的海禁
政策，禁而不止，卻對明朝統治構成了嚴重的威脅。

　　16世紀末期，日本封建割據局面基本結束。初步完成國家統
一的豐臣秀吉便急於對鄰國發動侵略戰爭，意圖向外擴張。而這
時，台灣、澎湖仍爲中、日商船的匯聚之地。明朝政府於隆慶元
年(1567年)重開海禁，有限度地允准沿海商民前往東、西二洋貿
易。後又發給雞籠、淡水等地船引，但對日本的貿易仍予嚴禁。
日本幕府深知明朝的海禁政策，一方面經常派遣「朱印船」到台
灣活動，與中國私商進行貿易；另方面伺機謀圖進占。1592年，

(續)───────────
　　　摩或五島至大、小琉球；而仍視風之變遷，北多則犯廣東，東多則犯
　　　福建。」所謂「小琉球即指台灣」(《明經世文編》卷332，《王弇州
　　　文集》)。
　14　中村孝志著，賴永祥譯，〈近代台灣史要〉，《台灣文獻》，第6卷，
　　　第2期。
　15　張增信，〈明季東南海寇與巢外風氣〉，《中國海洋發展史論文集》，
　　　第3輯(台北：1988)。

豐臣秀吉出兵侵犯朝鮮，同時有「欲襲雞籠」之警。史載：「萬曆二十年(1592年)，倭犯朝鮮，哨者云將侵雞籠、淡水；雞籠密邇澎湖，於是議設兵戍險。二十五年(1597年)增設游兵，春、冬汛守。」[16]從此，明朝政府恢復了在澎湖的防務。

　　1598年，豐臣秀吉病死，繼而代之的是德川家康。1609年，德川復派遣有馬晴信到台灣活動。韋斯(Albrecht Wirth)《台灣之歷史》記載：德川家康「知道台灣可成為對付西班牙及中國人的很好據點，立即……派遣了一個商業代表團到台灣去，以求與野蠻人通商。其中的若干人或被殺死，或被作為奴隸，其他的人則帶了和他們親善的工人回江戶」[17]。有馬晴信的這次活動沒有什麼結果。1616年，德川進而派遣村山等安率船隊前去進犯。村山等安的船隊共有13艘，3千餘人，於1616年5月自長崎出發。但因途中遇風失散，僅三船到達台灣：一船被當地住民圍攻，船員自殺，另外兩船轉航福建，在東涌一帶搶劫，並挾持明朝材官董伯起返回日本。還有三船漂往交趾，次年返回。其餘七船至1617年仍在閩、浙、台各地流竄，被明朝將領沈有容俘獲七十餘人，餘則逃散。村山等安的這次行動，引起了明朝政府的警覺，當時不僅詳細訊問了被俘的日本人，而且在澎湖加強防務，「(萬曆)四十五年(1617年)，倭入犯(澎湖)龍門港；遂有長戍之令，兼增衝鋒遊兵以厚其勢」[18]。但應該指出，當時明朝政府已十分腐敗，「兵無素統，將不預設」，「法令姑息，紀律不肅」[19]。汛兵前往澎湖，「往往畏途視之。後汛而往，先汛而歸，至有風潮不順為辭，而

16　顧祖禹，《讀史方輿紀要》，卷99，〈福建〉。
17　韋斯，《台灣之歷史》，載《台灣經濟史六集》，頁32。
18　顧祖禹，《讀史方輿紀要》，卷99，〈福建〉。
19　屠仲律，〈禦倭五事疏〉，《明經世文編》，卷282，《屠侍御奏疏》。

偷泊別泊者」[20]。加上「頻年財用匱乏」，兵食難繼，因此對澎湖防衛時緊時鬆，很難達到有效的控制。

另一方面，由於日本人屢犯台、澎，並試圖南進，也引起了西方各殖民者的注意。1588-1593年，在日本企圖進犯台灣之際，豐臣秀吉曾三次派人到菲律賓活動，恫嚇西班牙人。西班牙當局對此十分關注，多次在馬尼拉開會，討論先期進占台灣的計畫，並於1598年派出薩摩帶兵率船隊前去侵占，但因中途遇風而返。同年，豐臣秀吉病死，西班牙人的侵台計畫暫告擱置。1609年，有馬晴信到台灣活動，次年葡萄牙國王菲力浦二世致信駐果阿總督，要求他盡可能破壞日本人占領台灣的企圖，以保護澳門的貿易地位[21]。其後不久，村山等安又率船隊進犯台灣，英國派駐長崎的商務代表亦不時發出信件，報告日本人的活動情況[22]。

綜上所述，16、17世紀的澎湖、台灣，由於世界形勢的重大變化，以及所處的地理位置，十分醒目地引起了東、西方各國注意。日本在戰國後為了向外擴張，把台灣當成它南進的首要目標；而來到東方的西方殖民者，為了謀求與中國通商，鞏固他們的殖民勢力，亦把台灣看成必爭之地。在中國，明朝政府經過長期倭寇騷擾之後，已深切知道台、澎的重要地位，並逐步在加強該地區的防務。但由於明王朝已十分腐敗，加上沿海商品經濟的發展，台澎地區主要成為海上武裝勢力的活動場所。正是在這種錯綜複雜的歷史背景下，荷蘭人接踵東來。

---

20 黃承玄，〈條議海防事宜疏〉，《明經世文編》，卷479，《黃中丞奏疏》。

21 〈16、17世紀日本關係文書〉，《日葡交通》第二輯（東洋堂，昭和19年）。

22 參見岩生成一著，周學普譯，〈十七世紀日本人之台灣侵略行動〉，載《台灣經濟史八集》。

第二節　荷蘭人第一次入侵澎湖

荷蘭原是歐洲北海岸的一個小國，稱「尼德蘭」，隸屬於西班牙。16世紀60年代後，隨著國內資本主義生產方式逐漸成熟，尼德蘭爆發了資產階級革命。這場革命以推翻西班牙封建專制統治爲主要目的，經過長達數十年的獨立戰爭，最終成立了一個新國家——荷蘭共和國。

荷蘭共和國是一個商業資本占統治地位的國家。「占主要統治地位的商業資本，到處都代表著一種掠奪制度，它在古代和新時代的商業民族中的發展，是和暴力掠奪、海盜行徑、綁架奴隸、征服殖民地直接結合在一起的；在迦太基、羅馬，後來在威尼斯人、葡萄牙人、荷蘭人等等那裡，情形都是這樣。」[23]荷蘭共和國成立後，便以雄心勃勃的姿態衝出歐洲，與葡萄牙、西班牙人爭奪殖民地。而這時葡、西兩國都已開始沒落，後起的英、法兩國實力未厚，荷蘭人因此雄極一時，稱霸於世界各地，成爲17世紀典型的殖民主義國家。

荷蘭殖民者於16世紀末期來到東方。1596年，由霍特曼(Cornelis de Houtman)率領的第一支船隊繞過好望角抵達萬丹，次年回國。以後，荷蘭國內對東印度貿易的公司紛紛成立，相繼派遣船隊航向遠東。1602年3月，荷蘭各公司爲加強其競爭實力，在阿姆斯特丹組成聯合東印度公司(Verenigde Qost Indische Compagnie，簡稱V.Q.C)，由國會授予它獨占整個好望角至麥哲倫海峽之間的貿易，並賦予它擁有武裝力量和設置法官、可以代表政府與東方君主宣戰、媾和、訂約及占領土地、建立堡壘等特權。1606年，該公司

23　馬克思，《資本論》(人民出版社，1975年版)，第3卷，頁370。

擁有41艘軍艦、3000艘商船、10萬名職工。它最初的資本為660萬
盾（Guilder）。1609年，荷蘭聯合東印度公司在日本平戶設立商館。
1619年，在擊敗英國重占巴達維亞（今印尼雅加達）之後，在那裡
建造城堡要塞、駐紮軍隊。從此，巴達維亞成為荷蘭人在遠東的
大本營，而聯合東印度公司是壟斷亞洲貿易、代表政府在遠東推
行侵略政策的商業殖民機構。

早在聯合東印度公司成立之前，荷蘭人已將目標對準中國。
1599年，新布拉班特公司（New Brabant Company）和舊公司先後向
國會提出要求，建議打開中國市場。1600年6月，由雅可布・樊・
萊克（Jocob van Neck）率領的一支船隊從荷蘭出發，航向遠東。他
們先在摩鹿加群島與葡萄牙人競爭，被逐後又轉向大泥（今北大
年），因風阻未果。1601年9月27日有兩船抵達澳門沿岸，要求與
中國通商。是年刻行的《粵劍篇》記云：

> 辛丑（萬曆二十九年，1601年）九月間，有二夷舟至香山
> 澳。通事者也不知何國人。人呼之為紅毛鬼。其人鬚髮皆
> 赤，目睛圓，長丈許。其舟甚巨，外以銅葉裹之，入水二
> 丈。香山澳夷慮其以互市爭澳，以兵逐之。其舟移入大洋
> 後為颱風飄去，不知所適。[24]

當時澳門為葡萄牙人占領，葡萄牙人當然不希望荷人前來「爭
澳」，因而極力阻撓。而「稅使李道即召其酋入城，遊處一月，
不敢聞於朝」，「澳中人慮其登陸，講防禦」，始掛帆離去[25]。

1602年東印度公司成立。是年6月17日，由韋麻郎（Wijbrand
Van Waerwijk）率領的一支龐大船隊再度從荷蘭出發，經過317天的

24　吳郡王臨亨，《粵劍篇》（台北：廣文書局重印本，1969），卷3。
25　《明史》，列傳101，〈和蘭〉。

航行，於1603年4月末抵達萬丹。6月，再分遣出兩艘船艦前去進攻澳門。《台灣島之歷史與地志》說：「這時東印度公司便想把它的優先的競爭者從澳門逐出：兩艘荷蘭船於1603年來到這要塞前面，對它開炮轟擊，可是遇著一種完全出乎意料的抵抗，他們把一艘葡萄牙大帆船擊毀之後便退走了。」[26]荷蘭人的這次行動又告失敗。但在戰鬥中，他們捕獲了一艘航日的葡船，從中獲得中國生絲等貨高達140萬盾以上[27]。

在攻擊澳門的同時，韋麻郎還率船隊航往大泥。當時大泥是中國商人雲集的地方，明朝政府允許商民前往貿易。因此，荷蘭人經常從大泥轉販中國商品，並在那裡打探消息。韋麻郎起先得知暹羅國王準備派使團到中國去，便挑選了公司官員和他的外甥擬隨團前往，但因暹羅王突然去世，此行夭折。隨後，韋麻郎又在大泥結識了駐地華商李錦等人。李錦等向韋麻郎建議向福建稅監高寀行賄，並占據澎湖以作為對中國通商的據點。張燮《東西洋考》云：

> 澄人李錦者，久駐大泥，與和蘭相習。而猾商潘秀、郭震亦在大泥，與和蘭貿易往還。忽一日與酋麻韋朗（應為韋麻郎）談中華事。錦曰：「若欲肥而橐，無以易漳者。漳故有澎湖嶼在海外，可營而守也。」酋曰：「倘守臣不久，奈何？」錦曰：「採璫在閩，負金錢癖，若弟善事之，璫特疏以聞，無不得請者。守臣敢抗明詔哉？」酋曰：「善。」乃為大泥國王移書閩當事，一移中貴人，一備兵觀察，一防海大夫，錦所起草也，俾潘秀、郭震齎之以歸，防海大

26　C. Imbanlt-Huart，《台灣島之歷史與地志》（台灣研究叢刊本），頁7。

27　見曹永和，〈明鄭時期以前之台灣〉，黃富三、曹永和主編，《台灣史論叢》，第1輯。

夫陶拱聖聞之大駭，白當道，繫秀於獄。震續至，遂匿移
文不投。[28]

荷蘭人之所以占據澎湖，一方面是由於他們早就看中中國市
場，想要尋找一處新的通商據點，與葡、西兩國競爭；另一方面
與李錦、潘秀等人的勾引也不無關係。

潘秀、郭震齎書回國後，韋麻郎即在大泥招募水手、通譯，
準備出發。1604年6月27日，他率船隊從大泥啓航。據其《航海日
記》載，他原計畫前往澳門，但因中途遇風，遂直航澎湖。

(七月)二十五日航至廣東附近將達澳門，因華人舵工生
疏，不能發現入港水路，乃警戒葡船之襲擊，而飄浮於附
近海上。然至二十八日北東暴風大作，船為避免危險，遂
離去沿岸，駛出大海，已無希望航抵澳門，乃決意將南針
指向東方。航往二三度半，回歸線直下，直澳島東二二哩
之泉屬澎湖。[29]

但據中國史料，卻是潘秀、郭震出發後，荷人即尾隨而來。
《明史‧和蘭傳》云：

初，秀與酋約：入閩有成議，當遣舟相聞。而酋大急不能
待，即駕二大艦直抵澎湖。[30]

28　張燮，《東西洋考》，卷6，〈紅毛番〉。
29　韋麻郎，《航海日記》，原載Isaac Commelin: *Begin ende Voortgangh Van de Vereenighde Nederlandsche Geoctrogeerde Qost Indiche Compagnie* (Amsterdam, 1645)。此引自廖漢臣，〈韋麻郎入據澎湖考〉，《文獻專刊》創刊號。
30　《明史》，列傳101，〈和蘭〉。

　　韋麻郎航抵澎湖的時間是8月7日[31]。當時澎湖爲明軍汛地，分春、冬二汛。「春以清明前十日出，三個月收。冬以霜降前十日出，二個月收。」[32]荷人抵澎，正值春汛之後、冬汛之前。「汛兵已撤，如入無人之墟」，因此便在島上「伐木築舍，爲久居計」[33]。8月29日，又有一艘荷蘭船抵達澎湖。這時，荷蘭船只共有3艘[34]，約數百人。

　　沈有容《仗劍錄》說：「至甲辰七月十三日，紅夷韋麻郎、栗葛等聽高勾引，以千人駕巨艘索市於澎湖。」[35]七月十三日是8月8日，與韋麻郎《航海日記》相差一日。又，荷蘭船隻的運載人數，據《巴達維亞城日記》載，大船每艘約載120-140人，小船50餘人[36]。如以每船載100人計，三船約爲300人，估計至多在400-500人之間。沈有容說「千人」之數，恐係誇大。

　　韋麻郎入據澎湖後，立即派遣李錦潛回漳州，與潘秀等人聯繫。而這時福建當局已將潘秀抓獲，並且得知荷人入犯的消息。「當道正議阻，……兼事諸公議論未一，先姑嚴禁沿海商漁，爲清野計。」[37]李錦抵漳，詭稱自己是荷人俘虜逃還的，當局知其底細，將他拘捕入獄。不久，郭震亦被抓獲。當局爲了謀求問題的解決，再將李錦等人釋放，令他們去勸告荷人撤離，「許以自贖」。

31　據韋麻郎，《航海日記》。

32　萬曆《泉州府志》，引自乾隆《泉州府志》，卷24，〈軍制〉。

33　《明史》，列傳101，〈和蘭〉。

34　有關荷蘭船數記載相當混亂，《明史》說「二大艦」；陳學伊〈論西夷記〉說「三夷艘」；張燮《東西洋考》說「二巨艦及二中舟」；徐學聚〈初報紅毛疏〉爲「三、四巨艦」。據韋麻郎《航海日記》，當為三艘。

35　沈有容，《仗劍錄》（自傳稿），載《台灣研究集刊》，1986年第4期。

36　參見村上直次郎譯注、中村孝志校注，《巴達維亞城日誌》，第2冊，附錄一。

37　陳學伊，〈論西夷記〉，《閩海贈言》，卷2。

但李錦等因與韋麻郎早有成約,「不欲自彰其失」,反而告訴荷蘭人,福建當局對是否准許通商「尙依違未定」[38]。韋麻郎仍滯留不走。

福建當局見荷人尙未撤離,又屢次派人往諭。沈有容《仗劍錄》說:「而差官諭麻郎者四,麻郎愈肆鴟張,至毀軍門牌示。」董應舉〈與南二太公祖書〉亦云:「是時韋麻郎與高采爲市,軍門遣官拒者三,無如之何。」[39]所載遣使的次數略有差異。按查史料,當時派往宣諭的,除了李錦等人外,還有詹獻忠、黃金等。詹獻忠是一名將校,貪財如命,史載他前往澎湖,「乃多攜幣帛、食物、顯其厚酬」[40]。後來又派黃金前往。黃金是一名「洋商」(亦可能是姓黃、姓金兩人)[41],他抵達澎湖後,「率其通事林玉以來,藉名求桅,實偵息也」[42]。明朝差官往諭都沒有什麼效果。

攜帶黃金回來的通事林玉,是韋麻郎《日記》中的銀匠Lompoan。他抵達大陸後,立即去找高采,向他行賄。沈有容說:「紅夷韋麻郎、栗葛等聽高采勾引,……遣通事林玉入賄采。」[43]同時,林玉還到官府打探消息,「以互市請」[44]。但他仗勢欺人,出言不遜,漳南觀察沈大若「責其無禮」,將他拘捕入獄[45]。

林玉雖然被捕,但受其賄賂的高采卻開始活動。高采是順天文安(今河北省文安縣)人,時任福建稅監。其時宦官專權,各稅

---

38 《明史・和蘭傳》。
39 董應舉,《崇相集》。
40 《明史・和蘭傳》。
41 1622年1月,荷蘭人騷擾廈門,洋商黃金的房屋,船隻被荷人燒毀(參見閩撫商周祚奏摺,《明熹宗實錄》,卷30,天啓三年正月乙卯條)。
42 陳學伊,〈諭西夷記〉。
43 沈有容,《仗劍錄》。
44 李光縉,〈卻西番記〉,載《閩海贈言》,卷2。
45 陳學伊,〈諭西夷記〉。

監都有恃無恐，高采在福建更是巧取豪奪，魚肉百姓。高采收受
荷人賄賂，立即去找大將軍朱文達商議，讓他向當道疏通，以允
准荷人通商。朱文達應命，「喇喇向大使言：『紅夷勇鷙絕倫，
戰器事事精利，合閩舟師不足攖其鋒，不如許之』」[46]。而另一方
面，高采又派遣心腹周之範潛往澎湖，與荷人密議通商的條件。

　　周之範於10月12日抵達澎湖。據韋麻郎《日記》載，因提出
的條件甚爲苛刻，不僅要求荷蘭人給予高采好處，還應向皇帝進
貢4.5-5萬里耳(Real)的巨款，並且向軍門及其他大員贈送方物，方
許進行通商的交涉。而韋麻郎起初對此殊求深爲駭異，後來也欣
然同意，並與周之範商定派員前往大陸作進一步交涉[47]。

　　高采的介入，使得福建局勢更爲複雜。一方面，在當局內部
原先對如何處置荷人就意見不一，加上朱文達的活動，更有一些
人主張讓荷蘭人留居沿海，准其貿易。徐學聚〈初報紅毛疏〉說：
「乃議者曲爲調停，欲請泊他島者，欲請置之東涌者，此又阻於
目前之見，未取國與民、地方之利害熟籌之地。」[48]另一方面，沿
海私商因荷人停泊澎湖，爲利益所驅使，「又潛載貿易往市」[49]。
荷蘭人在澎湖已經開始了貿易活動。

　　但在當時大多數人心中，對荷人占據澎湖的危害性是清楚
的。李光縉〈卻西番記〉說，時人「僉謂澎湖乃漳、泉門戶，許

46　張燮，《東西洋考》，卷8，〈稅璫考〉。

47　參見廖漢臣，〈韋麻郎入據澎湖考〉。又按，周之範與荷人商議的條
件，各書記載互異：《台灣之歷史與地志》說「三萬銀圓(約合15萬佛
郎)」；〈諭西夷記〉和〈卻西番記〉都說「貲金二萬」；《東西洋考》
說「三萬金」；韋麻郎的《日記》說「四萬五千至五萬里耳」。如以
韋麻郎的記載為準，則約合白銀3.2-3.5萬兩(1里耳＝0.73兩)，與《東
西洋考》所說「三萬金」約略相符。

48　徐學聚，〈初報紅毛疏〉，《明經世文編》，卷433，《徐中丞奏疏》。

49　《明史‧和蘭傳》。

之必多勾引，久且窟穴廬室其中，或易以梯亂，利一而害百，宜驅之；不則，剿之便」[50]。福建巡撫徐學聚更力陳不可讓荷人久據澎湖，他提出的理由可歸結爲三點：

1. 澎湖爲倭寇屢窺之地，明朝設兵戍守，如該地爲荷人占領，倭必不甘心，此後番、倭連結，貽害無窮。

2. 澳門已爲葡萄牙人占領，成爲粵之隱憂。荷蘭人被驅逐於他處，受奸民勾引前來占據，澎湖豈能成爲逋逃淵藪，步澳門之後塵。

3. 澎湖離台灣甚近，距大陸不遠，倘若該地爲荷人占據，商船外出無法管理，關稅盡失；商人貿易必將受制於荷人，利益下降；且地處要害，荷人可時時入犯，他島「夷人」亦聞風而至，福建「不惟失海之利，而先被守海之害」，於國、於民、於地方皆大不利[51]。

徐學聚「奏下兵部，復疏請明旨詰責中使」，並令所在將官督信地兵嚴加防守[52]。「兩台宵旰」，「日議剿、議守至勤」[53]。當時具體擔負驅荷任務的是總兵施德政與浯嶼（今金門）把總沈有容。

沈有容與施德政一面調集水師，整頓軍旅，屯兵金門料羅灣，施德政親自指揮。另方面重申海禁，凡「沿海亡民奸闌私市物者，將軍拘得其一二，抵於法」[54]。與此同時，沈有容還密議將荷人通

50　《閩海贈言》，卷2。
51　徐學聚，〈初報紅毛疏〉。
52　顧炎武，《天下郡國利病書・福建洋稅考》。
53　陳學伊，〈諭西夷記〉。
54　李光縉，〈卻西番記〉。

事林玉釋放，「欲用爲內間」[55]，由他帶往澎湖去諭令荷人撤離。

沈有容於11月18日抵達澎湖[56]。當時正值狂風大作，周之範與幾名荷目正在海口候風，準備內渡。沈有容趕到，「先駕注艇，見采所差官周之範，折其舌」，然後直奔韋麻郎船[57]。

韋麻郎見沈有容與林玉同來，進酒食款待，坐談間，言及互市，沈有容「委屈開譬利害」[58]。

> 「敬問將軍來，謂何哉？」
>
> 將軍曰：「吾奉制府命，移大軍剿汝；吾念若小醜效順，不足煩征討，特來勞若，無久淹吾地，若亦知市不成乎？」
>
> 麻郎愕然曰：「來者俱言市成，將軍言不成，何也？」
>
> 將軍曰：「若但幾倖輸稅金耳，亦聞張嶷往召宋采金事乎？天子怒而誅之，傳首郡國，示天下卻金不復用，而安用若金為？此吾所以言市不成也。」
>
> 麻郎曰：「有當事者為我地，將軍未之知也。」
>
> 將軍厲聲曰：「當事者皆朝廷臣，肯受郎金？言受金者，詒汝也，法應斬；且奏請權嘗在撫、按，互市事至巨，必院、道熟籌方敢上聞，疇能自擅？若可擅，潘秀不死矣。今令若守空島中十餘年，終無所市，留無益也，不如去。」[59]

沈有容與韋麻郎談話的要點，是力言「市不成」。他反覆說明明朝政府決不會允許荷人在澎湖通商；而且通商事巨，必須經

55　沈有容，《仗劍錄》。

56　據韋麻郎《日記》，沈有容抵達澎湖是11月18日，而陳學伊〈諭西夷記〉云：「是役也，始於閏九月之二十六日（11月17日）。」可能這是沈有容從大陸出發的日期。

57　沈有容，《仗劍錄》。

58　沈有容，《仗劍錄》。

59　李光縉，〈卻西番記〉。

撫、按熟籌方敢上聞，任何人都不得自擅，要想通過高采達到通商的目的是不可能的。與此同時，沈有容還有意向韋麻郎透露了福建當局擬派兵進剿的訊息。

而這時，通事林玉亦在旁邊助言。他告訴韋麻郎，中國方面因荷人東來，物情騷然；澳門的葡萄牙人亦派人攜帶巨款，到處散布謠言，破壞荷蘭人與中國通商，因此不僅荷蘭人蒙受其害，而且中國商人也有被捕入獄者[60]。韋麻郎從而感到情況不妙，他怕被周之範所賣，「乃呼之範索所餉金錢歸，只以哆囉連、玻璃器及夷刀、夷酒遺璫，將乞市夷文代奏」[61]。

但韋麻郎並不甘心就此撤離澎湖。他一方面仍在等候高采的「代奏」，希望能由此得到一線轉機。另一方面，又向沈有容提出要求，想到周圍另找一處合適的地點，與中國互市。據《航海日記》載：「Touzy（都司）及其他兵船隊長謂，如選定在中國領海以外的適當島嶼，就可得到所望商品。於是自都司借用戎克船和領航員，往東南及東南東，到一高地測勘適當的停泊所而未發見。」[62]從日記所載的方位看，韋麻郎可能到達了離澎湖不遠的台灣，但在那裡沒有找到合適的場所。

沈有容見荷人久拖不走，便進一步採取嚴厲措施，以迫使荷人撤離。陳學伊〈諭西夷記〉載：

> 將軍居既久，察麻郎無行意，即集諸長辛謀曰：「此夷徘徊，必有居間者，試張帆為歸計餂之。」郎見之，果以一艇謂將軍曰：「郎輩唯將軍命，奈之何遽去？」將軍詑之，曰：「若初至，兩台業已檄舟師剿若，我力爭

---

60 廖漢臣，〈韋麻郎入據澎湖考〉。

61 張燮，《東西洋考》，卷6，〈紅毛番〉。

62 引自曹永和，〈歐洲古地圖上之台灣〉，《台灣早期歷史研究》，頁329。

若皆良商，故請釋林玉，諭若歸。詎意濡滯至今日。吾
今行矣，不可以再見矣。」郎等頂禮墜淚曰：「極知將
軍有德，郎雖夷也，敢忘乎？從今一惟將軍命。」將軍
因以酒勞郎，竟日為歡，郎益喜。越二日，三夷舟俱解
纜去。

韋麻郎撤離澎湖的時間是12月15日（十月二十五日）[63]。從8月7
日入據到撤離，一共在澎湖駐留了131天。臨走前，韋麻郎贈送沈
有容方物，有容只「收其鳥銃并火鐵彈，而卻其餘」，荷人「圖
容象以去」[64]。

第三節　荷蘭人第二次入侵澎湖

1603年，即韋麻郎入據澎湖的前一年，荷蘭艦隊在柔佛海面
截獲了一艘葡萄牙船，從中搶奪中國生絲1200捆，次年運抵荷蘭
拍賣。當時正值義大利生絲減產，歐洲商人雲集阿姆斯特丹爭購
中國絲貨，引起價格暴漲，荷蘭殖民者因此獲利225萬盾[65]。這一
巨大收穫，使荷蘭人更渴望與中國貿易。

1607年，荷人馬提利夫（Cornelis Matelif）率艦隊到南澳活動，
聲稱欲通互市，但因中國當局予以拒絕，得不到給養而返。1608
年，荷蘭東印度公司董事會發出指示，要求盡一切可能解決對華
貿易問題，以獲取中國生絲。

我們必須用一切可能來增進對華貿易，首要目的是取得生
絲，因為生絲利潤優厚，大宗販運能夠為我們帶來更多的

63　韋麻郎，《航海日記》；陳學伊，〈諭西夷記〉。
64　沈有容，《仗劍錄》。
65　Glamann, *Dntch-Asiatic Trade, 1620-1740.* p.112.

> 收入和繁榮。如果我們的船隻無法直接同中國進行貿易，
> 那麼公司駐各地商館就必須前往中國船隻經常往來的地
> 區（如北大年等地），購買中國生絲。[66]

當時中國生絲在歐洲市場十分暢銷，獲利至巨。在日本市場也是大宗的貿易商品。因此，1613年公司駐日本平戶商館長布勞韋爾(Hendrick Bouwer)建議，攻取台灣作爲對中、日貿易的中轉站[67]。1620年，東印度公司董事會致信巴達維亞總督柯恩(Jan Pieterzoon Coen)，指示他有必要占取一處對華貿易的據點，並指明「據葡萄牙人及爲他們服務的人們的報告說，Lequeno pequeno（即小琉球，今台灣）是個很適當的地方」[68]。

正當荷蘭人試圖侵占台灣的同時，西班牙人也把目光投向這一地區。

1609年，荷蘭與西班牙簽訂12年停戰協定，雙方關係稍微緩和。但至1619年，荷蘭與英國達成攻守同盟後，荷蘭與西班牙的關係又日趨緊張。1620年，荷、英在遠東組成聯合艦隊，屯駐於巴達維亞和平戶兩地。這支艦隊經常游弋在台灣海峽，截捕葡萄牙、西班牙船隻，阻撓中國商船前往澳門和馬尼拉貿易。1621年，西班牙駐菲律賓當局決定，派出軍隊攻占台灣，以作爲對付荷、英聯合艦隊的據點。但這一計畫很快就被荷蘭人截獲。1622年4月，巴城總督柯恩決定搶先攻擊澳門，如果失敗，則直接航向澎湖或台灣。4月19日，柯恩給艦隊司令雷約茲(Cornelis Reijersz)發出了如下詳細的指令：

66　Glamann，上引書。參見黃文鷹等著，《荷屬東印度公司統治時期吧城華僑人口分析》（廈門大學華僑研究所，1981年），頁74。

67　Oskar Nachod，〈十七世紀荷蘭與日本在台灣商業交涉史〉，《台灣經濟史五集》，頁71。

68　里斯，〈台灣島史〉，《台灣經濟史三集》，頁13。

1. 蒙上帝之助，能打開對中國貿易問題的癥結，則須攻占澳門，或占據廣州、泉州鄰近區域，築城鎮守，並多派海軍船舶巡邏中國沿海。……

2. 若進攻澳門失敗時，則留數艘船隻監視澳門，而將主力移駐北緯二十三度半泉州對面的畢斯卡度雷斯(pes cadores今澎湖群島)地區。……

3. 馬尼拉的西班牙人，為了維護既得的利益，可能會採取行動，清除我們的阻撓，以減少他們的損失。因此，我們必須搶先在雷克貝克諾(Leq-ueo Pequeno，今台灣)南方的良港拉曼(Lamangh)建立堡壘，又根據遇難船英吉爾號船員的報告，在北緯二十三度坦吉珊(Tangesan)地區沿海有良港，據說那裡的水深超過十二呎。

4. 當艦隊主力到達畢斯卡度雷斯地區時，不論澳門遠征軍是否成功，須立即派遣數艘帆船、小艇或土人船到雷克貝克諾及鄰近地區探勘，在較好的港口築堡，作為以後探險的前哨站。

5. 如果找到較好的港灣，須立即占領、築城，並派兵鎮守。……又，廣州、澳門或泉州附近島嶼，認為有築城必要時，公司令慎重考慮，再作決定。[69]

　　雷約茲於4月10日率艦隊自巴城出發。這支艦隊共有船隻8艘，1024人。途中又有數船加入，至6月22日抵達澳門港外，整支艦隊共有15艘船，其中有兩艘是英船[70]。6月24日，荷蘭艦隊對澳

69　引自村上直次郎著、石萬壽譯，〈熱蘭遮城築城始末〉，《台灣文獻》，第26卷，第3期。

70　邦特庫著、姚楠譯，《東印度航行記》(Willem Ysbrantsz Bontekoe, *Memorable description of the east Indian Voyage*，中華書局，1982)，頁73。

門發起進攻,由雷約茲親率600名士兵登陸,但遭到葡萄牙人的強烈抵抗,「有136個被殺、124個受傷、40個被俘」[71],荷蘭人損失慘重,遂放棄了進攻澳門的計畫。6月27日,兩艘英船和一艘荷船航向日本。28日,又派兩船前往中國沿海。29日,留下三船繼續在澳門港外監視,其餘船隻由雷約茲率領前往澎湖。7月11日,荷蘭艦隊駛入澎湖媽宮港(今馬公港)。

荷蘭艦隊抵達後,雷約茲即在島上各處巡視,尋找築城地點。7月21日,又以50里耳的代價雇用了一名領航員,並聽說台灣的大員(今安平地區)是良港。7月26日,雷約茲即率領兩艘荷船帶同領航員先在澎湖主島周圍視察,第二天航向台灣。

據雷約茲《日記》記載,7月27日中午,他們抵達大員港外,發現水深不過2噚半,當時正是最低潮,荷人遂改用小船進入港內,到處進行勘測,發現裡面水深6至8噚,個別地方達到10至11噚,「是船舶便於椗泊的地方」。隨後,雷約茲又率船航向大員東南方約7哩的Mackam灣,在那裡逗留了兩天,先後到達Mackam和琉球嶼等地,但都沒有發現優良的港口[72]。7月30日,他們又回到大員,繼續在那裡調查物產、環境及商業貿易等情況。

> 7月30日,星期六。天明日進入港內。此處在最低潮時水深十二荷尺(Voet),估計滿潮時可達十五至十六荷尺。港邊海岸多砂丘,間有叢林,發現內陸高地有少量竹、木生長,但不太容易取得。如果能夠獲得這些材料,就適合於在港口的南側築城,以控制整個港灣。據中國人說,每年

71　里斯,〈台灣島史〉,《台灣經濟史三集》,頁13。

72　雷約茲,《日記》,原載 W. P. Greneveldt, *De Nederlanders in China*, 1601/1624。此引自村上直次郎譯註、中村孝志校註,《巴達維亞城日誌》(《巴達維亞城日記》,東京平凡社,1975。以下簡稱《巴城日記》),第1冊,〈序說〉。

有二、三艘日本船來到該港貿易，此地盛產鹿皮，日本人
從原住民那裡購入。另外，每年有三、四艘戎克船自中國
載絹織品前來，與日本人貿易。我們沒有看見任何商人，
只發現有一艘漁船，但無法與之交談。這個港灣就是葡萄
牙人所說的拉曼（Lamangh）港。[73]

　雷約茲在對台、澎地區作了考察之後，7月31日開始召開會
議，討論在何處築城。經過反覆比較，最終決定在澎湖建造。他
們認為，台灣的大員雖是良港，「但與該地的實際情況聯繫起來
考慮，在受到圍攻的情況下，新鮮水供應困難，薪木與材料稀少
難求」。而澎湖位於漳州與台灣之間，在諸島中處於最有利的位
置，「在葡萄牙或西班牙人來攻占的情況下」，「得以扼守這最
為便利的港口，還能得到大員航路的利益」[74]。8月2日，荷蘭人開
始在澎湖的西南端風櫃尾建造城堡。

　荷蘭人入據澎湖後，中國方面很快就得到消息。當時明朝政
府派有汛兵在島上駐守，雷約茲率艦隊駛入媽宮港時，就看見島
上的「小堂」（即天后宮）內有3名中國人[75]。《古今圖書集成》說：

天啓二年六月初十日，海上報警，有紅夷船一十三隻由廣
東來泊澎湖，汛兵逃入內港。巡撫商周祚移文海道高登
龍，戒師於泉南。時總兵徐一鳴已升京師將代，猶兼程赴

73　《巴城日記》，第1冊，頁13。1荷尺（Voet）的實際長度，因不同地區
　　而有差別：阿姆斯特丹1荷尺等於27.31公分，萊因蘭等於31.39公分，
　　格爾勒斯等於27.19公分，布羅伊斯等於30.14公分。見《台灣文獻》，
　　第25卷，第4期。
74　1622年8月1日，澎湖評議會議決議。見《巴城日記》，第1冊，頁15。
75　《巴城日記》，第1冊，頁10。

中左所。[76]

　　六月初十日即7月17日，距荷人入據澎湖僅6天，福建方面得知此情況，並在沿海地區加強戒備，設防重點是泉州和廈門等地。

　　7月下旬，在雷約茲忙於選址築城的同時，已派遣船隻到中國沿海巡弋。七月「十九日，我們兩艘船，即『格羅寧根』號（Gronigen）和『熊』號（de Beer），啓航前往中國海岸；我們與單桅帆船『聖克魯伊斯』號（St. Cruys）相遇。次日，『熊』號的前桁折斷，因此我們只得把帆收下，與它一起航行。二十一日，我們望見了中國大陸，到達著名的漳州河」[77]。又據中國史籍記載，六月「二十五、六日（農曆，即八月一、二日），夷船驟至銅山青嶼，與我舟師相持者三日始去」[78]。荷蘭人這次派船到大陸活動，主要是爲了尋找中國沿海的有利港口，同時截捕自馬尼拉返航的商船。

　　8月7日，雷約茲又派遣約翰・樊・梅爾德（Johan Van Meldert）率三船航向中國沿海，正式向福建當局遞交公文，要求通商，梅爾德抵達大陸後，「和一個高級的中國官吏在一座廟宇會見；他向那官吏提出了荷蘭人的要求，即是與中國人貿易的自由，以及對馬尼拉西班牙人通商的完全禁止。中國官吏往侯官縣（福州），把這些提議稟告了他的上司」[79]。9月23日，荷蘭船隻返抵澎湖。

　　9月29日，福建巡撫商周祚派遣守備王夢熊（荷蘭文獻稱Ong Sofi，王守備）前往澎湖，向荷人轉交了福建方面的回文，並告訴他們：必須立即從澎湖撤走，「因爲這島是中國皇帝的財產」，在未離開之前，決不與他們貿易。[80]

76　《古今圖書集成・職方典》，卷1110，〈台灣府部・紀事〉。

77　邦特庫，《東印度航行記》，頁76。

78　《古今圖書集成・職方典》，卷1110，〈台灣府部・紀事〉。

79　C. Imbault-Huart，《台灣島之歷史與地志》，頁8-9。

80　甘爲霖，《荷蘭人侵占下的台灣》（wm Campell: *Formosa under the Dutch,*

　　雷約茲見與中國通商無望，便決定採取武力強迫中國就範。
10月17日，雷約茲派紐維路德(Cornelis van Nieuweroode)率8艘兵
船、422人前往大陸。這些兵船因中途遇風，有3船漂散，其餘5船
抵達大陸沿海。他們先在漳浦海面活動，11月27日(十月二十五日)
入犯廈門港虎頭山附近，燒毀中國船隻六、七十艘。28日進犯中
左港，泊教場邊，與中國軍隊交戰。是夜移泊鼓浪嶼。29日至30
日，荷人在鼓浪嶼燒殺搶劫，焚毀洋商的房屋船隻。12月1日始離
去[81]。據福建巡撫商周祚奏報：

> 紅夷自六月入我彭湖，專人求市，辭尚恭順。及見所請不
> 允，突駕五舟犯我六敖(今漳浦縣六鰲鄉)。六敖逼近漳
> 浦，勢甚炭炭。該道程再伊、副總兵張嘉策多方捍禦。把
> 總劉英用計沉其一艇，俘斬十餘名。賊不敢復窺銅山，放
> 舟外洋，拋泊舊浯嶼。此地離中左所僅一潮之水。中左為
> 同安、海澄門戶，洋商聚集於海澄，夷人垂涎。又因奸民
> 勾引，蓄謀並力，遂犯中左，盤據内港，無日不搏戰。又
> 岸攻古浪嶼，燒洋商黃金房屋船隻。已遂入泊圭嶼(今雞
> 嶼)，直窺海澄。我兵内外夾攻，夷驚擾而逃。[82]

　　荷蘭人這次騷擾，給廈門等地帶來了嚴重的破壞，但遭到中
國軍民的堅決抵抗。如今，廈門鴻山寺後面仍留有一處摩崖石刻：

> 天啟二年十月二十六(1622年11月28日)等日，欽差鎮守

(續)────────────
　　　London, 1903)，見廈門大學鄭成功歷史調查研究組編，《鄭成功收復
　　　台灣史料選編》增訂本(以下簡稱《選編》，福建人民出版社，1982
　　　年)，頁92。
81　參見《古今圖書集成·職方典》，卷1110，〈台灣府部·紀事〉；邦
　　　特庫，《東印度航行記》，頁79-84。
82　《明熹宗實錄》，卷30，天啟三年正月乙卯(二十四日)條。

> 福建地方等處都督徐一鳴、遊擊將軍趙頗、坐營陳天策，率三營浙兵把總朱梁、王宗兆、李知綱等到此攻剿紅夷。[83]

荷蘭艦隊在中國沿海騷擾後，於12月陸續返回澎湖。而這時雷約茲又感到有必要同福建當局重開談判。1623年1月，雷約茲抵達廈門，與當地官員交涉。但當地官員要他親自到福州與商周祚談判。1月14日，雷約茲從石美(今龍海縣角美鄉)啓程，經陸路前往福州，2月6日抵達。2月11日上午10時許，與福建巡撫商周祚在官邸進行談判。關於談判的內容，中西文獻都有記載，但詳略不一、內容也有差異。總結起來，大致有如下幾條：

1. 荷蘭人必須從澎湖撤走，到明朝汛地以外的地方去。
2. 如果荷人從澎湖撤離，福建方面將允許與之通商。
3. 福建方面將派石井通事洪玉宇(荷蘭文獻稱Hongtsiensou，洪通事)到澎湖，幫助荷人在附近尋找適當的港口。
4. 福建方面將派人往巴城，與荷蘭總督直接交涉。[84]

上述各點，最重要的是荷人從澎湖撤走後，到明朝汛地以外的地方是長期居住還是暫留。福建巡撫商周祚上奏說：「今計止遵舊例，給發前引原販彼地舊商，仍往咬𠺕巴市販，不許在我內地另開互市之名，諭令速離澎湖，揚帆歸國。如彼必以候信爲辭，亦須退出海外別港以候。但不係我汛守之地，聽其擇便拋泊。」[85]

---

83 〈廈門攻剿紅夷摩崖石刻〉，《文物》，1977年第10期。

84 可參考以下文獻，A.雷約茲，《日記》，載《巴城日記》，第1冊，頁17-18；B.商周祚奏摺，《明熹宗實錄》，天啓三年正月乙卯條；C.《古今圖書集成・職方典》，卷1110，〈台灣府部・紀事〉。

85 《明熹宗實錄》，卷30，天啓三年正月乙卯(二十四日)條。又《古今圖書

可見商周祚的態度是要荷人回巴達維亞去，在那裡互市；到「海外別港」僅僅是「候信」，而不是長期居駐。而雷約茲在他的《日記》寫道：商周祚允許他們到「中國統治以外」的地方去，與中國通商，並答應荷蘭人的條件，不派商船到馬尼拉去[86]。出現這種差異的原因是多方面的，其中可能也包括了商周祚的「羈縻之術」，但最為關鍵的一點是：雙方所持的立場根本就不一樣。

1623年2月12日，即談判後的第二天，商周祚即派遣千總陳士瑛偕洋商黃合興乘船前往巴達維亞。但因他們啟航太遲，風期已過，船隻無法直航巴城，只好在大泥候風。後來，陳士瑛在大泥了解到荷蘭人又向澎湖增兵，「若不允市，必動干戈」[87]，即先派遣一船返回報信，另一船繼續在大泥等候。至1624年1月1日，陳士瑛等人才進入巴城，與荷總督會面[88]。

雷約茲見商周祚派遣的使者已經出發，2月13日，他亦啟程返回澎湖，3月中旬抵達。3月25日，他派遣亞當·韋霍爾特（Adam Verhult）率二船到台灣大員試行貿易，但因大員是中、日商船的互市之所，荷人的貿易量不大。韋霍爾特在那裡調查情況，於四月底返回澎湖。六月間，雷約茲又派康斯坦（Jacob Constant）前往大員接續貿易。10月，再派荷兵16人和班達（Banda）島土人34人到大員建造城牆，試圖久占。

與此同時，福建方面於4月初派遣通事洪玉宇到澎湖，要幫助荷蘭人在附近尋找一處合適的地點，以讓他們撤走。但洪玉宇抵達後，見荷蘭人已在大員貿易，稍事敷衍後，即返回大陸，稱報

（續）————————
　　集成》載：荷人「願將各船退泊外洋，候本省發二隻往咬嚹吧互市，前此造成建屋在澎湖者，即令原遣督夷眾拆毀」。與商周祚所奏是一致的。
86　見《巴城日記》，第1冊，頁17-18。
87　《明熹宗實錄》，卷37，天啟三年八月丁亥（二十九日）條。
88　參見《巴城日記》，第1冊，序、正文。

荷人已經撤走[89]。商周祚信以為真，就具疏上奏，荷人「拆城遷徙」，「實未嘗一大創之也」[90]。其實，荷蘭人在澎湖仍築城如故！

　　荷蘭殖民者自從在澎湖築城後，不時從福建沿海掠奪居民去充當苦力，特別是1622年10月至12月的那次大騷擾，共掠奪沿海居民1000餘人，把他們「成對成對地縛在一起」，運往澎湖強制勞動[91]。至11月間，荷蘭人已造好了三座稜堡及兩面城牆，並在城上安置了大炮。但由於城牆係用粘土建造，每遇風雨，經常倒塌，荷蘭人造城不止。1623年6月，一場暴風雨又致使城牆倒塌甚多，荷人就強迫所掠居民去修築城牆，每人每天僅給半磅大米，許多人因飢餓、疾病而死。後來，又將剩餘的勞力運至巴達維亞販賣，途中更有許多人喪生。巴達維亞總督卡本特（Piete de Carpentier）1624年1月30日寫信給東印度公司董事會說：

> 我們在佩斯卡多爾（即澎湖群島——引者）集中了1150名中國俘虜，其中一半死於傷感、病痛、貧困和強迫勞動。在乘齊里克澤號（Zienick Zee）來這裡的571名中國人中，463人（按，應為473人——引者）死於途中，餘者65人到達時痛苦地死於水病（傷寒？），所以這些壯丁中只有33人倖存。[92]

　　這真是「溫和」的商業！中國史籍也有這方面的記載。1623年，南京湖廣道御史游鳳翔奏云：

89　參閱包樂詩，〈明末澎湖史事探討〉，《台灣文獻》，第24卷，第3期。

90　《明熹宗實錄》，卷33，天啓三年四月壬戌（初三日）條。

91　邦特庫，《東印度航行記》，頁96。

92　引自《中國史研究動態》，1984年第3期，頁16。

臣閩人也。閩自紅夷入犯，就澎湖築城，脅我互市。……
且來者日眾。擒我洋船六百餘人，日給米，督令搬石，
砌築禮拜寺於城中。進足以攻，退足以守，儼然一敵國
矣。[93]

　由於荷蘭人久據澎湖不走，明朝政府十分焦慮。「當時南北
臺省文章論閩事者，無不謂東南半壁，岌岌乎有荐食之慮矣。」[94]
早在二月間(農曆)，明廷已下旨諭令南居益接替商周祚任福建巡
撫。後來又嚴旨諭他，「地方有事，不得過家遷延」，應迅速馳
赴福建，籌劃戰守[95]。

　南居益於7、8月間抵達福建。這時荷蘭人正在增兵，由克里
斯蒂安·弗朗斯(Christiaan Francx)率領的五艘荷艦於7月23日抵達
澎湖。南居益到任後，一方面認真了解情況，尋求驅荷良策；另
方面於8月間趕往廈門，布置防守事宜。黃克纘〈平夷崇勛圖詠序〉
云：「中丞南公祖來視閩師，未出都門，輒痛心切齒，毅然以必
誅紅夷為己任。……乃筮日啟行，渡海視師，鮫宮龍窟，皆親涉
焉。戰士聞之，勇氣十倍。」[96]福建形勢為之一變。

　雷約茲在澎湖得知新任巡撫抵達福建，於8月間航往廈門，與
南居益再次談判。這時南居益態度強硬，諭令他必須從澎湖撤離。
但雷約茲以沒有得到巴城總督的命令，不可擅自行動為由，拒不
撤走[97]。9月28日(九月初五日)，南居益下令沿海戒嚴，並發布告

93　《明熹宗實錄》，卷37，天啟三年八月丁亥(二十九日)條。
94　《明清史料》乙編，第7本，頁629，〈兵部題「彭湖捷功」殘稿〉。
95　同前註。
96　黃克纘，〈平夷崇勛圖詠序〉，《大中丞南公凱歌副墨》卷前，引自
　　蘇炳同，〈由崇禎六年的料羅灣海戰討論當時的閩海情勢及荷鄭關
　　係〉，《台北文獻》第42期。
97　包樂詩，〈明末澎湖史事探討〉。

示廣為宣諭[98]。

　　10月5日，雷約茲再次派艦隊前往中國沿海。他這次給艦隊的任務有三個：1.占領漳州河，「不讓任何中國帆船開往馬尼拉群島或其他掌握在我們敵人手中的地方」；2.與福建當局談判，要求他們准許在台灣自由貿易；3.如果不成，就在「海陸兩方面與他們作戰，使有利和有益於本公司的上述那種情況可以產生」[99]。換句話說，就是用武力強迫通商。

　　10月28日，由弗朗斯率領的4艘荷船抵達舊浯嶼(今金門)，這時島上居民全部逃走，荷人強迫一名老人去為他們送信。11月1日，有一名叫池貴(荷蘭文獻稱Cipzuan池官或Quisuan貴官[100])的商人來到荷船上，主動提出願意幫助向當局疏通，並且引荐了一名「隱士」，說通過他可以達到目的。荷蘭人就讓池貴去活動[101]。但池貴沒過多久就被當局拘捕處死，南居益上奏說：「夷仍遣奸商池貴持夷書重賄嘗臣，臣焚賄斬使以絕其狡計。」[102]

　　另一方面，南居益知道荷人急於要求通商，就與總兵謝弘儀密議，決定將計就計，將荷人引入廈門，一舉殲滅之。11月14日，

98　關於戒嚴告示，《巴城日記》有載，見第1冊，頁38-39。

99　邦特庫，《東印度航行記》，頁97-98。

100　Cipzuan見於《東印度航行記》，Quisuan見於《巴城日記》，兩處記載同一件事，顯係一人。閩南人常稱某人為某官，即在姓或名後面加上「官」(或作「觀」)字。荷蘭人初來，由於發音不準，將「官」音譯為Zuan或Suan。如陳士瑛被譯為Tang Suan即是一例(見《巴城日記》，第1冊，頁69)。而《東印度航行記》姚楠譯本，將CipZuan譯為「薛伯泉」(頁99)，廈大譯本譯為「施泉」(《選編》頁84)，都是不準確的。

101　邦特庫，《東印度航行記》頁99-100。

102　〈兵部題「彭湖捷功」殘稿〉，《明清史料》乙編，第7本，頁629。按，南居益沒有具體奏明斬決池貴的時間，但據荷蘭文獻，CipZuan在荷船被誘入廈門時還在活動，他被斬當在火燒荷船之後。

弗朗斯獲准率兩艘荷船駛入廈門，碇泊鼓浪嶼。謝弘儀讓人到船上與荷人談判，盡量滿足他們的要求。17日，邀請荷人上岸簽訂「協議」，在衙府內設宴時，將弗朗斯等人擒獲。與此同時，謝弘儀又派人攜帶有毒的酒菜，到船上讓荷兵飲用。是日午夜過後，由王夢熊率領數十艘火船前去進攻。荷船迅速著火，火光沖天，有一船爆炸沉沒，人船俱毀；另一船大火被撲滅，但有數十名荷人被俘[103]。《廈門志》云：天啓三年「冬十月二十四日(11月16日)，福建總兵官謝隆儀大破紅夷於浯嶼」。《晃岩集》：「隆儀與巡撫南居益定計駐節廈門，適夷泊浯嶼，忽意動颺去。次月復至，隆儀用間計，夜出不意突擊之，擒其酋、火其艦，俘六十餘人，焚溺無算。」[104] 又據南居益奏報：是役共「生擒酋長高文律等五十二名，斬首八顆，其夷眾死於海濤及錙重沉溺者俱無算」[105]。後來弗朗斯等人被押往北京，處刑於西市[106]。

雷約茲受此重創，深爲惱火，決定派艦隊前往大陸報復。但因荷人船隻不多，且病員不少，此行並無什麼結果。1623年12月，荷蘭艦隊返回澎湖。

福建方面因得到這次勝利，人心鼓舞。南居益在廈門「論功賞賚」，以鼓舞士氣。熹宗皇帝聞訊，亦下旨嘉獎：「該省剿夷奇捷，南居益運籌制勝，懋著勤勞，總兵官用心督率，並有功文武將吏，俱候事平優敘，兵部知道。」[107]此後，漳泉地區更加緊

103 見《東印度航行記》，頁101-03，《巴城日記》，第1冊，頁39-42，《廈門志》，卷16，〈舊事志·紀兵〉，引《王氏家譜》、《陳氏家譜》，但這兩份家譜有些記載不太準確。
104 《廈門志》，卷16，〈舊事志·紀兵〉。又，火攻荷船的時間，《廈門志》與《東印度航行記》的記載相差一日。
105 〈彭湖平夷功次殘稿〉《明清史料》戊編，第1本，頁13。
106 〈兵部題「彭湖捷功」殘稿〉，《明清史料》乙編，第7本，頁629。
107 同上。

操練水師，整頓營伍，準備渡海驅逐荷人。

　　1624年2月8日，由守備王夢熊帶領的第一批軍隊抵達澎湖，從北部吉貝嶼登陸，再南下進入白沙島，在鎮海港建造營寨[108]。3月間，第二批軍隊亦抵達澎湖，由加銜都司顧恩忠等率領，在鎮海港與第一批會合。5月，南居益復移檄副將俞咨皋、游擊劉應龍「剋期出海」，並令巡海道孫國禎馳赴廈門，會同漳、泉二道「督發糧餉，調抽精銳，以促之行」。6月22日，俞咨皋率第三批軍卒抵達龍文港。24日，「由龍文港南太武大中墩直抵暗澳，相度形勢，並偵夷動靜，……移火炮伏娘媽宮前一帶山岡」[109]。從而對荷人形成了南北包圍之勢。

　　再說雷約茲，在廈門之役失敗後，他立即向巴城總督報告中國方面的動態，並要求增兵。2月20日，即第一批中國軍隊抵達澎湖不久，他又發信請求增援，同時提出撤離澎湖，到台灣去貿易的建議。4月2日，巴城總督卡本特接到雷約茲報告。5月，決定派宋克（Martinus Sonck）去接替雷約茲的職務。6月22日，宋克率領兩艘荷艦自巴城出發。8月3日抵達澎湖。此時他發現白沙島上已集中了中國軍隊約4,000人，船隻150艘。至8月中旬，中國軍隊增加到10,000人，各種船隻200艘[110]。宋克向巴達維亞城總督報告說：

108　按，王夢熊率軍抵達澎湖的時間，《兩朝從信錄》作天啟四年正月初二日，即1624年2月20日。但據雷約茲報告：「2月8日，在最北島的外角（即吉貝嶼）出現由四、五十艘戎克船組成的一支艦隊，據數名中國人說，該艦隊有一名稱為Engsoepij（王守備）的官員」（《巴城日記》，第1冊，頁57）。可見王夢熊率軍抵達澎湖應為2月8日，即天啟三年十二月二十日。《兩朝從信錄》記載的時間多有誤。

109　〈彭湖信地仍歸版圖殘件〉，《明清史料》戊編，第1本，頁2。又按，俞咨皋率軍抵達澎湖的時間，《兩朝從信錄》作五月二十八日（7月13日），而南居益奏報為五月初七日（6月22日），應以南居益的奏報為準（見〈殘件〉）。

110　《巴城日記》，第1冊，頁68。但據南居益奏報，當時派往澎湖的軍隊

我們與中國人間的種種事件，與過去此地所想像的全然不
同，因為一直到現在我們是在同中國人及其國家作戰事。
現在他們已率領大量的帆船和兵士，整頓軍備，親自來到
澎湖群島。我們若不肯輕易離開，他們將決心訴諸武力，
他們的士兵將推進到我澎湖城構築堡寨，直到將我們從澎
湖島逐出中國為止。[111]

8月15日，宋克派人往見明軍主帥siaja（舍爺，疑指俞大猷之子
俞咨皋），提出雙方進行談判。但siaja表示，荷蘭人必須從澎湖撤
走，並保證今後決不再來，否則不與談判[112]。8月16日，中國軍隊
分三路向荷人駐地逼近，「而夷恐甚」[113]。就在這時，著名海商
頭目李旦來到澎湖，主動告訴荷蘭人他願意充當斡旋人。

李旦在西方文獻中稱Adn Dittas或Andrea Dittus。日本學者岩生
成一先生認為，李旦與顏思齊的活動極為相似，李、顏可能同屬一
人[114]。不過，這個問題仍可再議。在當時的官方文獻中，顏思齊（字
振泉）就已存在。如《崇禎長編》載有「海賊顏樞泉」，「樞」與「振」
在草書中容易混淆，這個「顏樞泉」可能就是「顏振泉」之誤。

李旦先在城內與荷蘭人商定了談判條件，然後前往明軍駐
地，與俞咨皋談判。李旦提出的解決方案是，荷人從澎湖撤走，
但福建當局應允許他們到台灣去貿易。8月18日，荷人評議會決定
撤離澎湖。22日，與俞咨皋簽訂協議，同意在20天內從澎湖撤走，

（續）

才3,000人（《明清史料》，乙編，第7本，頁629）。

111 《巴城日記》，第1冊，頁68。又見《選編》，頁230。

112 《巴城日記》，第1冊，頁69。又見《選編》，頁231。

113 《兩朝從信錄》，《明熹宗實錄》（梁本），卷47，天啟四年十月乙亥（十
八日）條。

114 岩生成一，〈明末日本僑寓支那人甲必丹李旦考〉，《東洋學報》，
第23卷，第3號，1939年。

退往台灣[115]。26日，荷蘭人開始拆城，從西北角起，直至9月10日抵達「高文律所居，盡毀門樓」[116]。荷蘭人將所拆的材料裝載上船，並大米、武器、彈藥及所有財物，盡數運往台島。從而荷蘭人第二次入侵澎湖結束了，而台灣卻被他們占領。

第四節　台灣被占的原因分析

台灣爲什麼會被荷人占領，這是一個十分值得討論的問題。從荷蘭人的角度說，他們本來就想占據澎湖和台灣，只是在澎湖被逼得沒辦法，才交出澎湖退往台灣去的。他們占據台、澎的目的，就是要取得一個通商據點，對中國貿易，同時與葡萄牙、西班牙人展開競爭。而從中國方面來說，台灣爲什麼會被占領，這裡面的原因就頗爲複雜。

以往西方學者有一個典型的看法，認爲荷人占據台灣是中國方面允許的，因而荷人是完全「合法」。如甘爲霖（Wmm Campell）在他的著作中寫道：「台灣土地……屬於中國皇帝。中國皇帝將土地賜予東印度公司，作爲我們從澎湖撤退的條件。」[117]然而，中國皇帝是否有將土地賜予東印度公司，首先就必須予以弄清。

在荷蘭人撤離澎湖之前，俞咨皋曾與荷人簽訂協議的，但協議並沒有報送朝廷，也沒有得到皇帝的認可。《兩朝從信錄》說：

---

115 據曹永和先生介紹，雙方簽訂協議是1624年8月22日，原件載於《東印度外交文書集成》（J. H. Heert F. W. Stapel, *Corpus diplomaticum Nederlands-Indicum*）第1卷，見曹氏，〈台灣荷據時代研究的回顧和展望〉，《台灣風物》，第28卷，第1期。而據南居益奏報，荷人「白旗願降，則七月十一日事也」。即8月24日，相差兩天，見《明清史料》乙編，第7本，頁602。

116 〈彭島紅夷拆城遁去殘稿〉，《明清史料》乙編，第7本，頁602。

117 甘爲霖，《荷蘭人侵占下的台灣》，《選編》，頁95。

（七月）初三日（8月16日），我兵直逼夷城，改分三路齊進，而夷恐甚。牛文來律（按，即荷語長官Gouverner的譯音，這裡指宋克）隨曁白旗，差通事同夷目至娘媽宮哀稟：牛文來律奉咬嚼吧王差夷公文赴投本院，並無作歹，乞緩進師，需運糧米上船，即拆城還城。孫海道恐攻急，彼必死鬥，不如先復信地，後一網盡之為穩，姑許之。[118]

這裡，沒有隻字提到與荷人簽約的事，更沒有記載福建當局將協議報送朝廷批准。再看福建巡撫南居益的奏報：

天啓四年五月初七日（1624年6月22日），俞副將、劉游擊到彭。初九日（6月24日），由龍文港南太武大中墩直抵暗澳，相度形勢，並偵夷動靜。議先攻夷舟，次攻夷城，移火炮伏娘媽宮前一帶山岡。又料理火舟，密布如柵，風樞、案山、蒔上澳等處，四面皆王師，樵汲俱絕。夷始驚怖，搖尾乞憐，搏顙歸命，拆城遁徙。[119]

南居益把荷人「拆城遁徙」的過程寫得非常含混。十分明顯，他在戰後是根本沒有把與荷人談判、簽約的事情報告朝廷的，因而朝廷一無所知，當然也談不上批准協議的事了。

由於福建當局沒有把協議報送朝廷，所以荷蘭人一直在等候協議的批准。如《巴達維亞城日記》1625年1月3日記載：「關於我國人與福州軍門締結在大員開始貿易的協議之批准書，至今還在等待。」[120]4月6日又載：「中國人得以許可到大員與我們貿易。

---

118 《明熹宗實錄》（梁本），卷47，天啓4年10月己亥（18日）條。
119 〈彭湖信地仍歸版圖殘件〉，《明清史料》戊編，第1本，頁2。
120 《巴城日記》，第1冊，頁61。

只是宮廷尚未公開准許，軍門、都督及大官等都默認。」[121]由此可見，所謂俞咨皋與荷人簽訂的協議，充其量僅是福建地方官員為使荷人撤離澎湖，與他們私人達成的某種交易，這種交易是沒有向上報告的，也沒有得到中央政府的認可，因而是無效的。如果僅根據這樣一份私下達成而沒有生效的「協議」，便認為「中國皇帝將(台灣)土地賜予東印度公司」，那麼在事理上，完全站不住腳，這是不能成立的。

但另一方面，俞咨皋與荷人簽訂協議本身，卻反映了明朝地方官員的顢頇與腐敗。這一協議到底是怎樣簽訂出來的，其中有些什麼因素在起作用，這就需要作全面的探討。

16、17世紀的中國，正面臨著西方殖民者的第一次挑戰。在這場挑戰面前，中國社會各階層都作出了不同程度的反應。明朝各級官員、海上武裝集團、社會賢達之士，他們都從各自的地位出發，對如何處理荷人入侵事件有著不同的看法。

從明朝中央政府的角度說，國土不容侵犯的原則十分明確。早在荷蘭人占據澎湖的時候，明廷就幾次諭令福建當局予以驅除，不留後患。天啟三年六月二十六日(1623年7月23日)上諭云：「紅夷久住，著巡撫官督率將吏，設法撫諭驅逐，毋致生患。兵餉等事，聽便宜行。」[122]九月初五(9月28日)發諭：「紅夷狡詐，為患方深，巡撫官著督率將吏悉心防禦，作速驅除；有不用命的，俱照軍法處治。」[123]

有明一代，中國沿海邊患無窮。先是倭寇騷擾沿海，後是葡萄牙人占據澳門，再是荷蘭人進犯台、澎，不斷的外犯使得明朝政府逐漸加深了對台、澎戰略地位的認識。當時雖然未在台灣設

---

121 《巴城日記》，第1冊，頁65。
122 《明熹宗實錄》，卷35，天啟三年六月乙酉(二十六日)條。
123 《明熹宗實錄》，卷38，天啟三年九月壬辰(初五日)條。

兵，但台灣一地同樣不許外人占據。1616年日本侵襲雞籠、淡水，曾任明朝內閣大學士、禮部尚書的葉向高就說過：日本人「據雞籠、淡水求與我市，……此則門庭之寇，腹心之疾」，「不得不為之防者」[124]。同年，福建巡撫黃承玄亦奏請加強澎湖防務。他認為：如果在澎湖設一重鎮，就可以隨時前往台灣察視，使到那裡貿易的商船不致偷越日本；而且可以對前往澎湖、北港捕魚的漁民加以撫慰，使得日本人無法混迹其間。[125]由此可見，當時明朝政府雖然只在澎湖駐軍戍守，但管轄範圍包括台灣島在內。台灣與澎湖連為一個整體，在戰略地位上同為中國門戶，這一點當時人已經認識到了。

但另一方面，明朝封建統治在當時已相當腐敗，吏治不修，軍備廢弛，因此對外防禦能力大大削弱。特別是荷蘭殖民者東來，他們擁有比明軍優越的船隻大砲。如何禦敵於國門之外，這對明朝統治者來說，是一個相當頭痛的問題。

福建當局則處在這場衝突的最前沿。他們一方面要秉承皇帝的諭旨，「作速驅除」；另方面又感到驅逐荷人不易。當時人幾乎都用近似誇張的語言來形容荷人的船堅炮利。其「船大如城，銃大合圍，彈子重二十餘斤，一施放，山海皆震」[126]。「彼舟如山，我舟如垃，大炮一放，霆擊十里，將如之何？」[127]在這種情況下，福建地方當局要用武力驅逐荷人，顯然感到信心不足，因此他們所採取的態度和手段就顯得複雜而微妙。

最明顯的例子是福建巡撫商周祚。1623年初，商周祚與雷約

---

124 葉向高，〈答韓辟疆〉，《明經世文編》，卷461，《蒼霞正續集》。
125 黃承玄，〈條議海防事宜疏〉，《明經世文編》，卷479，《黃中丞奏疏》。
126 沈有容，《仗劍錄》。
127 黃克纘，〈平夷崇勛圖詠序〉，《大中丞南公凱歌副墨》，卷前。

茲進行談判，隨後上疏朝廷明確表示：「今計止遵舊例，……不許在我內地另開互市之名，諭令速離澎湖，揚帆歸國。如彼必以候信爲辭，亦須退出海外別港以候。但不係我汛守之地，聽其擇便拋泊。」[128]也就是說，荷蘭人必須立即從澎湖撤走，到「海外別港」僅是「候信」，即不許在那裡長期居駐，更不許「互市」。但另一方面，商周祚卻私下答應荷蘭人，只要撤出澎湖，就允許他們在台灣貿易。1624年1月，商周祚派遣的特使抵達巴城，他們與巴城總督談判的內容，就是要荷人撤出澎湖到台灣去貿易；而荷蘭人與商周祚使者爭執的焦點，是撤離澎湖與到台貿易，何者爲先[129]。在此之前，商周祚又於1623年初派人到巴達維亞遊說，據英國駐巴城商館1623年2月寄往東印度公司董事會的信件說：

> 現在此地之中國使節向荷蘭人提議：荷蘭人如願放棄澎湖群島，而遷往台灣，則可准其通商；荷蘭人尚未答覆。該公使亦曾向我方提議：如我方願往Ty Was(大員——引者)，亦可同樣通商。請賜示覆，以便遵行。[130]

由此可見，商周祚在處理荷入入侵事件過程中，是採取兩面態度的：一方面向朝廷明確表示諭令「揚帆歸國」，不許在內地另開互市之名；另方面卻私下默許荷蘭人移往台灣通商，以作爲撤出澎湖的條件。

商周祚爲什麼會這樣做？我認爲有幾點因素不容忽視：

1. 他正處在朝廷與荷蘭人中間，朝廷的態度他是清楚的，自

128 《明熹宗實錄》，卷30，天啓三年正月乙卯(二十四日)條。
129 參見《巴城日記》，第1冊，頁25-30。
130 《十七世紀英國台灣貿易史料》，頁2。

然不敢違抗，但對用武力驅逐荷蘭又沒有必勝的把握。

2. 台灣與澎湖同為戰略要地，但相對而言，澎湖已是明軍汛地，在無法徹底驅除的情況下，先復汛地為穩。

3. 以自身的利益考慮，如果不迅速收復澎湖，他就有丟官棄職的危險；但如果公開聲稱讓荷人到台灣去貿易，也會受到朝廷的指責，因此只能默許。

　　商周祚走後，南居益接任福建巡撫，態度轉為強硬。他一方面在福建練兵設防，嚴申海禁；另方面調集水師，準備出征澎湖。但值得注意的是，當南居益調集大軍抵達澎湖之際，他卻沒放棄「撫諭」的手段；而且在俞咨皋與荷蘭人簽訂協議之後，他同樣沒有把此事報告朝廷，也沒有下令作進一步驅除。南在戰後奏報說：「夷舟十三隻所為望之如山阜、觸之如鐵石者，即於是日遠遁，寄泊東番瑤波碧浪之中，暫假游魂出沒，不足問也。」[131]他在這裡使用的是「暫假」，即與商周祚的「候信」一樣，都是指讓荷人在台灣暫時「寄泊」。隨後，南居益在條陳澎湖善後事宜時又說：「澎湖既復，海甸方清，而復倭交通，尚伏近島，謹陳用間方略，以靖餘孽，以永奠南陲」等等[132]。由此可見，南居益也是想要把荷人從台灣趕走。但他與商周祚一樣，關鍵的問題是對用武力作徹底驅逐缺乏必勝的把握。他們都想先收復澎湖，以便向朝廷報功；然後再想辦法作第二次驅逐，以保邊陲。但是採用「用間方略」是否就有把握將荷人趕走，是大可懷疑的。台灣被荷蘭人占領，福建地方當局實在負有不可推卸的直接責任。

　　此外，海上武裝集團的態度與活動，也是一個重要因素。

---

131 〈彭島紅夷拆城遁去殘稿〉，《明清史料》乙編，第7本，頁620。

132 〈兵部題行「條陳彭湖善後事宜」殘稿〉，同上，頁605。

　　海上武裝集團是在明朝實行海禁、而東南沿海商品經濟高度
發展的情況下出現的。這一些人的海上活動，具有明顯的兩重性：
相對明朝的海禁政策而言，他們要求發展商品經濟，進行海外貿
易是值得肯定的。但另一方面，他們往往是海盜兼商人，他們活
動的根本出發點在於謀求經濟利益，因此在西方殖民者東來的時
候，又往往充當教唆者和中間人。他們與西方殖民者既有矛盾又
相勾結；與明朝封建統治者既相對立又有聯繫。海上武裝集團的
出現，使得沿海地區的形勢更為複雜。事實上，俞咨皋與荷蘭人
簽訂協議，正是通過海商頭目李旦的斡旋而實現的。

　　李旦是泉州人，早年在馬尼拉經商。後來與西班牙人發生矛
盾，於17世紀初期前往日本定居。李旦來到日本後，成為當地華
人的領袖。他擁有一支實力雄厚的武裝船隊，行駛在中國、日本
直至東南亞各地的廣大海域，進行商業貿易及海上搶劫。他在日
本與英國人發生過關係，總想幫助英國人打開對中國貿易的大
門。據英國駐平戶商館報告：

> 1622年9月7日，受託前往中國交涉通商之中國船長Andree
> Dittus（即李旦—引者）已回平戶（Firando）所報告之消息如
> 下：中國當局已允我與中國通商。若非滿清人與中國戰
> 爭，中國之二王在同一年逝世，則英國人在二、三年前已
> 可與中國通商矣。據云渠為此事已化去12,000兩以上；若
> 為我公司之經理所遺棄，將不堪設想。渠又聲稱若在一兩
> 年之內不能達到與中國通商之目的，則願為我公司之奴
> 僕，或犧牲其生命。[133]

　　李旦還經常到台灣貿易。1623年4月，他到台灣購買生絲，剛

133　《十七世紀英國台灣貿易史料》，頁2。

好碰上雷約茲派遣韋霍爾特到大員活動，李旦即與荷蘭人親近，
並告訴他們：

> 你們荷蘭人還是占據Thaiwan（即大員——引者）比較好。雞
> 籠和淡水既不是優良的椗泊處，並且附近的居民凶猛，無
> 從交往。附近雖有黃金生產，但中國人也都想得到金子，
> 因此究竟是在那裡他們是不會說出來的。[134]

　　後來荷蘭人在台灣南部調查，李旦也參與其中，並回答荷蘭
人提出的種種問題。荷人寫的〈蕭壠城記〉（調查報告）裡，記載
了這方面的情況[135]。

　　李旦在與西方殖民者親近的同時，還用他手中的巨額資本，
去打通明朝官府。他在廈門有一個親信叫許心素。李旦不僅通過
許心素組織內地貨物出口，而且通過他時常向官府行賄，買通各
方面的關係。據荷蘭文獻記載，當時在廈門附近的官員「都相當
認識」李旦，「都督及其他大官們時常送糧食或其他物品與他，
他以金錢還報。無疑，大官們拋磚是為了引玉罷了」[136]。在一個
吏治腐敗的社會裡，金錢的魅力往往是巨大的。

　　由於李旦具備溝通中西雙方的條件，因此自然成為調解這場衝
突的幹旋人。1623年底，在南居益籌備遣兵前往澎湖，俞咨皋向他
建議起用許心素往諭李旦，「立功贖罪」。南居益的奏報說：

> 臣於時雖勵眾以有進無退、有死無二，而不能不憂心於一
> 彼一此，萬一不利，損威失重，釀害不小。幸及今鎮臣俞

134　Pieter Van Dam, *Beschrijvinge Van de Oostindische Compagnie*（《東印度
　　公司志》），引自中村孝志，〈十七世紀荷蘭人在台灣的探金事業〉，
　　《台灣經濟史五集》，頁106。

135　見江樹生譯，〈蕭壠城記〉，《台灣風物》，第35卷，第4期。

136　《巴城日記》，第1冊，頁65，參見《選編》，頁229。

咨皋奉副將之命，初蒞帥中，即密揭貼臣曰：今倭夷連和，
奸盜黨附，我孤軍渡彭，賓主倒置，利害判於斯須，勝負
殊難期必。事急矣！此兵法用間時矣！臣問計將安出？咨
皋曰：泉州人李旦，久在倭用事。旦所親許心素今在繫，
誠質心素子，使心素往諭旦立功贖罪，旦為我用，夷勢孤，
可圖也。臣初不敢信，因進巡海道參政孫國禎再四商確，
不宜執書生之見，掣閫外之肘，遂聽其所為。而倭船果稍
稍引去，寇盜皆鳥散，夷子立寡援。及大兵甫臨，棄城遁
矣。[137]

　　其實，俞咨皋為什麼要建議起用許心素去往諭李旦，還有一
些細節無法弄清。但有足夠的證據表明，後來俞咨皋與許心素至
為密切。1626年任同安知縣的曹履泰說：「俞總兵腹中只有一許
心素，而許心素腹中只有一楊賊。多方勾引，多方恐嚇，張賊之
勢，損我之威，以愚弄上台。」[138]1628年江西道監察御史林棟隆
亦奏劾：「總兵俞咨皋以虎黨吳淳夫為冰山，以劇賊楊六為外府，
以奸民許心素為過付，二萬之金一入，招撫之策堅持。」[139] 海上
武裝集團的活動，一方面把一些明朝官吏拉向他們一邊；另方面
為了自身的利益，又積極活動讓西方殖民者在台灣落腳，以便就
近與之貿易，獲取更大的商業利益。加上荷蘭殖民者本來就想要
占領中國沿海為通商據點；而明朝政府內部矛盾重重，極其虛弱，
地方當局對用武力驅逐荷人信心不足。多種因素聚合在一起，確
實為荷蘭人移占台灣提供了可趁之機。荷蘭人占領台灣是多種因

137 〈兵部題行「條陳彭湖善後事宜」殘稿〉，《明清史料》乙編，第7
　　本，頁605。

138 曹履泰，〈上過承山司尊〉，《靖海紀略》，卷1。

139 〈兵部尚書閻鳴春為備陳鄭芝龍海上活動題行稿〉，載《歷史檔案》，
　　1982年第1期。

素、各種動機相互作用的結果，不是簡單的、平面的因果關係。

但是，荷蘭人移占台灣，仍是對中國領土的侵占。這一點，中國內部的有識之士，是有較爲清醒認識的。顧祖禹《讀史方輿紀要》說：「總兵俞咨皋者用間移紅夷於北港（按，即大員——引者），乃得復澎湖。……然議者謂澎湖爲漳泉之門戶，而北港即澎湖之唇齒，失北港則唇亡而齒寒，不特澎湖可慮，漳泉亦可憂也。」他們多從台、澎地區的重要地位，來認識台灣不能讓荷人久占。1624年冬，在荷蘭人剛移據大員後不久，詔安縣鄉官沈鈇即上書南居益，建議「移檄暹羅」，宣諭荷人從台灣撤走。書云：

> 夫大灣去澎湖數十里，雖稱裔區，實泉漳咽喉也。沿海商民捕釣貿易，往來必經。即呂宋一島首長，亦恨紅裔絕他利市，必怨其久駐大灣，為他國梗也。……為今之計，二三長老懇望祖台給以公檄，選擇武士帶諭暹羅島主，嚴令紅裔速歸本土，不許久駐大灣，引誘日本奸倭互市。仍令巡海孫公祖、謝總戎、俞副將、劉游擊諸君，斟酌速行。……日下北風正起，水勢甚便，祈毅然早發，非止一閩之幸，實國家之福也。[140]

其後不久，沈鈇又呈遞著名的〈上南撫臺暨巡海公祖請建彭湖城堡置將屯兵永爲重鎮書〉，他在是書的開頭再次提到：「紅夷潛退大灣，蓄意叵測，征兵調兵，殊費公帑。昨僭陳移檄暹羅，委官宣諭，約爲共逐一節，未知可允行否？」[141]然而，南居益似

---

140 沈鈇，〈上南撫臺移檄暹羅宣諭紅裔書〉，康熙《詔安縣志》，卷12，〈藝文〉。

141 沈鈇，〈上南撫臺暨巡海公祖請建彭湖城堡置將屯兵永為重鎮書〉，康熙《詔安縣志》，卷12，〈藝文〉。

乎沒有考慮沈鈇的建議，他仍想通過俞咨皋行「用間」之策[142]。

1635年，工科給事中何楷又上靖海之策，提出用武力將荷蘭人驅逐出台灣。何楷在疏中說：

> 今欲靖寇氛，非墟其窟不可。其窟維何？台灣是也。台灣在澎湖外，距漳泉止兩日夜程，地廣而腴。初貧民時至其地，規漁鹽之利，後見兵威不及，往往聚而為盜。近則紅毛築城其中，與奸民互市，屹然一大部落。墟之之計，非可干戈從事，必嚴通海之禁，俾紅毛無從謀利，奸民無從得食，出兵四犯，我師乘其虛而擊之，可大得志。紅毛舍此而去，然後海氛可靖也。[143]

但是，這時明王朝的封建統治已危在旦夕。朝廷內部的爭權奪勢愈演愈烈；後金軍隊已攻占遼東，威逼關外；明末農民大起義的浪潮正席捲黃河中下游地區。中國社會內部的民族矛盾、階級矛盾全面激化。明朝政府要鞏固自己的統治已猶恐不及，自然無暇東顧台灣事務。荷蘭殖民者占據台灣，正是在這樣的國際、國內背景下實現的。

---

142 〈兵部題行「條陳彭湖善後事宜」殘稿〉，《明清史料》乙編，第7本，頁606。
143 《明史》，列傳211，〈外國〉。

第二章

矛盾衝突

荷蘭人占據台灣後，各種矛盾與衝突即隨之而起。一方面，有荷蘭殖民者與中國人的矛盾；另一方面，又有荷蘭人與日本人、西班牙人之間的爭奪。這種矛盾與衝突，是台澎地區錯綜複雜的政治形勢，在新的歷史條件下的繼續和發展；它反過來，又對荷蘭人的統治形成了嚴重的威脅。

第一節　荷據以前漢族移民在台灣的活動

在敘述荷占初期的矛盾與衝突之前，有必要先介紹荷蘭人占領台灣以前，漢族移民在那裡的活動情況。

前已談到，明代中期以後，隨著中國東南沿海邊患日益嚴重，明朝政府已在澎湖設置汛兵，輪番戍守，並且將管轄範圍包括整個台澎地區。但由於明朝封建統治相當腐敗，無法進行有效的控制，因此台澎地區主要成爲海上武裝集團的活動場所。當時與台澎發生關係的，除了曾一本、林道乾、林鳳等人外，還有林錦吾、阮我榮、黃育一、林辛老、李旦、顏思齊、鄭芝龍等等，這些都是海上武裝集團的重要人物。

林錦吾在萬曆中期（1590年前後）就從福建往販澎湖、北港（台灣）。曾任明朝工部主事、南京刑部尚書的沈演說：「海上賊

勢雖劇，倏聚倏散，勢難持久，猶易撲滅。而大患乃在林錦吾北港之互市，引倭人入近地，奸民日往如鶩，安能無生得失？」[1] 林錦吾一夥以北港爲據點，與日本人「互市」，而且經常「劫殺洋船」，「泊北港之局牢固不拔」[2]，成爲明朝政府十分關注的一個問題。

隨後，萬曆末年至天啓初年(1611-1621年)，又有袁進、李忠、阮我榮、黃育一、林辛老等勢力興起。阮我榮、黃育一等人亦是從福建用武裝大船往販日本、台灣，「領有倭酋資本數千金」，被同夥「我鵬老」所奪[3]，後來在北港落腳，「擄掠商船，招亡納叛」[4]。林辛老在天啓二年(1622年)「嘯聚萬計，屯據東番(台灣)之地，占候風汛，揚帆入犯，沿海數千里無不受害」。

當時與台、澎關係最爲密切、影響最大的，要數李旦、顏思齊以至以後的鄭芝龍等海上武裝集團。

李旦大約在1615年前後就已到台灣貿易。1618年2月15日英國東印度公司駐平戶商館代理人考克斯(Richard Cocks)寫信說：「最近兩、三年，中國人開始與某一個被他們稱爲高砂，而在我們海圖上稱作福摩薩的中國近海島嶼進行貿易。……Ardrea Dittis(李旦)與他的弟弟甲必丹Captain Whow(華宇？)無疑是當地進行私自貿易中最大的冒險投機者。去年他們派了兩隻小的平底駁船，載了超過半數以上可能是在交趾或萬丹所償付的生絲進入。理由是去年他們收入豐富，而且他們只要花少量的錢購入當地土產帶回大陸，就能很快淨賺超過等值的二分之一。他們說當地都是野蠻

1　沈演，〈答海澄〉，《止止齋集》，卷56。

2　沈演，〈答海道論海務〉，《止止齋集》，卷55。

3　張增信，〈明季東南海寇與巢外風氣(1567-1644)〉，《中國海洋發展史論文集》，第3輯（1988年，台北）。

4　曹學佺，〈倭患始末〉，《湘西紀行》，下卷。

的土著，還不懂得使用銀錢。」[5]李旦是當時居住在日本的華僑首領。據岩生成一先生考證：他兄弟眾多，勢力雄厚，是活躍於日本、中國沿海以至東南亞各地的重要海上力量。

與李旦同時，台灣出現的另一支重要力量應是顏思齊。康熙二十三年(1684年)任諸羅知縣的季麒光說：「明萬曆間，海寇顏思齊踞有其地，始稱台灣。」又云：「思齊飄掠海上，倚為巢窟；台灣有中國民自思齊始。」[6]季麒光與明末遺老沈光文相善，而沈光文又與鄭氏集團有淵源關係，因此他的記載是值得注意的。明代官書《崇禎長編》亦載：「初，海寇鄭芝龍先從海賊顏樞泉；樞泉死，遂有其眾。」[7]這裡的顏樞泉應為顏振泉之誤，前已談過。

鄭芝龍與李旦、顏思齊都有關係。據中國文獻記載：鄭芝龍先在日本投靠李旦，後來又在台灣加入顏思齊一夥。《鹿樵紀聞》說：鄭芝龍「為父所逐。有巨商攜往海外；初至日本，為人縫紉以餬口。……久之，仍附巨商歸；中途為盜所劫。盜魁顏振泉復愛之，任為頭目」[8]。這裡的「巨商」當指李旦[9]。又，彭孫貽《靖海志》亦云：「芝龍為父所怒，持棍逐之。芝龍大恐，與其弟芝虎奔海上船，乃懇巨商攜往海外。芝龍姣媚嫵順，音律、樗蒲，靡不精好。同抵日本，……再一年，前艦復至，乃附歸。……至中途，為海盜劫奪，芝龍隻身隨艦，貨作千金，分與主寨之首領顏振泉。」由於鄭芝龍與李旦、顏思齊都有關係，因此他很早就在台灣活動。先是從日本替李旦管駕商船，經常往來於台灣(時間

5　引自張增信，〈明季東南海寇與巢外風氣(1567-1644)〉。

6　黃叔璥，《台海使槎錄》，卷1，〈赤崁筆談〉。

7　《明實錄閩海關係史料》(台灣文獻叢刊本)，附錄一，頁146。

8　梅村野史，《鹿樵紀聞》，卷中。

9　江日昇，《台灣外記》明確記載鄭芝龍到日本與李旦有關。但又說他後來與顏思齊等人在日本起事，前往台灣，並不可靠。

不晚於1620年)[10]；後來加入顏思齊一夥，更是直接以台灣爲活動的據點。

　　這裡有一個問題必須稍加辨析。以往有不少學者尤其是外國學者，都認爲鄭芝龍是1624年與荷蘭人同時來到台灣的，因爲在此之前，西方文獻沒有記載鄭芝龍在台灣活動的情況。其實這是誤解。有許多證據說明，在荷蘭人未來之前，鄭芝龍就已在台澎地區活動了：

1. 清朝第一部《台灣府志》(1685年修)說：澎湖天后宮「係鄭芝龍建，僞藩(指鄭成功或鄭經)更新之」[11]。澎湖天后宮在荷蘭人未來之前就已存在。而這部《台灣府志》是蔣毓英修撰的，季麒光出過大力，考慮到他們與沈光文和鄭氏之間的關係，這一記載是可信的。連橫《台灣通史》說：澎湖天后宮修建於萬曆間(1573-1620年)[12]。如果考慮到當時的歷史背景，應是修建於萬曆末年更爲準確。

2. 1684年初(康熙二十二年十二月二十二日)，施琅〈恭陳台灣棄留疏〉說：台灣一地，在「鄭芝龍爲海寇時，以爲巢穴。……傳及其孫克塽，六十餘年」[13]。從1684年往上溯60年，正好是1624年，而「六十餘年」肯定是在1624年以前，亦是說在1620年前後，鄭芝龍就以台灣爲「巢穴」了。這一說法參照上述澎湖天后宮的興修時間，相當吻合。

10　據日本學者研究，鄭芝龍在161-1624年在日本從事商業活動和對外貿易，「屢乘商船往來於明國」。見吳鳳斌，〈鄭芝龍、鄭成功父子僑居日本考略〉，《中外關係史論叢》，第2輯。

11　蔣毓英，《台灣府志》，卷6，〈廟宇〉。

12　連橫，《台灣通史》，卷10，〈典禮志〉。

13　施琅，《靖海紀事》，下卷。

3. 1661年4月27日(永曆十五年三月二十九日),鄭成功寫信給
   荷蘭人說:台灣、澎湖,「這兩個位於中國海的島嶼上的
   居民都是中國人,他們自古以來占有並耕種這一土地」。
   在荷蘭人從澎湖撤往大員之際,「本藩父親一官(鄭芝龍)
   出於友誼才陪他們看了這個地方,而且只是將地方借給他
   們」[14]。5月3日,荷蘭人派代表與鄭成功談判,成功又說:
   「我是爲向公司索回原屬泉州,現在歸我領有的福摩薩土
   地和城堡而來。」[15]另外,他還在〈復台〉詩中寫道:「開
   闢荊榛逐荷夷,十年始克復先基。」這裡的「先基」,注
   明是指「太師(即鄭芝龍)會兵積糧」之所[16]。十分明顯,
   在荷蘭人未來之前,鄭芝龍正在那裡活動,所以他才有可
   能陪同荷蘭人觀看大員附近地方,並把土地「借給他們」。
   而且上述史料,正是保存在荷蘭檔案裡的。

   由於明代中葉以後,海上武裝集團已經相續在台、澎活動,
「招亡納叛」[17],「以爲巢穴」[18]。所以中國文獻多記載台灣有中
國民自顏思齊始,或「鄭芝龍始開其地」[19]等等。這並不是說在顏、
鄭以前,台灣沒有漢族移民,而是說以顏、鄭爲代表的海上武裝
集團,在開發台灣的歷史上有過不可磨滅的貢獻。
   明代中葉以後,台灣成爲海上武裝集團的活動場所,這與當
時的社會經濟狀況相關連。一方面,東南沿海商品經濟已有了長

---

14 殖民地檔案,1125號,f, 884-885,譯文見《台灣研究集刊》,1988年,
    第2期。
15 《巴城日記》,第3冊,頁286。
16 《延平二王遺集》,見《選編》,頁1。
17 曹學佺,〈倭患始末〉。
18 施琅,〈恭陳台灣棄留疏〉。
19 劉獻廷,《廣陽雜記》,卷4。

足的發展，而商品經濟的發展必須要求打破封鎖，加強對外聯
繫，因而明朝政府屢禁不止；另一方面，福建沿海地區人多田少，
難以為生，為謀求生路，也必須向海洋發展。在這種情況下，加
上明朝封建統治已經衰落，沿海居民衝破海禁，前往台灣，就成
了歷史發展的必然趨勢。海上武裝集團在台、澎活動，既是這種
社會歷史背景的反映，又為更多移民前往謀生提供了一定的條
件。

當時到台澎的漢族移民主要有三大類：

1. 捕魚。明兵部題行〈條陳彭湖善後事宜〉殘稿說：嘉靖間，
   倭寇為禍東南甚烈。朝廷屢申海禁，但「海上之民，以海
   為田」，「方禁方生，愈戢愈熾」。「而東番(台灣)諸島」，
   向為漁民「採捕之所」，「利之所在，法有時窮」[20]。黃承
   玄〈條議海防事宜疏〉也說：「瀕海之民，以海為業，其
   採捕於澎湖、北港之間者，歲無慮數十百艘。」[21]。
2. 經商。1593年，許孚遠〈疏通海禁疏〉說：「東南邊海之
   地，以販海為生，其來已久；而閩為甚。……臣又訪得是
   中同安、海澄、龍溪、漳浦、詔安等處奸徒，每年於四、
   五月間告給文引，駕使烏船稱往福寧卸載、北港捕魚及販
   雞籠、淡水者，往往私裝鉛、硝等貨僭去倭國。」[22]當時雞
   籠、淡水已經解禁，但有的商船是經上述兩地前往日本，
   有的則是赴北港貿易。沈演〈論閩事〉說：「挾倭貨販北

---

20 〈兵部題行「條陳彭湖善後事宜」殘稿〉，《明清史料》乙編，第7
    本，605頁。
21 黃承玄，〈條議海防事宜疏〉，《明經世文編》，卷479，《黃中丞奏
    疏》。
22 許孚遠，〈疏通海禁疏〉，《明經世文編》，卷400，《敬和堂集》。

港者，實繁有徒。」[23]1582年，一名與西班牙人相善的中國海商Santy就說：他曾九次到過台灣貿易[24]。1603年跟隨沈有容東渡的陳第亦在〈東番記〉中說：漳泉之惠民、充龍、烈嶼諸澳之民，往往譯原住民語，與貿易。「以瑪瑙、瓷器、布、鹽、銅簪環之類，易其鹿脯皮角」[25]等物。

3. 墾殖。隨著捕魚、貿易的發展，有的漢族移民也開始在台澎定居下來，開墾土地，從事農業生產。鄭成功說：澎湖、台灣兩島上的中國人，「自古以來占有並耕種這一土地」。何楷《靖海策》也說：「台灣在彭湖外，距漳泉止兩日夜程，地廣而腴。初貧民時至其地，規漁鹽之利，後見兵威不及，往往聚而為盜。」屹然成一大部落[26]。所謂「聚而為盜」，「成一大部落」，是必然要發展農業生產的，否則如何生存？何況台灣有著得天獨厚的自然條件。

在荷蘭人占據台灣以前，到底有多少漢族移民？史載不盡一致，施琅〈恭陳台灣棄留疏〉說：「然其時中國之民潛至，生聚於其間者，已不下萬人。」[27]而1623年荷蘭人到大員附近調查，發現「住在該處原住民中間的中國人，為數超過一千或一千五百人」。他們「沿著海岸從一個地方航行到另外一個地方，去尋找他們的交易和利益」[28]。可見荷蘭人所指的當是從事村社貿易的漢族商人。另外，據連橫估計，明中葉遷居到台灣的漳、泉移民已

23 沈演，〈論閩事〉，《止止齋集》，卷55。
24 見中村孝志，〈十七世紀荷蘭人在台灣的探金事業〉，《台灣經濟史五集》。
25 陳第，〈東番記〉，《閩海贈言》，卷2。
26 《明史》，列傳211，〈外國〉。
27 施琅，《靖海紀事》，下卷。
28 江樹生譯，〈蕭壠城記〉，《台灣風物》第35卷，第4期。

有「數千人」，而依附於顏、鄭集團的「凡三千餘人」[29]。

　　值得指出的是，當時台、澎地區主要爲海上武裝集團的活動場所；他們擁有武裝，並管轄著大量的移民，因此他們已在台灣建立了政權。彭孫貽說：顏振泉在台灣建有「十寨」，「寨各爲主，芝龍之主，又主中主也」。顏振泉死後，鄭芝龍上升爲十寨之主[30]。《台灣外記》更具體地記載：在鄭芝龍成爲海上武裝集團的首領後，設立有佐謀、督造、主餉、監守、先鋒等官職，他手下共有18個結拜兄弟，號稱「十八芝」[31]。明末有名的陳衷紀、楊六、楊七、劉香、李魁奇等等，都是這個集團的骨幹人物。因此連橫《台灣通史》說：「海澄人顏思齊率其黨入居台灣，鄭芝龍附之，⋯⋯於是漳泉人至者日多，闢土田，建部落，以鎭撫土番。」[32]中國人已在台灣開墾土地，繁衍生息，占有並管理著這塊土地。

　　正是由於有著這一重要的歷史背景，所以荷蘭人從澎湖撤往大員之際，「答應准許該地的中國移民照舊居住和生活，新從中國來的人，也准予定居和貿易，以此作爲交換條件」[33]。也正是因爲有這一背景，所以在荷蘭人占據台灣初期，他們仍與鄭芝龍「雙方占有」「平地」[34]，鄭芝龍仍然對他原有的土地和移民擁有管轄權，直至1628年（崇禎元年）鄭芝龍受明朝招撫後，他才「將此地稅與紅毛爲互市之所」[35]。

　　另一方面，這裡還需進一步指出：海上武裝集團與荷蘭人的

29　連橫，《台灣通史》卷7，〈戶役志〉；卷29，〈顏思齊、鄭芝龍列傳〉。

30　彭孫貽，《靖海志》，卷1。

31　江日昇，《台灣外記》，卷1。

32　連橫，《台灣通史》，卷1，〈開闢記〉。

33　C.E.S.，《被忽視的福摩薩》，卷上。《選編》，頁121-122。

34　《巴城日記》，第3冊，頁282。

35　施琅，〈恭陳臺灣棄留疏〉。

關係，是既有聯繫又有矛盾的。儘管荷蘭人從澎湖撤往台灣，李旦等人起過作用，但在荷蘭人方面，他們對李旦也是懷有戒心的。1624年首任台灣長官宋克在信中提到：「荷蘭人並不信任李旦，而之所以用李旦，實乃被迫於無人可以聽用。因此他們希望能夠訓練自己的人作翻譯，好於將來與中國交涉時，作居中的媒介。」[36]與鄭芝龍的關係也是如此。在荷蘭人占據台灣後不久，荷、鄭關係就開始惡化，以致雙方或和或戰，前後延續10年之久。

第二節　荷蘭人與鄭芝龍的關係

荷蘭人占領台灣後，即通過李旦對中國貿易。當時李旦掌握著制海權，又有許心素作為助手，內勾外連，渠道通暢，因此荷蘭人與李旦簽定了購買15,000斤生絲的合同，而李旦亦於是時返回大陸購買絲貨。沈鈇〈上南撫臺移檄暹羅宣諭紅裔書〉云：

> 游棍李旦，乃通裔（夷）許心素之流也。凤通日本，近結紅裔（夷）。茲以討私債而來，且祭祖為名，突入廈門，豈有好意？不過乘官禁販，密買絲綢裝載發賣諸裔（夷），並為番裔（夷）打聽消息。[37]

另一方面，這時也有為數不多的商船來到大員，與荷蘭人貿易。不過「載來的生絲不多」[38]。荷蘭人的生絲主要是從李旦那裡獲得的。據《巴達維亞城日記》載：1625年1月間，共有4艘荷船返回巴城，其中3船載有生絲，總數量為17077.5斤，超過了向李旦

---

36 引自張增信，〈明季東南海寇與巢外風氣(1567-1644)〉。

37 沈鈇，〈上南撫臺移檄暹羅宣諭紅裔書〉，《詔安縣志》，卷12，〈藝文〉。

38 曹永和，〈明鄭時期以前之台灣〉。

的訂購數：

抵達日期	船　　名	載　貨　內　容	出處
1.3	Erasmus	生絲6,177.5斤、絹織品數種	p.61
3.24	Arnemuijden	暹羅、日本大米84Last，生絲3,800斤，以及少量紡織品	p.63
4.9	Purmerendt	日本大米2,300袋，生絲7,100斤，以及絹織品等	p.67

　　荷蘭人對大員的貿易充滿希望。5月4日，巴城總督復派遣伊拉斯莫斯(Erasmus)號返回大員，載去里耳貨幣13箱及其他商品，準備開展更大規模的貿易[39]。但其後不久，李旦於8月12日在平戶病死。

　　李旦死後，與荷人貿易的大權自然轉移到許心素手中。1625年，荷蘭人交給許心素4萬里耳的訂金，約定他在大員交付生絲[40]。但這時海上集團出現分裂，各派稱雄，互相爭鬥，許心素的地位受到嚴重威脅。在諸雄中，鄭芝龍最爲有力，成爲許心素的強勁對手。

　　鄭芝龍是福建南安人，小名一官，字曰甲，號飛黃(或作飛虹)。他的事跡前已有所涉及，大致在早年從福建前往澳門謀生，接受天主教洗禮，取名尼古拉(西方文獻稱Nicholas Iquan或Nicholas Gaspard)。後來又到日本投靠李旦。在日本期間，他經常到台灣貿易。1624年離開日本，充當荷蘭人通譯。在幫助荷蘭人從澎湖移往台灣的活動中，他也起過作用。1625年4、5月間，離開荷蘭人，成爲一名「海盜」首領[41]。

39　《巴城日記》，第1冊，頁78。
40　《巴城日記》，第1冊，頁88。
41　參閱陳碧笙，〈鄭芝龍的一生〉，《鄭成功研究論叢》(福建教育出版

　　鄭芝龍與許心素發生矛盾的原因，從根本上說是爲了爭利，即爭奪對荷人貿易的大權。而直接原因是由於他的夥黨楊六（又作楊祿）、楊七（又作楊策）「領龍銀」，投奔許心素，爲俞咨皋所招撫，因而忿恨不平，決計報復。《古今圖書集成》載：「初，巡撫朱欽相招撫海寇楊六、楊七等，鄭芝龍求返內地，楊六給其金不爲通，遂流劫海上。」[42] 曹履泰〈答朱明景撫臺〉亦說：「去年（按天啓六年，1626年）撫賊楊祿等，原係鄭芝龍夥黨。祿等領龍銀，備器械爲賊具，及招撫時，則撇出芝龍，龍之所以懷忿。……鄭賊對居民歷數俞負約之罪，必得楊祿、楊策、許心素而後去，其執說如此。」[43]

　　鄭芝龍初起時船隻不過數十。當時正值漳泉大旱，芝龍趁機收買人心，「所到之處，但令報水，而未嘗殺人。有徹貧者，且以錢米與之」[44]，因此勢力發展很快。1626年已有船「一百二十隻」，1627年「遂至七百」，1628年初，「並諸種賊計之，船且千矣」[45]。

　　鄭芝龍勢力的崛起，引起明朝政府的恐慌，同時也打亂了荷蘭人的貿易計畫。1627年6月，俞咨皋與荷人勾結，建議派兵艦幫助鎮壓鄭芝龍。但荷蘭人提出要求，要讓他們的船隻在福建沿海自由貿易，並且要有當局的書面保證。福建當局應允。同年11月，卸任的台灣長官韋特（de With）率領九艘荷船前往銅山（今東山），但遭到鄭芝龍火船的攻擊，一船著火，其餘「不發一砲」即返回巴城[46]。曹履泰〈與李任明〉說：天啓七年「九月間，俞將又勾紅

（續）————————————
　　社，1984）。
42　《古今圖書集成・職方典》，卷1110，〈台灣府部・紀事〉。
43　〈答朱明景撫臺〉，《靖海紀略》，卷1。
44　〈答朱明景撫臺〉，《靖海紀略》，卷1。
45　董應舉，《崇相集・海禁》。
46　1628年6月16日納茨（Pieter Nuyts）致紐維路德（Nieuwerood）的信，見《選編》，頁98。又參見C.R.博克塞，《鄭芝龍（尼古拉・一官）興衰

夷擊之（指鄭芝龍），夷敗而逃」[47]。

　　鄭芝龍對荷蘭人的行動甚爲惱火，他立即採取報復行動，到處捕捉荷船、搶奪貨物、扣押人質。台灣第三任長官訥茨（Pieter Nuyts）寫信給平戶商館長紐維路德（Nieuweroode）提到：芝龍一共捕獲荷蘭船隻五艘，其中包括快艇西卡佩爾號（West Cappel）及船上的人員物資。「（我方）船隻都不能在中國海岸露面，一露面就要被一官截獲。我們三百五十人只好坐困此間，無能爲力。假如不立即派兵救援，那麼除了一艘待修補的船隻以外，閣下恐怕不能再從此處得到什麼東西。」[48]

　　但鄭芝龍與荷蘭人的關係並沒有繼續惡化下去。1628年初（天啓七年十二月），鄭芝龍乘勝攻入廈門，殺死許心素[49]，趕走俞咨皋，控制了沿海要地。2月22日（崇禎元年正月十八日），鄭芝龍在廈門受撫，聚衆三萬人，「桀驁難馴」[50]。但他卻主動與荷人和解，將捕獲的西卡佩爾號及人員、貨物送還荷人，並賣給他們一批生絲，不過要價過高，荷蘭人予以拒絕。

　　鄭芝龍之所以主動與荷人和解，目的十分清楚：一方面是由於許心素已被清除，他要取代許的位置與荷人貿易；另一方面由於當時鄭芝龍的地位還不穩固，與他同時受撫的李魁奇等人仍是潛在的威脅，他需要外力的支持。

　　但荷蘭人的注意力並不在此。他們極想在中國沿海自由貿

（續）

　　　　記》，《中國史研究動態》，1984年第3期。

47　曹履泰，〈與李任明〉，《靖海紀略》，卷2。按，此事發生時間當在1627年11月初，即天啓七年九月二十四日（11月1日）以後。

48　《選編》，頁99。

49　據訥茨致紐維路德的信。又，曹履泰〈上陸筠修司尊〉說：「許心素爲鄭弇所殺，向傳以爲眞也。職蒙台臺委查，即訊之鄭弇，語多兩歧，則殺似未眞。」（《靖海紀略》，卷3）不過，以後許心素確實未再露面。

50　董應舉，《崇相集・與馬遷初書》。

易。6月27日，再度擔任巴城總督的柯恩派遣卡雷爾・利文斯(Carel Lievensz)率艦隊前往台灣，同時指示駐台長官訥茨及大員評議會，在艦隊抵達後，即航向福建沿海與當局談判，要求自由通商；如獲允許，即幫助當局鎮壓海賊；如不成功，則率領艦隊北上福州甚至南京等地，用武力強迫通商[51]。8月21日，訥茨率領9艘荷船到漳州，在海上會見鄭芝龍，聲稱欲通貿易。其後，又約請鄭芝龍到荷艦特克塞爾號(Texel)訪問。鄭芝龍如約造訪，卻被訥茨拘捕，強迫他要允許所有的中國商船與荷人自由貿易，並發布告示，廣爲宣諭。10月1日，鄭芝龍與訥茨簽訂了爲期三年的貿易協定：由鄭芝龍每年向荷蘭人提供14萬斤生絲、50萬斤砂糖、10萬斤糖漿、50萬斤絹綾的貨物，而荷蘭人則賣給他30萬斤胡椒[52]。

鄭芝龍與茨訥簽訂協議後不久，李魁奇(又作李芝奇，荷蘭文獻稱Quitsicq)又叛他而去，此時福建沿海仍是一片混亂。鄭芝龍由於李魁奇叛去，勢力單薄，降於福建巡撫熊文燦，與此同時，他仍尋求荷蘭人的支持。

1629年9月21日，普特曼斯接替訥茨任台灣長官。開始時，他亦想幫助明朝政府鎮壓海賊，以換取自由通商的許可。後來見李魁奇得勢，且當局也有招撫之意，因此轉向聯合李魁奇與之進行貿易。12月，當普特曼斯率艦隊抵達漳州時，聽說李魁奇爲人貪暴，又轉向鄭芝龍，期待自由通商。而這時，李魁奇的夥黨鍾斌(又作鍾六，荷蘭文獻稱Toutsailack)亦叛魁奇而去。因此鄭芝龍得到了荷蘭人與鍾斌的支持，勢力大盛。1630年2月9日(崇禎二年十二月二十八日)，鄭芝龍聯合上述勢力，加上明朝政府的援助，擊敗李魁奇。李被鍾斌擒獲，鄭芝龍重新控制了廈門[53]。

---

51 《巴城日記》，第1冊，頁98-99。

52 Van Leur: *Indonesia Trade and Society*, Haguee, 1955, p. 339.

53 以上參見曹永和，〈明鄭時期以前之台灣〉，載《台灣史論叢》，第1輯。

　　李魁奇被鎮壓後，鍾斌再起。鍾斌也有聯合荷蘭人的企圖。董應舉說：「李芝奇之擒於鍾六也，間在爭長也；其叛鄭芝龍也，間在爭利也。」[54]即在於爭奪與荷蘭人貿易的大權。而荷蘭人因幫助鎮壓李魁奇未獲得自由通商的許可，也想聯合鍾斌進行貿易。不過在經過交涉後，發現鍾斌提出的條件不理想，遂予放棄。1630年12月，鍾斌被鄭芝龍擊敗，他的副司令及其「三、四艘載有七、八名荷蘭人的戎克船」一起投降了鄭芝龍[55]。1631年初，鍾斌被鄭芝龍追擊，投水自盡。福建沿海出現了短暫的平靜。

　　鄭芝龍由於剿除海賊有功，被授予「撫夷游擊」職銜，並與巡撫熊文燦的關係十分密切。熊文燦在海氛平靜後即奏請開放漳泉海禁，同時知道鄭芝龍有「紅夷之利」[56]，仍准許他到台灣與荷人貿易。《巴達維亞城日記》1631年4月2日載：「商務員特羅登紐斯(Trandenius)最近與一官面談。一官說，他已為到大員貿易的6名商人從軍門那裡得到了6張許可證，其中兩張首先交給兩名商人，每人給大商船一艘，如此則可以在大員招徠貿易。」[57]

　　但荷蘭人更希望直接到大陸沿海自由通商。1631年初，普特曼斯率四艘荷艦來到廈門，「期望進行自由貿易」，鄭芝龍留信予以勸阻。其後，普特曼斯又派人到安海與鄭芝龍接洽，芝龍仍勸告荷蘭人應盡速撤離，在大員等候貿易[58]。鄭芝龍之所以不讓荷蘭人在沿海通商，原因是多方面的：一是明朝政府明令禁止荷蘭人在內地貿易，鄭芝龍作為「撫夷將軍」，他自然不能讓荷蘭人在沿海逗留；二是鄭芝龍已掌握制海權，讓荷蘭人在台灣貿易，

54　董應舉，《崇相集·與郭霛吾書》。

55　《巴城日記》，第1冊，頁104。

56　董應舉，《崇相集·與馬還初書》。

57　《巴城日記》，第1冊，頁110。

58　《巴城日記》，第1冊，頁105。

也有利於他從中進行壟斷。但荷蘭人仍不斷派船隻到大陸沿海活動。11月7日,普特曼斯又率四船到漳州,共攜帶現金7萬里耳,芝龍在廣東,荷人貸給他手下的兩名商人每人1,000里耳[59]。1632年4月4日,普特曼斯回到巴城,報告大員和福建沿海通商的情況。

　　普特曼斯離開後,福建沿海又出現動亂。1632年初,新海賊劉香(亦作劉香老,荷蘭文獻稱Jan Clauw或Jang Iauw)勢力興起,剛上任不久的福建巡撫鄒維璉鑒於局勢動蕩,宣布恢復海禁。與此同時,他認爲鄭芝龍與荷蘭人貿易,貽害非淺,極力加以反對。鄒維璉在後來上疏說:「迨鄭芝龍之剿除鍾斌、李魁奇也,夷頗有力焉,芝龍德之,情緣難割,於是歲歲泊中左。前撫諸臣以夷未易當,姑以不治治之,而夷益大膽無忌,奸民居奇恬不爲怪,甚至酋長乘大輿常游安海城中,有識之士無不寒心。臣觀自古華夷混處,釀禍非小,何敢容久以養癰,不得不疏責芝龍與夷絕。」[60]此後,鄭芝龍與荷蘭人的貿易出現困難,進而導致雙方關係再度惡化。

　　5月3日,普特曼斯在巴城獲悉劉香興起的消息。7月29日,他返抵漳州,發現海禁已經轉嚴。荷蘭人仍想透過鄭芝龍進行貿易,但他們的行動受到嚴密監視,商品輸出困難,生絲價格高漲,荷蘭人「不得不貸給一官的代理人每人300里耳」[61]。11月25日,普特曼斯又率兩船到漳州貿易,與鄭芝龍的商人約定帶充足的商品到大員來,但實際情況仍不理想。1633年2月,普特曼斯再率五船到漳州,這時海禁更嚴,與鄭芝龍的貿易完全斷絕。荷蘭人由此對鄭芝龍甚爲惱火。2月底,普特曼斯寫信威脅福建當局。3月1日,他乘船重返巴城。4月22日抵達後,向巴城總督報告了如下情況:

59　《巴城日記》,第1冊,頁119-120。
60　鄒維璉,〈奉剿紅夷報捷疏〉,《達觀樓集》,卷18。
61　《巴城日記》,第1冊,頁133。

「一官和其他中國官員不僅不許我們在漳州河貿易，而且禁止平民百姓向我們輸送商品，進行交易，同時發布告示，違犯者將處以重刑，我們在該地連糧食、石料、木材也不能得到，由於嚴重的監督和看守，人民在夜間亦無法來到我們船上。」普特曼斯建議：「這種嚴重的禁令還會繼續下去，因爲中國人固守任何外國人不得在沿海貿易的舊法，要開展自由貿易，非用武力不行。」[62]

巴城總督布勞韋爾(Hendrick Brouwer)批准了攻擊中國的計畫。5月14日，派遣伯文卡斯佩爾(Boven carspel)號船先行，航向中國沿海。6月2日，普特曼斯率七艘荷艦從巴城出發，載士兵200人；隨後，7月31日，又有戰艦奧德華特(Ouder Water)號載海員150人、士兵100人從巴城出發，前去增援。普特曼斯率艦隊抵達福建後，即進行襲擾破壞。7月11日(六月初六日)攻擊南澳，12日進犯廈門，後來又犯青澳港、刺嶼、打石澳等處。捕燒中國船隻，同時襲擊了鄭芝龍的船隊。當時鄭芝龍追剿劉香剛回，在毫無戒備的情況下，被焚毀船隻十艘。福建巡按路振飛題報：「(六月)初七日(7月12日)，夷至中左。時游擊鄭芝龍從廣東新回，閣船燸洗，以圖北伐。張永產亦在泉城料理會剿船械。中左去南澳數百里，夷船乘風卒至，出於意料所不及。是日，芝龍部下焚船十隻，張永產部下焚船五隻。」[63]

鄭芝龍受此打擊，很快又恢復了往日的勢力。不過他仍給荷蘭人寫了一封口氣和緩的信，詢問攻擊的理由，但荷蘭人聲稱，他們有「充分站得住腳的理由」對帝國採取行動[64]。7月29日，普特曼斯寫信邀劉香、李國助(李旦之子，又稱李大舍，荷蘭文獻稱

---

62 《巴城日記》，第1冊，頁148-149。

63 〈兵部題行「兵科抄出福建巡按路振飛題」稿〉，《明清史料》乙編，第7本，頁663。

64 C. R. 博克塞，《鄭芝龍(尼古拉‧一官)興衰記》。

Augustin Iquan)共同對付鄭芝龍。不久,他又給鄭芝龍寫信,提出談判的三個條件:

1. 要允許荷蘭船隻在中國的所有港口貿易。
2. 要求在鼓浪嶼割讓一所房屋,在福州設立一個分支商號。
3. 東印度公司則願意幫助清除全部海盜,並願向明廷提供大砲、槍支和士兵來抵禦滿人。[65]

但與此同時,普特曼斯又與前來匯合的劉香在大員開會,討論進攻鄭芝龍的計畫。10月22日,普特曼斯率領8艘兵艦,聯合劉香50餘艘戎克船,來到金門料羅灣,卻受到中國艦隊的猛烈攻擊。鄭芝龍率軍奮勇當先,共焚毀荷艦1艘,捕獲1艘,生擒荷人118名,斬獲首級20顆,又獲盔甲、刀劍、羅經、海圖等物甚夥。據荷蘭文獻記載,在戰鬥中,「中國人秩序井然,非常勇敢,大不怕失去生命及其船隻,在第一次攻擊時,便將我方(指荷方)戰艦包圍,跳過船上,燒毀布魯克哈文(Broucker haven)號,並捕獲斯洛特迪克(Slooterdijck)號,俘虜兩船大約百名荷蘭人」。劉香在戰鬥中臨陣逃走。普特曼斯「陷入極危險之中」,「且戰且退」,率4艘荷艦逃回大員。而另外2艘荷艦被明軍擊敗後,順風漂往廣南,破爛不堪[66]。

中國軍隊獲此大勝,被譽為「海上數十年奇捷」[67],鄭芝龍由此聲名大振;而另一方面,這時鄒維璉正在失勢,明廷於料羅海戰前夕已決定撤換鄒維璉,由沈猶龍接任福建巡撫[68]。料羅海戰一

---

65 C. R. 博克塞,《鄭芝龍(尼古拉・一官)興衰記》。

66 《巴城日記》,第1冊,頁155-158。

67 〈兵部題行「兵科抄出福建巡撫路振飛題」稿〉,《明清史料》乙編,第7本,頁663。

68 〈兵部題行「吏部咨」稿〉,《明清史料》辛編,第2本,頁110。

結束，鄭芝龍即給荷蘭人寫信，提議和談，同時表示在當局的默許下，商人將可繼續到大員貿易。但這時荷蘭人正遭慘敗，普特曼斯仍認爲應以武力叩開中國的大門。

普特曼斯在海戰結束後，即派船南下尋找失散的船隻，並企圖聯絡劉香，再次進犯中國的沿海。劉香於1634年3月間來到澎湖。此時沈猶龍已經上任，福建當局與荷蘭人的關係正在和解，雙方開始談判。因此，普特曼斯轉想安撫劉香，不立即對明軍採取行動。但劉香卻對荷人不滿。4月7日，劉香率艦隊攻擊打鼓和堯港，8日夜，又襲擊了大員荷人城堡，沒有成功，此後再襲擊椗泊在澎湖的荷船。

荷蘭人因與劉香關係惡化；加上巴達維亞方面正在對印尼、北大年用兵，不能多派兵艦前來中國；而福建方面的海禁漸開，商船到大員貿易日益增多。因此，決定放棄在大陸沿海通商的計畫，安心在大員進行貿易。

1634年5月20日，鄭芝龍在浯嶼外洋擊敗劉香，李國助臨陣倒戈，投靠明朝。次年5月23日，鄭芝龍再敗劉香於廣東田尾洋，劉香引火自盡。再經二、三個月，鄭芝龍肅清了劉香的餘黨，從此台灣海峽恢復平靜。

第三節　荷蘭人與日本人的糾紛

在荷蘭人與鄭芝龍或和或戰的時候，他們與日本人的關係也出現危機，進而導致荷日貿易一度中斷。

荷蘭人占領台灣之前，日本人就已經常派商船到大員活動，並把台灣視爲他們南進的首要目標，多次出兵進犯。荷蘭人占據大員後，爲了壟斷對中國的貿易，於1625年7月決定對前來貿易的日本商人徵收十分之一關稅，並禁止僑居日本的華人到大員經商。荷蘭

人這一行動，自然引起日本商人的強烈不滿。1625年，日商攜帶7萬Dukaten(約合40萬馬克)的資本到大員購買中國生絲，但他們拒不納稅，荷蘭駐台長官宋克下令沒收日本人的生絲1,500斤。

當時日本商人外出貿易是受官方保護的，許多人領有「朱印狀」(即航海許可證)；而且他們的背後往往是一些操縱政局的實權人物，如京都將軍藤次郎、長崎代官末次平藏等都曾派人到大員貿易。因此，荷蘭人向日商徵稅並沒收生絲，很快就引起日本官方的抗議。1625年11月，荷蘭駐平戶商館人員受到警告，要他們禮遇到台貿易的日本人，否則將自找麻煩。第二年，到江戶晉見德川幕府的荷方代表又一次受到嚴重告誡，要他們停止徵稅，允許日本人在大員自由貿易。

荷蘭人對日方的警告十分關注，因爲日本是東印度公司在亞洲貿易的最大市場。1626年3月3日，駐平戶商館長紐維路德致信巴達維亞城總督，建議在台灣停止徵稅，與日本人和解。他在信中說：

> 在Tayuan(即大員，引者)徵稅，必將在日本引起甚大之憤怒。據訓示云，擬派一使節團來此，如果欲實行，竊以爲宜在本年底暫緩在Tayuan徵稅，先由所派之代表向日本之議員大官說明總公司何以要徵稅之種種理由；一切事情，須以更親睦之態度協商之。日本人自以爲比荷蘭人先到Tayuan，使Tayuan成爲貿易地，故日本對於Tayuan應有特殊之權利。故此事務須謹慎處理，以免與日本發生爭執。[69]

但在紐維路德的信發出後不久，台灣又發生了另一件激化矛

---

69 Oskar Nachod,〈十七世紀荷蘭與日本在台灣商業交涉史〉，附錄25，見《台灣經濟史五集》，頁83。

盾的事情。

1625年9月，宋克在大員港翻船溺死，上席商務員韋特代任台灣長官。1626年，藤次郎和末次平藏又派遣商船到大員貿易。這次他們帶來了30萬Dukaten(約合200萬馬克)的巨額資本，「幾乎足以收購所有從中國運來之貨物」[70]，給荷蘭人造成很大衝擊。日本人在大員購買了10萬斤以上的中國生絲，此外還有大宗鹿皮和其他商品。但由於鄭芝龍勢力崛起，沿海動亂，有一部分生絲無法運來，日本船長濱田彌兵衛向韋特建議，借公司的兩艘船到中國沿海運絲，韋特予以拒絕，並以怕得罪明朝政府為由，不許日本人前往大陸。由於濱田彌兵衛無法及時得到生絲，不得不在大員滯留過冬，此事更刺激了日本人的憤怒情緒。

1627年，巴城總督獲悉台灣與日本商館的報告，深怕與日本人關係進一步惡化，便決定派新任台灣長官訥茨到日本談判，主動化解事態，並要求日本停派朱印船到大員貿易。訥茨接受任務後，於6月28日抵達台灣，7月24日前往日本。他臨行前，叮囑韋特派遣一船到中國沿海，幫助日本人運回生絲，但韋特拒不執行。8月1日，訥茨抵達平戶，10月1日到江戶，等候德川家光的接見。但在這時，惱羞成怒的濱田彌兵衛亦返回日本。

濱田彌兵衛在訥茨離開後，即到大員附近的新港社活動，誘騙理加(Dijcka)等16名原住民和漢人通事返回日本。他抵達後，即由末次平藏出面活動，公然宣稱這些被騙的新港人是「台灣代表團」，他們不滿荷蘭人的統治，欲獻台灣土地給幕府，以此破壞訥茨的和談計畫。儘管訥茨極力闢謠，要求德川幕府接見，但最終無濟於事。12月3日，訥茨懷著悲憤和沮喪的心情返回台灣。

70　1633年2月17日，商務員J. Schowten致巴城總督的報告，見Oskar Nachod文章附錄41，《台灣經濟史五集》，頁98。

　　訥茨離開日本後，末次平藏仍在四處活動，積極策劃派遣武裝商船到台灣貿易。1628年3月5日平戶商館長紐維路德向訥茨通報說：

> 本日接一好友自Saccay（堺）寄來一信，據云Fesidonne（平藏殿）在二三日內即將赴台，在Osacca（大阪）似已募集兵士100名；其用意何在，吾人不得而知。二、三日前，曾有信從長崎寄來，據云Fesidonne（平藏殿）之船中已裝上小砲數門、槍200枝以上，……竊料此事頗關重要，若另有消息，即當派Chinckeu號送上。無論如何，敬祈斟酌的情形，整備一切。[71]

　　4月上旬，濱田彌兵衛果然率數艘帆船來到大員，船上人員多達470名，並載有許多武器彈藥，被騙的新港人和通事也同時返回。由於訥茨已事先有所準備，因此下令不許日本人上岸，並派人上船搜查，結果發現「這些船隻武裝配備極為優良，其中最大一艘（較其他船隻大些）甲板上有六門野砲，在艙底壓船沙石中又有砲九門」，因此更加相信這些日本人來意不善[72]。

　　濱田彌兵衛對荷蘭人不許他們上岸並檢查船隻極為不滿，他率領幾名隨員上岸交涉，卻被扣留。與此同時，訥茨下令徹底搜查所有日船，將武器全部搬運上岸，由荷人代管；並命令將同船返回的新港人和通事關押起來，沒收他們帶回的禮品。荷蘭人的行動使得日本人措手不及。五、六天後，濱田彌兵衛等人被放回，此時他們已處在進退兩難的尷尬境地。

　　日本人因無法達到他們的目的，便不斷到荷人住地糾纏，要

71　Oskar Nachod文章附錄30，《台灣經濟史五集》，頁87。
72　1628年6月16日，訥茨致紐維路德的信，《選編》，頁99。

求發還武器，到別處去貿易，而訥茨每一次都予以拒絕。訥茨之所以不立即還給日本人武器而採取拖延措施，一方面是爲了荷蘭人的安全；另一方面也是爲了報一箭之仇，讓日本人難堪。與此同時，他亦在等候從中國運來的生絲，以便還給日本人以前欠壓的絲貨。但日本人無法忍受這種有意的折磨與怠慢。6月29日，濱田彌兵衛突然率十餘名日本人闖入訥茨住所，要求返回日本，訥茨尚未反應，即被濱田彌兵衛持刀綁架。日本人以訥茨爲人質，在訥茨住所附近與荷蘭人進行交戰，最終迫使荷蘭人放棄抵抗，與他們談判。7月4日，雙方達成協議如下：

1. 荷方出人質五名，包括訥茨的兒子及四名商務員；日方亦出人質五名，包括末次平藏的從兄，各自乘坐對方船隻，一起返回日本，抵達後，雙方交換人質，荷蘭人質即可返回。
2. 荷方應釋放被關押的新港人和漢人通事，發還被沒收的禮品。
3. 荷方應發還以前被宋克沒收的日人生絲1,500斤，賠償因韋特阻撓而未能取回的生絲20,000斤，不足部分，以每百斤折銀141兩計算。又因延誤貿易，荷人須付給日本人賠償費，以生絲20,000斤的20%計算。
4. 在日本人出發之前，荷方必須卸下船上的所有大砲，以防止對日本人發動攻擊。

7月5日，荷蘭人交付生絲12,053斤，不足部分付給白銀13540.86兩[73]。第二天，日本人將生絲及現金裝載上船，雙方交換

73　據Oskar Nachod研究，由於計算上的錯誤，荷蘭人多付給日本人100兩

人質,釋放訥茨,日本人揚帆歸國。

　　船隻抵達日本後,日本人並沒有將荷蘭人質放回,而是將他們投入監獄。與此同時,又封閉了平戶商館,扣壓荷船,禁止荷蘭人繼續通商。

　　巴達維亞方面對事態的發展甚為擔憂。1629年,巴城總督派遣普特曼斯接任台灣長官,撤回訥茨。1630年,宣判訥茨有罪,並處以他兩年的監禁。在此之前,巴城總督又於1629年派遣威廉‧詹姆斯(Willem Jansz)前往日本交涉,要求恢復通商,但日本人提出要接管熱蘭遮城,或由荷蘭人自行拆毀。這些荷蘭人均難以接受。1630年,詹姆斯再次前往日本,仍無結果而返。1632年,巴城總督被迫將訥茨引渡給日本人監禁,以此來消除積怨,日本人才准許荷蘭人在平戶恢復通商。1633年以後,日本實行鎖國政策,禁止商人外出貿易,荷蘭人由此獨攬了在大員的商業利益。

第四節　荷蘭人與西班牙人的對立

　　荷蘭人與西班牙人的對立,也是早期矛盾的一個重要方面。

　　荷蘭人占據大員,目的是要取得對中國通商的據點;同時利用地利,扼住西班牙與葡萄牙人的貿易通道。當時葡萄牙已隸屬於西班牙,因此荷、西矛盾尤為突出。荷蘭人經常從大員派船隻巡弋海上,捕截前往馬尼拉的中國商船,用各種手段破壞對方貿易。西班牙駐菲律賓總督斯爾瓦(Don Fernando de Silva)向本國國王報告說:荷蘭人在大員築城,「其目的是為了控制漳州(Chin Cheo)船隻往來本市(馬尼拉)的航道。他們向中國大官行賄,並以

(續)────────────
　　　銀(見〈十七世紀荷蘭與日本在台灣商業交涉史〉)。又,以上交付的生絲及現金,不包括被宋克扣留的生絲1,500斤。

掠奪的手段威嚇華人，獲取生絲，以便讓他們自己將生絲運往日本和荷蘭，而不使運往本地，欲迫使依靠這項貿易而生存的本市趨於滅亡。此舉損害之大，已可明見。我們從來航本群島的五十艘船舶中，僅得生絲四千斤，而敵人除織物外，尚得九萬斤。如果澳門的生絲不來，我們的船隻勢將無貨可載」[74]。

西班牙人要想擺脫困境，唯一的辦法就是與荷蘭人爭奪台灣這一戰略要地。1626年2月，西班牙駐菲總督斯爾瓦派遣遠征軍從卡韋特(Cavite)出發，前去占領雞籠。這支遠征軍由上尉瓦爾德斯(Antonio Carreňo de Veldés)率領，共有大划船2艘、戎克船12艘、士兵300名。3月15日抵達呂宋的卡加延(Cagayan)，在那裡鎮壓原住民暴動。5月5日從卡加延啓程，沿台灣東海岸北上，8日抵達三貂角，12日進入雞籠港(今基隆)，16日在港內社寮島(今和平島)舉行占領儀式，並開始築城，取名「聖救主」(San Salvador)。台灣北部遂為西班牙所占領。

西班牙人占據台灣北部的目的：一是為了阻截荷蘭人的商業通道，吸引中國人和日本人前去貿易；二是想獲得一個軍事據點，以對南部的荷蘭人形成威脅；三是想據此向中國和日本傳播天主教，擴大他們的勢力範圍。此後，西班牙人又在雞籠港內的山上建造兩座堡壘；在大河灣附近設立街市，稱「澗內」，吸引中國人和日本人前去居住。

1626年7月，新任菲律賓總督塔博拉(Don Juan Niňo de Tabora)又一次出兵台灣。他在菲律賓集中了8艘船艦、136門大砲、2,016名士兵，準備大舉進攻荷蘭人。7月26日，塔博拉派兩船先行，隨後他親自率領6艘船艦，於8月17日自卡韋特啓航。但塔博拉艦隊在海上

74　1626年7月30日，菲律賓總督斯爾瓦致西班牙國王的信。譯自《巴城日記》，第1冊，附錄(二)。

屢遇風暴，未能達到目的地。而先行的兩船抵達大員附近，在那裡作了偵察後，亦被大風颳回呂宋。西班牙人的這次出征宣告失敗。

1627年，在雞籠的西班牙人又集中大批軍隊，準備南下進攻荷蘭人。訥茨在1629年初向巴城總督報告說：西班牙人「於1626年占據了福摩薩北部的一個名叫雞籠的地方，建築一個城堡。第二年他們在這個地方聚集了大批船隊，企圖把我們從此地趕走。可是，感謝上帝，由於遇到了暴風雨，他們沒有達到目的」[75]。

荷蘭人對西班牙人占據雞籠是十分關注的。1626年，巴達維亞方面已先期獲悉西班牙人將要進攻台灣的計畫。《巴達維亞城日記》載：「1626年2月2日，星期日。大船齊里克澤號(Zierich Zee)從日本抵達本港。(中略)從該船得到紐維路德的信件獲悉，……在日本風傳西班牙人正在緊張準備，計畫在北季風結束前出征大員，率大軍攻擊該地的我國人。」[76]1627年5月12日，訥茨率5艘荷艦從巴城出發，載海員240名、士兵60名，航向大員，6月28日，又有兩艘荷艦隊從巴城出發，共載海員120人、士兵25人，命令他們「在完成護航任務後，應迅即航往大員，以增加該地的兵力」[77]。此後，西班牙人從雞籠攻擊大員失敗，訥茨即向巴城總督作了報告。

1628年6月，柯恩派遣利文斯率6艘荷艦前往大員。這支艦隊共有海員285人、士兵60人，並配備了9個月的糧食。它的主要任務除了應付中國沿海的混亂局面外，同時也爲了對付北部的西班牙人。柯恩在6月27日給訥茨和大員評議會的訓令說：如果與福建當局談判失敗，「應派遣兩、三艘適當的戰艦前往福州，調查是否可以在該地進行貿易；並切斷向敵占地雞籠、淡水傳送各種商

75　1629年2月10日，訥茨致巴城總督和東印度參事會的報告，見《選編》，頁107。

76　《巴城日記》，第1冊，頁85-86。

77　《巴城日記》，第1冊，頁96。

品的航道，盡力逮捕商船。如果這兩條都無法執行，……剩下的船隻開往南澳與上川之間的澳門航線上，在附近有利地點巡航，捕捉從日本、馬尼拉開往澳門的敵船」[78]。

1629年，訥茨進一步建議出兵攻占雞籠。他認為：當時荷蘭人面臨著日本人與西班牙人的威脅，但對日本人應採取和緩的態度，與他們保持通商關係；而對西班牙人則應採取強硬態度，將他們驅逐出台灣。訥茨建議武力攻占雞籠的理由有如下四條：

1. 西班牙人可以以雞籠為據點，經常派船隻去攔截前往福建沿海通商的荷船，只要有一船被擄，其損失比攻略雞籠所需的全部費用還要大。
2. 西班牙人又會利用手中的巨額資本，吸引大批商人和中國商品到雞籠去。
3. 如果他們站住腳根，還會煽動島上的原住民與漢人起來反對荷蘭人，這樣除非增加駐軍，否則難以立足，但倘若實行，又會大大降低公司的收入。
4. 如果把西班牙人驅逐出去，公司可以有機會利用更多資金，而且由於排除了競爭對手，中國人的商品價格也會大大降低。[79]

但是，當時荷蘭人正捲入中國沿海的戰亂之中，他們與日本人的關係也十分惡化，根本沒有餘力去對付北部的西班牙人，訥茨這一計畫最終沒能實現。

1628年以後，西班牙人的勢力發展到淡水，在那裡建造聖多

78　《巴城日記》，第1冊，頁99。
79　1629年2月10日，訥茨致巴城總督及東印度參事會的報告，見《選編》，頁108-190。

明哥城(Santo Domingo)。1632年3月,又自淡水河而上,進入台北平原。1634年,入侵到東北部的噶瑪蘭(今宜蘭)一帶。西班牙人所到之處,都建立城堡要塞,設立教堂,強迫原住民要信奉天主教,同時命令他們向西班牙人繳納貢物。1636年,西班牙傳教士已至二林(Gielim,今彰化縣二林鎮)傳教。

荷蘭人對西班牙人的活動仍十分關注。他們不僅經常派艦隊到海上巡航,攔截敵船和中國商船,而且通過各種渠道打聽對方的消息。1631年11月20日《巴達維亞城日記》載:「衣服襤褸的六名黑人從淡水逃來(大員),長官充分聽取了雞籠、淡水的情況後,讓他們與公司的五名黑人一起乘坐小船返回西班牙人住地。」[80]1634年4月4日又載:「1633年3月22日,由雞籠航往馬尼拉的中國商船來到大員,我們從船員那裡獲悉,今年有兩艘大船和戰艦到達雞籠,再離開前往馬尼拉。(中略)西班牙人在雞籠沒有剩下戰艦和大船了。由於雞籠有相當多的人生病、死亡以及其他不便,因此來到該地的許多自由移民又乘船返回馬尼拉,其中西班牙人100人、葡萄牙人20人。在西班牙城內,每天受役使的奴隸7、80人。陸上已完成兩座石造稜堡,海上不久也將設置兩座同樣的石造稜堡。」[81]

從總體來說,西班牙人在北部的發展狀況是不理想的。一方面由於中國戰亂,到雞籠貿易的商船不多;另一方面西班牙與日本人的關係也一直不好,1633年起,日本人又採取鎖國政策,並厲行禁教,致使西班牙人原來設想的向日本傳教以及吸引商人到雞籠貿易都不能實現。加上台灣北部氣候惡劣,很多移民又返回馬尼拉居住;而島上原住民不斷反抗,這也給西班牙人帶來了不少麻煩。因此,1635年以後,新任菲律賓總督科爾康拉(Hurtado de

---

80　《巴城日記》,第1冊,頁116。
81　《巴城日記》,第1冊,頁181。

Corcuera）決定改變經營方向，縮小台灣駐軍，竭盡全力征服菲律賓南部的岷多峨島等地。此後，淡水的聖多明哥城被廢棄，西軍縮守雞籠一隅，並抽掉四分之三的兵力返回菲律賓。西班牙人在台灣北部的統治衰落下去。

　　與此相反，荷蘭人在南部的處境卻逐漸好轉。1633年，荷蘭人與日本人的關係已恢復正常，並且獨攬了在大員的商業利益。1635年，劉香勢力被清除，台灣海峽恢復平靜。因此，從1635年起，荷蘭人的商業貿易開始發展，對島內的殖民統治也逐漸加強。至1642年，荷蘭人出兵攻占雞籠，最終驅逐了北部的西班牙勢力。

第三章

殖民統治

第一節　在大員建立殖民據點

　　荷蘭人在台灣的殖民統治，首先是從大員開始的。

　　大員是台灣南部的一個小島，清代稱「鯤身」，今屬安平地區。據荷蘭文獻記載：該島原是一條斜長的河洲，由東南向西北延伸。全長約13.9公里，寬約1.4公里，北端距台灣本島約4.2公里，南端則只有一箭之隔，低潮時可涉水而過[1]。大員島與台灣本島之間形成一個巨大的港灣，裡面水深七、八噚至十噚以上，港面寬廣，風平浪靜，是船隻椗泊的良好場所[2]。大員島北端與北線尾島相鄰，之間是一個入港通道。北線尾北端又與另一片河洲相鄰，形成另一個入港通道，此為著名的鹿耳門。大員島的對岸是赤崁區，今為台南市。

　　1624年9月，宋克率艦隊撤往台灣，即在大員島北端的高地上建築城堡。該城堡原用澎湖拆來的舊材料建造，取名奧倫治城（Fort

---

[1]　據Dapper，〈荷蘭東印度公司中國事跡志〉載：大員島長2.5哩，寬1/4哩，北部距台灣本島3/4哩。此處按1荷蘭海里＝5.56公里換算。參閱《台灣文獻》，第9卷，第1期，頁68；第15卷，第4期，頁86。

[2]　〈雷約茲日記〉，1622年7月27日-8月1日。見《巴城日記》，第1冊，頁12-15。

Orange）。1627年9月奉總公司命令,改稱熱蘭遮城(Fort Zeelandia)。後來又經數次擴建,至1634年大體竣工。所修城堡分上、下兩層,上層各有四個半月堡。下層亦設有四個稜堡,可以從兩處進行防禦。城內還設有一個地下室,可貯存各種物品。余文儀《續修台灣府志》說:「紅毛城,在安平鎮,亦名安平城,又名赤崁城。荷蘭於一鯤身頂築小城,又繞其麓而圍築之爲外城。城垣用糖水調灰疊磚,堅埒於石。凡三層,下層入地丈餘而空其中。凡食物及備用者悉貯之。雉堞俱釘以鐵。廣二百七十七丈六尺,高三丈有奇,女陴、更寮星聯內城。樓屋曲折高低,棟梁堅巨,灰飾精緻,瞭亭螺梯,風洞機井,鬼工奇絕。」[3] 城內建有長官公所、教堂、監獄、軍械庫和供給庫。城外北邊沿海一側設有稅關、市場和刑場;在東邊廣場的東側闢有街市,許多大商人都居住於此。據荷蘭文獻記載,步行繞街市一周,大約需要15分鐘[4]。

1625年1月,宋克訪問赤崁區,用15匹坎甘布(Cangan)從當地原住民那裡換取了大片土地,建立另一個街市,取名普羅文查市(Provintia)。同年9月,荷人命令所有在北線尾的中國人都必須遷往該地居住。至10月底,已建起中國人住房三、四十間,又有荷蘭人的宿舍、倉庫、醫院、馬廄、羊圈等等[5]。但在1626年夏秋之間,赤崁區瘟疫流行,許多人病歿或逃離,普羅文查市幾成廢墟。此後,荷蘭人重新進行整頓,才逐漸繁榮起來。1653年,爲防止

3　余文儀,《續修台灣府志》,卷19。
4　Dapper,〈荷蘭東印度公司中國事跡志〉,見《台灣文獻》,第9卷,第1期,頁68。Dapper提到街市的道路用四角大磚鋪設。而黃秋月在〈台南市名勝古跡之形成及維護〉一文中,更有詳細的描述:整個街市「經過人為分割為同一大小,每街廓均在寬度27m,長度50m左右,路寬12m-27m,以西歐的路寬來計量。在此街坊,有住宅、商館、貿易行等販賣店或卸貨倉庫」。(《台灣文獻》,第28卷,第4期,頁107。)
5　村上直次郎著、石萬壽譯,〈熱蘭遮城築城始末〉,《台灣文獻》,第26卷,第3期。

中國人的反抗，又於該地增建一座城堡，取名普羅文查城。該城亦用糖水調灰疊磚砌築，周長四十五丈三尺，樓高三丈六尺有奇，「無雉堞。南北兩隅，瞭亭挺出」，「雕稛凌空，軒豁四達」[6]。這是荷蘭人在台灣的另一個重要據點。

除此之外，1627年，荷蘭人還在北線尾建造一座「熱堡」（Zeeburg），以防衛鹿耳門水道。該堡於1656年毀於風災。1634年，復於熱蘭遮城附近高地上建造烏特列支圓堡（Ronduit Utrecht），用以加強熱蘭遮城的防禦能力。同年，鑒於蚊港（又稱魍港，今嘉義縣布袋鎮好美里虎尾寮）地理位置重要，怕葡萄牙人或日本人搶先占領，又決定在那裡建造韋利辛根堡（Vlissingen）[7]。該堡至1636年才大體完工。

荷蘭人占領台灣後，即以熱蘭遮城為中心，建立起殖民統治。

荷蘭東印度公司派駐台灣的最高官員稱台灣行政長官（簡稱台灣長官），總攬全島的行政事務。長官之外設有一個評議會，稱大員評議會或熱蘭遮城評議會，為最高決策機構。評議會設評議長一人、評議員若干人。評議長在行政上常為長官副手，如果台灣長官外出或空缺，一般由評議長代理行政事務。評議員由公司派駐台灣的上席商務員、商務員及軍隊首領或艦隊司令組成。台灣長官在評議會中占有重要地位，但所有決策都必須經評議會討論，取得決議，再交由台灣長官辦理。台灣長官之下設有政務員、稅務官、會計長、檢察官、法院院長、孤兒管理所所長、醫院院

6　王必昌，《重修台灣府志》。

7　《巴城日記》第1冊，頁215。按：蚊港堡又稱青峰闕炮台。《諸羅縣志》載：「青峰闕炮台：在蚊港口，荷蘭時築，今圮。」（卷12）「青峰闕炮台，在青峰闕港口之南。港外有南北二鯤身河線；港水東入蚊港，為縣治之南第一扼要之地。荷蘭時築。制略如城，中有井，今圮，故址半淹於海。故所遺炮台為鹹水河壅，手按之如蠹粉，不堪用矣。」（卷7）該堡故址猶存。見盧嘉義，〈蚊港與青峰闕考〉，《台南文化》，第9卷，第2期。

長、工場監督等職。這些人都由公司駐台的上席商務員、商務員
或擬升級的助理商務員擔任，此為荷蘭東印度公司作為商業殖民
機構，在人員設置方面的一大特色。如1644年，台灣幾個「重要
人物」的任職情況如下[8]：

人　　　　名	出　　身	任　　　　　　　　職
Le Maire	上席商務員	評議會評議長
Cornelis Cesar	上席商務員	北部政務員
Adriaen van der Burch	上席商務員	檢察官、孤兒財產管理所所長兼醫院管理者
Nicasius de Hooge	上席商務員	負責絹絲品的檢查購買，掌管收支計算，又做工場業務監督兼教會長老
Gabriel Happert	商務員	書記、會計兼孤兒財產管理所所員
Eduard aux Brebis	?	管理粗貨物
Schillemans	商務員	收稅吏、評議會書記
Anthonij Boeij	助理商務員	南部政務員

　　除行政人員外，公司還聘用荷蘭改革教派(De Gereformeerde
Kerk)的神職人員到台灣傳教，以作為行政統治的補充。這些神職
人員相當於公司的雇員，有牧師、候補牧師、疾病慰問使、學校
教員等。由牧師中德高望重者主持教會事務，並設有教會評議會，
隸巴達維亞宗務院。但傳教附屬於行政，教會評議會所決議的事
項，仍需經大員評議會或台灣長官首肯，方可實行。

　　行政人員和宗教人員，都向公司領取薪金。薪金標準按每人
的職位高低實行。如評議長每月薪金150盾(Guilder)，而台灣長官
可達200盾[9]。上席商務員月薪至少75盾，商務員60盾[10]。如果商務

8　《巴城日記》，第2冊，頁331。台灣長官卡朗1644年12月27日報告。

9　如揆一原任評議長，1657年6月15日被授予台灣長官資格，月薪200盾
　　（《巴城日記》，第3冊，頁167）。而揆一原來的工資是每月150盾（中
　　村孝志，〈荷蘭人對台灣原住民的教化〉，第二部分註4，《南瀛文獻》，

員兼任政務員，則每月加補13里耳（Real），約合91.2盾。上席商務員兼職亦按此類推。宗教人員以牧師的地位爲最高，一般在每月100盾左右，有的在130盾以上，與台灣長官、評議長約略相等。候補牧師的地位較低，每月爲60-80盾，而疾病慰問使爲30-40盾，學校教員則只有20盾左右[11]。

荷蘭人在台灣各個據點都駐有軍隊。據《巴達維亞城日記》載：早期駐軍一般在300-400人之間。如1624年1月，在澎湖的荷軍有白人280人、班達土人40人；在大員有白人100人、班達人16人[12]；1631年4月，大員的水陸人員共400人，其中駐守熱蘭遮城、熱堡、赤崁、新港的士兵210人，輔助人員、職工以及水手94人，獵人6人，兩艘船的海員90人[13]；1633年2月，有三艘船航往漳州貿易，此時留在大員的白人僅238人[14]；1634年1月，大員共有白人505人，「其中士兵200人是本年度公司派往中國沿海的兵員中留下的」[15]；1636年初，熱蘭遮、蚊港、熱堡、新港、赤崁及其他公司附屬地，共有白人407人[16]。

40年代以後，荷蘭人派駐台灣的軍隊明顯增加。1642年3月，

（續）———————————————

第3卷，第3、4期）。

10　如Schillemans，原爲商務員，擬升上席商務員，月工資75盾，Anthonij Boeij原爲助理商務員，擬升商務員，月工資60盾。見《巴城日記》，第2冊，頁331。

11　見中村孝志，〈荷蘭人對台灣原住民的教化〉，第二部分注4，以及賴永祥，〈明末荷蘭駐台灣任教人員之陣容〉，《台灣風物》，第16卷，第3期。

12　《巴城日記》，第1冊，頁43-44。

13　《巴城日記》，第1冊，頁109。

14　《巴城日記》，第1冊，頁147。

15　《巴城日記》，第1冊，頁173。

16　《巴城日記》，第1冊，頁260。

全台守軍633人[17]，至1644年底，已達701人[18]。進入50年代後，荷蘭人在台灣的統治日見危機：一方面鄭成功將要攻打台灣的消息頻傳；另一方面大陸前往台灣的移民越來越多，對荷蘭人構成嚴重的威脅。因此，1650年東印度公司17人董事會決定：從是年起，台灣駐軍人數不得少於1,200人[19]。但這一目標似乎沒有達到。1654年，台灣駐軍總共961人。1660年鄭成功收復台灣前夕，在台的守軍人數還「不滿九百名」[20]。以下是1654年荷蘭人駐軍在台灣各地的分布情況[21]：

駐　　地	兵數	人　　員　　構　　成
熱蘭遮城	333	大尉1人、少尉1人、曹長7人、海軍兵曹1人、伍長19人、巡察29人、鼓手3人、士兵270、書記2人
熱蘭遮外城	187	中尉1人、特務少尉1人、曹長4人、海軍兵曹3人、伍長11人、巡察20人、鼓手3人、士兵142人、不詳2人
烏特列支堡	29	曹長1人、伍長2人、士兵26人
熱堡	26	曹長1人、伍長1人、士兵24人
蚊港堡	20	曹長1人、伍長1人、士兵18人
卑南	18	曹長1人、海軍兵曹1人、伍長4人、士兵12人
Varovorongh	31	曹長1人、海軍兵曹1人、伍長1人、士兵28人
普羅文查城	33	少尉1人、曹長1人、伍長3人、鼓手1人、士兵27人

---

17 《巴城日記》，第2冊，頁225。
18 《巴城日記》，第2冊，頁315-317。
19 C.E.S.，《被忽視的福摩薩》，見《選編》，頁124、137、199。
20 C.E.S.，《被忽視的福摩薩》，見《選編》，頁136。
21 中村孝志，〈荷蘭人在台灣的經營〉，《天理大學學報》，第43輯，頁78。

大員市內	13	伍長1人、士兵12人
打鼓	7	伍長1人、士兵6人
堯港	6	伍長1人、士兵5人
淡水溪	6	伍長1人、士兵5人
鹿耳門	5	伍長1人、士兵4人
Caija溪	8	海軍兵曹1人、士兵7人
值班	3	
公司園圃	2	
廠舍	12	
大員廠舍	4	
法律事務	1	
新港	1	
蕭壠	2	
麻豆	1	
法沃蘭	8	
醫院	35	
學校助教	34	
淡水	68	
雞籠	59	
其他	9	
總計	961	

第二節　擴大殖民統治範圍

　　荷蘭人占領台灣初期，其勢力範圍只限於大員一帶，以後才逐步向南部、中部、北部和東部擴展。

　　荷蘭人剛到台灣的時候，在大員附近有幾個較著名的原住民

村社，他們是：新港(今台南縣新市鄉)、麻豆(今台南縣麻豆鎮)、蕭壠(今台南縣佳里鎮)、目加溜灣(今台南縣安定鄉)、大目降(今台南縣新化鎮)。這些原住民稱西拉雅(siraya)族，與漢族人民已有較多的交往，但尚處原始社會階段。據宋克1625年4月9日的報告，在這些村社中，有可以武裝的男子：

麻豆(Mattau)	2,000人
蕭壠(Sou Langh)	1,000人
目加溜灣(Baccaluwangh)	1,000人
新港(Sinckan)	400人

此外，還有幾個村社各有男子150-200人。荷蘭人力圖與這些村社的住民搞好關係。宋克說，他們都是「堂堂的國民，只要熟悉其感情也很容易結交，只要一頓飽食，一尋粗布和一袋煙草，他們就感到心滿意足了」[22]。

荷蘭人在占領台灣初期的十餘年間，其勢力範圍一直沒有超出大員一帶，因此無力向外擴張。1635年以後，福建沿海逐漸恢復平靜；而荷蘭人與日本人的矛盾也已經和解；在北部的西班牙人，因勢力中衰，無力對荷蘭人形成大的威脅。因此從1635年底起，荷蘭人開始集中兵力，大肆征伐大員附近的村社，並加緊向外地擴張。

荷蘭人的擴張從軍事行動講可分為三個階段：1635-1636年，征伐麻豆等社並向南部擴張；1641-1642年，征伐中部法沃蘭人、東部大巴六九人以及出兵攻占雞籠；1644-1645年，反覆掃蕩北部、中部和東部，從而奠定了荷蘭人在台灣的勢力範圍。

22　《巴城日記》，第1冊，頁74。參見《選編》，頁234。

一、征伐麻豆等社並向南部擴張

這是荷蘭人占領台灣後,在島上的第一次大規模軍事行動。
其中包括:征伐麻豆、蕭壠、Tacareiangh、大武壠(Tevoran)四社,
以及出征小琉球。

麻豆是大員附近最大的一個村社,反抗荷人也最激烈。1631
年,台灣第四任長官普特曼斯(Hans Putmans)計畫率軍鎮壓,但因
他又要帶領兵船到廈門通商,只好作罷。1634年,麻豆與蕭壠發
生爭鬥,新港人支持蕭壠人對麻豆人作戰,荷蘭人認爲這是一個
機會[23]。1635年11月,普特曼斯率領荷兵500人開始進攻麻豆社。
麻豆人經過短暫抵抗後逃入山中,荷蘭人趁機大肆搜捕,共抓獲
未及逃離的男女和小孩26人,把他們交給新港人殺死。第二天,
又縱火焚毀所有房屋,並破壞了許多檳榔樹和椰子樹。11月28日,
麻豆頭人被迫與荷人議和。12月3日,又攜帶檳榔和椰子樹苗來到
熱蘭遮城,普特曼斯令他們簽署歸服條約,主要內容如下:

1. 收集以前被殺的荷人之頭骨、武器和衣物,把它們交給新
   港牧師尤紐斯(Junius)。
2. 將麻豆社及其附近平地完全讓渡給聯合荷蘭各州議會。
3. 今後不再對荷蘭人及其同盟者作戰,服從公司統治。在四
   處主要教堂,按每次三個月輪流張掛公爵旗(荷蘭國旗)。
4. 如果長官與他村或本島原住民等作戰,應作爲荷蘭一方參
   加戰鬥。
5. 對在蚊港燒製石灰的中國人以及爲進行鹿皮及其他交易必
   須使用平地的中國人,不得稍加妨礙。同時幫助荷蘭人捉

23　1634年5月14日,巴城總督訓令,《巴城日記》,第1冊,頁198。

拿「海賊」和「逃犯」，捕獲後應立即引渡給荷蘭人。

6. 接到通知時，應迅速響應，到新港或熱蘭遮城內集合待命。

7. 承認以前殺害荷蘭人「有罪」，每年於事件發生之日，應攜帶大公、母豬到長官公所「謝罪」，以示友好。[24]

在鎮壓麻豆之後，普特曼斯接著率領荷兵五百人、新港各社住民四、五百人，於12月25日進攻Taccareiangh社。該社位於大員東南方十二、三哩處，是附近諸村中最大的一個。荷軍抵達後，村民全部逃走。荷蘭人除了得到九個首級外一無所獲，便大肆破壞，一間不剩地推倒所有住房（大部分裡面滿藏著穀物），把它們放火燒掉。

1636年1月8日，荷軍又往蕭壠社。蕭壠人亦曾殺死荷人。住民聞風全部逃走，只留下少數首領與荷人對話。荷蘭人命令他們簽署與麻豆人一樣的歸服條約，並交出殺死荷人的七名「協從罪犯」，讓新港人當場殺死。

隨後，再開往大武壠（今台南縣大內鄉）。荷蘭人在那裡耀武揚威，命令當地原住民要服從統治，不得肇事反叛；同時接受了原住民的「款待」，二、三小時後撤離。1月13日，荷軍返抵大員[25]。

5-7月間，普特曼斯又率領大軍前往小琉球。小琉球位於下淡水溪口西南方，即今之琉球嶼。島上原住民有出草風俗，逢人就殺，荷人船員亦曾遭殺害。1633年，普特曼斯率軍前去征伐，因島上住民已逃入山洞躲匿，未獲一人而返。這次再率領荷兵100人連同新港、放綹人前往該島。荷蘭人上島後，包圍了原住民藏身的山洞及其他住所，用飢餓、火燒等方法逼迫他們出來，當場殺

死300人以上，又捕獲男女和小孩554人帶回大員，男人強制勞動，女人和小孩配置於新港社，以致有大部分人死亡。隨後，又將191人流放到巴達維亞充當奴隸。據荷人記載，此役從島上除去「生存者和死亡者合計千人以上」[26]。

荷蘭人經過上述鎮壓後，接著利用餘威，向南部及周圍各社施加壓力，令他們向公司表示歸服。1636年初，諸羅山、哆囉嘓等社表示服從。2月4日，Taccareiangh、淡水、大木蓮和Sataliouw諸村頭人亦來到大員，荷人令他們簽署與麻豆、蕭壠人一樣的歸服條約。12月14日，台灣最南端轄有17個村社的琅㟓領主，亦率領一批人員到大員與荷人結和。20日，又有Taraquangh、Hounavaheij、Hovongorongoroi 等七社頭人，帶著小椰子樹苗來到大員表示歸服[27]。從而，至1636年底，荷蘭人的勢力範圍已擴展到台灣南部的大部分地區，與荷人締約的村社達57個[28]。

二、向中部、東部和北部擴張

從1641年起，由於大員及其附近的統治已日見穩固，荷蘭人便再度集結兵力，大規模征伐敢於反抗的法沃蘭人、Davole人和大巴六九人，並出兵攻占雞籠。從而使自己的軍事、政治勢力擴展到台灣中部、東部和北部。

1. 征伐中部的法沃蘭人和 Davole 人

法沃蘭(Favorlangh，又作Vavoralangh)是諸羅山以北最大的一個村社。據中村孝志先生研究，其中心區域應在北港溪北岸距貓

---

26 《巴城日記》，第1冊，頁279-280。
27 《巴城日記》，第1冊，頁259、296-297。
28 《巴城日記》，第1冊，頁260。

兒干不遠處[29]。早在荷人據台初期，法沃蘭及其附近的Davole人就經常起來反抗，殺害公司船員，驅趕或打殺領有荷人執照到那裡捕魚、狩獵的漢人。1636年11月28日，法沃蘭人又襲擊在石灰島北端捕魚的漁民，殺1人，傷11人。1637年1月11日，再殺死獵人1人，傷數人，並奪走荷人發給的狩獵證。次年11月間，因法沃蘭人的驅趕，當地捕鹿活動一度中斷。1640年夏季，Davole人又殺死漢人15人，傷許多人，荷人派兵40人前去捉拿未獲。在此前後，法沃蘭人及其附近住民還殺死公司候補商務員漢斯‧魯廷斯（Hans Rutens）等三人[30]。

1637年初，台灣長官伯格（Johan van der Burch）計畫率兵170人去征伐，但因法沃蘭人勢力強大，荷人怕兵力不足，終不敢貿然行動。1641年特羅登紐斯（paulus Traudenius）繼任台灣長官後，率領荷兵400人、三板船300艘前去征伐。荷軍於11月20日從大員乘船出發，23日抵達笨港（今北港），上岸後用三板船在海岸建造防禦工事。25日抵達Davole社。居民奮力抵抗，死傷30人，餘則逃入山中。荷人進村後，即將村內150間住房和400間貯藏穀物的小屋放火燒毀，又砍倒所有果樹。26日前往貓兒干（Vassikangh，今雲林縣崙背鄉），途中遭到法沃蘭人的抵抗。27日進入法沃蘭，村中有大住房400間和藏儲穀物的小屋1,600間，荷人在數處放火，連續兩天，幾乎將所有房屋都夷為平地，同時命令前來議和的原住民長老，在20天內與Davole、二林和貓兒干的代表一起到大員締結歸服條約，並交出以前被殺害的荷蘭人頭骨以及殺人「凶犯」，否則將全部剿滅。12月2日，荷軍返抵大員[31]。次年2月14日，法沃

29　中村孝志著、賴永祥、王瑞徵譯，〈荷蘭人對台灣原住民的教化〉註1，《南瀛文獻》，第3卷，第3、4期，頁16。

30　以上見《巴城日記》，第1冊，頁298；第二冊，頁404、30、222。

31　《巴城日記》，第2冊，頁185-187。

蘭與附近諸社的五名代表來到大員，上席商務員哈特森（Carel Hartsingh）令他們簽署歸服條約，要點如下：

1. 承認以前的「非法行為」。
2. 無論任何理由都不得殺害荷蘭人及其同盟者。
3. 必須嚴加追捕殺人者，抓獲時應引渡給荷蘭人。
4. 與相鄰各村發生事情必須通知台灣長官，在沒有得到許可時不得擅自開戰。
5. 在得到命令時，應以人員、食品和其他必需品援助荷蘭人。
6. 在荷蘭人出示公爵杖及其他標誌時，應立即響應。

2月23日，台灣長官特羅登紐斯自台東返抵大員，又在上述條款之後增加三條：

1. 作為懲罰，每戶每年應向公司繳納稻穀十把、鹿皮五張。
2. 應為派駐該地的三、四名荷蘭人建造房屋一間。
3. 不得准許中國人和其他人在他們的原野內狩獵，他們亦不得出長官訂定的界線外狩獵[32]。

2. 出征台灣東部、鎮壓大巴六九人

在鎮壓法沃蘭之後，荷蘭人立即將軍隊開往台東，鎮壓大巴六九人，並在那裡進行武力大示威。

荷蘭人對台東的擴張始於30年代後半期。1636年底，琅𤩝領主與荷人結和，告知台東的卑南覓人有黃金，引起荷人注意。1637年2月，伯格即派遣中尉尤里安森（Jan Jeuriaensen）率舟前往，與卑

---

32 《巴城日記》，第2冊，頁222-223。

南覓人結好。次年1月，又派遣上尉林戈(Johan van Linga)率三船載兵130人進入該地，聽說Danau河附近的里漏(Linauw，今花蓮縣吉安鄉化仁村)等村有黃金，遂委任候補商務員馬登‧韋塞林(Marten Wesselingh)在台東探險。韋塞林先後多次進入台東。1641年初在傀儡山得到黃金3.1錢，攜回大員。2、3月間再奉命重返，抵達離雞籠僅四哩的地方，但沒有發現金礦，在花蓮港附近與七個村的住民結和。5月末，韋塞林最後一次進入台東，在哪裡調戲婦女，被憤怒的大巴六九人和呂家望人殺死，留駐在大港口的幾名荷蘭人亦驚恐不安。9月，大員評議會接到韋塞林被殺的消息。1642年1月11日，特羅登紐斯即率兵353人開赴該地。

荷軍先乘船前往琅璃，1月12日抵達。隨後上岸陸行，22日到達卑南覓。24日對大巴六九社(Tammaloccau)發動進攻。大巴六九社位於卑南覓北部，即今之台東縣卑南覓鄉太平村，是一個地處高山的原住民村落。荷蘭人進軍途中，遭到大巴六九人的伏擊，死1人，傷5人。在進攻村社時，又遭到激烈抵抗，最後才占領村子。而大巴六九人已逃入山中。荷蘭人大施淫威，將所有住房都推倒燒毀，並且下令以後不得重建，否則將予以重罰。26日，特羅登紐斯繼續率軍向北推進，試圖探明金礦。但當走到水連尾以北地區時，發現那裡山高水急，部隊無法越過；又看見附近原住民對他們懷有敵意，遂決定原路返回。2月8日，荷軍從水連尾啟程，經Pisanangh、馬太鞍、Surassa、大港口等社，12日抵達卑南覓。在那裡休整兩天，又經放綵、加藤、大木蓮等社，於2月23日抵達大員。所經各社，皆耀武揚威，命令當地原住民要種植水稻，服從荷人統治。荷軍撤離後，又在大港口社留下荷兵4名，此外，在卑南覓派駐荷人4名、大港口社2名、Vadaan社2名，讓他們學習當地語言，以加強對該

地區的統治[33]。

3. 攻占雞籠,驅逐西班牙人

　　荷蘭人在對台中、台東用兵的同時,還多次出征台灣北部,並最終於1642年8月攻占雞籠,驅逐了西班牙人的勢力。

　　荷蘭人與西班牙人的對立,自1635年以後已發生很大變化,荷蘭人在南部的統治逐漸穩固,而西班牙人在北部則日益衰落下去。因此,荷蘭人出兵攻占雞籠僅是時間問題。1640年,荷蘭人開始派人前往北部偵察,同時向中國人了解該地貿易與軍事設防等情況,為攻打雞籠做好準備。這時荷蘭人得知在雞籠僅有守軍400人,其中真正的西班牙人只剩50人而已[34]。

　　1641年初,又一次派遣韋利斯(Marten Gerritsen Vries)隨同硫磺商人peco前往北部,探察從淡水到雞籠的情況。8月24日,正式派遣上尉林戈率領一支遠征軍前去進攻。這支遠征軍共有荷船4艘、領航船及中國戎克船數艘,載兵205人、船員112人。它的主要任務是封鎖雞籠港南側的堡壘,切斷西班牙人交通線並最終占領該地。但上尉林戈並沒有執行命令,他認為帶去的兵員太少,大砲及其他攻城設備也準備不足,遂在雞籠港外作了偵察之後,放火燒毀kimpalij村,並向西班牙城守遞交了特羅登紐斯的勸降信,同時得到對方表示堅決不降的覆信,於9月22日返抵大員[35]。10月,特羅登紐斯與大員評議會又決定派遣林戈率領一支更大規模的軍隊和數門大砲再去進攻,但因這時東北季風已起,艦隊很

33　《巴城日記》,第2冊,頁35。

34　同上。

35　這兩封信的日期:特羅登紐斯的去信是8月24日,西班牙人的覆信是9月6日。《選編》載甘為霖《荷蘭人侵占下的台灣》日期全錯(見頁112-113),應以《巴城日記》記載為準(見第2冊,頁149-150)。

難向北航行，此計畫遂告中止[36]。

　　1641年11月至1642年2月，荷蘭人出兵征伐了法沃蘭、Davole
和大巴六九等社。8月間，又一次出兵攻略雞籠。早在這年的7月
26日，巴達維亞總督派遣兩艘兵艦航往台灣，以期加強那裡的兵
力，但台灣長官未等巴城的援軍到來，已先期於8月17日派出5艘
戰艦和2艘戎克船，運載690人前往雞籠。這支艦隊在上尉哈洛西
（Henrick Harrousee）等人率領下，於18日從大員出發，21日抵達雞
籠港，即對港邊的堡壘發動襲擊，很快加以占領。接著圍攻雞籠
城外堡。西班牙人拚命抵抗，終因守兵不強，遂於8月25日決定締
約投降。26日中午，荷軍進入雞籠城[37]。從而結束了西班牙人在那
裡的16年統治，而荷人勢力即擴展到台灣北部。

三、反覆掃蕩台灣北部、中部和東部

　　荷蘭人攻占雞籠後，立即派兵駐守，其中雞籠駐兵80人，淡
水50人，並在那裡修築城堡，建立軍事據點。但荷蘭人在台灣各
地的統治仍不見穩固。一方面，台灣北部剛剛占領，原住民拒不
服從，經常起來反抗。1644年1月15日大員評議會評議長麥爾
（Maximiliaen le Maire）報告說：荷蘭人出征淡水Sotmior（山豬毛？）
社，遭到原住民的襲擊，損失70人，其中荷兵21人[38]；另一方面，
從大員到雞籠的沿海一線也不能暢通，有些地方仍爲「海賊」所
控制。1644年初，荷人抓獲「海賊」kunwangh及其部下，得悉「最
近有150至200名中國人和1,000名福摩薩住民一起燒據他里霧，並

36　《巴城日記》，第2冊，頁151。
37　詳〈荷軍占領基隆關係史料〉，《巴城日記》第2冊，附錄一，頁363-387。又
　　有王一剛中文譯翻，載《台北文獻》，直字第29期，頁73-83。
38　《巴城日記》，第2冊，頁237。

強迫貓兒干人反叛」[39]。而貓兒干是與荷人剛締約不久的村社。另外，在台灣東部也經常發生原住民殺死荷人事件。如1644年9月7日，卑南覓西方山中的Sipien住民，在家中殺死伍長阿爾貝‧特托馬森（Albert Thomassen），與伍長同住的數人負傷逃亡[40]。因此，從1644年起，荷蘭人第三次集中兵力，反覆對台灣北部、中部和東部進行征伐。

1644年9月，上尉布恩（Boon）率領7船、載兵360人前往雞籠、淡水。這次出征燒毀了敢於反抗的掃笏、奇立板、Bodor Passoua等社，迫令雞籠方面的44個原住民村社歸服，命令他們每年要交納鹿皮或穀物，同時懲罰三貂角原住民要交納三倍的貢物。在淡水方面，同樣強迫住民歸服納貢，並把大軍開向淡水以南的Patientie山一帶，燒毀了一個「海盜殘餘」的村子（即Passoua社），於10月29日返回大員[41]。

1644年底，又計畫派遣布恩率領210人出征東部，以征伐Sipien、Tellaroma、馬太鞍等社，並尋找金礦，為以後在卑南召開東部地方會議打下基礎，但因風浪太大，船隻無法運送給養，此計畫被迫取消[42]。

1645年1月，台灣長官改派軍隊再次出征北部。布恩率領軍隊於1月22日從大員出發，在淡水征伐了Sotmior及其附近各社，占領Sotmior和一個大村，但荷蘭人損失15人。隨後，從淡水、雞籠南下，一路燒殺搶掠，共毀壞村落13個，殺死原住民126人，又帶領16名10歲以下的幼童返回大員，於2月16日抵達。與此同時，牧師布倫（Simon van Breen）亦在中部進行「肅清」。他在那裡發現了許

39　《巴城日記》，第2冊，頁253。
40　《巴城日記》，第2冊，頁294。
41　《巴城日記》，第2冊，頁284-287、310。
42　《巴城日記》，第2冊，頁330、342。

多不知名的河流，有中國人在佯爲捕魚，煽動原住民反抗公司。
3-4月間，布倫抓獲了四名漢人，將其中一人帶至大員車裂處死，
其餘三人流放。至此，荷蘭人宣布從大員到台北已「全線安全」，
西部平原上的原住民「全部歸服公司」了[43]。

接著，荷蘭人又將目標轉向台東。1645年3月，布恩率艦隊運
送糧食到卑南覓，準備第二年初出征東部。同年11月，上席商務
員卡薩(Conelis Caesar)率領443人從大員出發。這次出征的詳情不
很清楚，但我們知道荷軍曾抵達花蓮港附近，得到了少許砂金，
最後於1646年1月15日返回大員[44]。

綜上所述，從1635年底起，荷蘭人便開始在台灣大肆用兵，
擴張其勢力範圍，荷蘭人的軍事行動首先從征伐大員附近的原住
民入手，接著擴展到台灣南部。而真正大規模的擴張是從1641年
以後開始的，經過前後五年的征伐和攻略，至1645年底止，已基
本上控制了台灣西部平原的大部分村社，並將勢力滲透到東部，
從而奠定了荷蘭人在台灣的勢力範圍。荷蘭人的軍事行動除了攻
占雞籠一役外，大部分是在征伐原住民的反抗，這些行動有三點
值得注意：

第一、荷蘭人對原住民的鎮壓是非常殘酷的。荷軍每到一地，
都大肆放火殺人，破壞財物，把他們重點進攻的村社夷爲平地。
而且對有些原住民的征伐，其慘烈程度達到令人髮指的地步。如
出征小琉球，1636年一役就從島上除去千人以上。以後對那些殘
存者仍不放過。1640年10月，韋塞林從大員前往台東，伯格命令
他要在途經小琉球時，到島上了解何時去抓人較爲合適[45]。同年12

43　《巴城日記》，第2冊，頁342、349-350、353；又參見曹永和，《早期
　　台灣歷史研究》，頁171。

44　殖民地檔案，1108號，見《台灣經濟史五集》，頁118。

45　《巴城日記》，第2冊，頁33-34。

月至次年1月,復派遣上尉林戈率船二艘,載兵60人前去捉拿,共捕獲38人返回大員,此外還有20人逃入森林,荷人開槍打死3人,又留下16名荷兵在那裡守候[46]。1644年,再派兵到島上抓獲9人,其中男子4人、婦女2人、小孩3人,並報告說仍有男子7人、婦女4人、小孩4人未獲[47]。1645年初,復抓到男子5人、婦女4人、小孩4人[48]。這樣,經過幾次抓捕,幾乎把島上的原住民土全部殺、捕乾淨。郁永河《裨海紀遊》說:「自紅毛始踞時,平地土番悉受約束,力役輸賦不敢違。犯法殺人者,剿滅無孑遺。」[49]荷蘭人這種暴行,與他們在爪哇島上殘酷屠殺土著居民如出一轍。而他們在台灣的殖民統治,正是在血腥鎮壓的基礎上建立起來的。

第二、荷蘭人在鎮壓原住民過程中,常用一部分原住民去參與征伐另一部分原住民,讓他們互相殘殺。如征伐麻豆社時,就有新港人參加,並將抓獲的麻豆人讓新港人殺死。麻豆人被鎮壓後,又令他們簽署歸服條約,迫使他們參加其後對其他村社的戰鬥。在征伐蕭壠社時,亦有新港各村的四、五百名原住民參與。而1642年征伐法沃蘭人和Davole人,更有「從十個歸服的村社召集而來的武裝福摩薩人1,400人」參加[50]。鎮壓結束後,同樣令法沃蘭人簽署條約,規定如果荷蘭人與其他原住民作戰,要以人員、食品和其他必需品援助荷人。這種利用一部分原住民去參與征伐另一部分原住民的作法,對荷人來說,第一可以減少公司的駐軍,以節省軍費開支;第二可以從中製造矛盾,以便於居間控制。

另一方面,在征伐原住民的時候,也強令漢人參與。如1642

46　抓獲的38人,其中男子8人、婦女13人、少男10人、少女6人,累計與總數相差一人。見《巴城日記》,第2冊,頁107。
47　《巴城日記》,第2冊,頁252。
48　《巴城日記》,第2冊,頁341-342。
49　郁永河,《裨海紀遊》,卷下。
50　《巴城日記》,第2冊,頁185。

年出征大巴六九社，就有「中國人110人」參加，這裡的中國人即指漢人。1644年9月布恩率軍征伐雞籠、淡水，亦有60名中國人參與。1645年底卡薩率軍征伐東部，在443人中更有中國人200人。大體而言，在40年代上半期以前，荷蘭人的主要精力在於應付原住民的反抗，這時更多的是利用漢人去征伐不服的原住民。相反，以後隨著漢族移民越來越多，荷蘭人與漢人的矛盾日益尖銳，便反過來利用原住民去對付漢人。如1652年的郭懷一起義，荷蘭人就用新港等社的原住民去參加鎮壓。因而所謂「分而治之」，實際包含著兩方面的內容：一是原住民與原住民，一是原住民與漢人，其影響所及，不僅是「漢—番」關係的惡化，同時也包括「番—番」之間的不和。這是荷蘭人以少數駐軍，在台灣維持對多數人的統治的基本策略。而這種策略執行的結果，在台灣各族人民之間人為地擴大矛盾，對台灣歷史的發展是起著阻滯作用的。

　　第三、荷蘭人對台灣原住民的征伐（包括攻占雞籠），除了政治上為擴大其勢力範圍，穩固殖民統治之外，還有經濟上的因素。1636年荷蘭人鎮壓麻豆等社之後，普特曼斯就報告說：今後「可以極大自由地進行捕鹿。因為以前我們進行狩獵不出大員南方約三哩處，而今後將擴大至十四、五哩了」[51]。

　　1637年伯格計畫征伐法沃蘭，也是想得到更多的鹿皮，他曾說道，如果征伐成功，「公司將可得到利益，從二林及其他未知的北方各地得到數千張鹿皮」[52]。取得土地也是荷蘭人的重要目的之一。荷人在大員附近征伐，每征服一社，都要令原住民簽署有明文規定願意讓渡土地的條約，而且還要令原住民首領攜帶種在土裡的椰子和檳榔樹來到熱蘭遮城，表示已將土地讓渡給荷蘭議

51　《巴城日記》，第1冊，頁259。

52　1637年3月3日伯格報告書，見《巴城日記》，第1冊，頁325。

會。除此之外，荷蘭人還想得到台灣的其他自然資源。如向東部擴張，就與探查金礦直接關連。向北方擴張而攻打雞籠，其部分原因也是想得到那裡的硫磺、煤炭，並取得一條前往東北部探金的通道。1641年5月，韋塞林從大員前往淡水，企圖從那裡翻山進入東北部探金，但因原住民與硫磺商人的阻撓，無法通過。1642年8月攻下雞籠後，特羅登紐斯即命令軍隊開向三貂角，再沿東海岸南下去尋找金礦[53]，正是這一意圖的最好說明。

第三節　對原住民和漢族人民的統治

荷蘭人對台灣人民的統治，可分爲兩部分：一是對原住民的統治；一是對漢族移民的統治。荷蘭人把歸服的原住民稱爲「國民」[54]，而把從大陸遷徙而來的漢人一般稱爲「中國人」[55]。就統治措施而言，他們把側重點放在原住民方面，對漢族移民則相對較弱。以下分別加以論述。

一、對原住民的統治

荷蘭人在對原住民進行武力鎮壓後，從1644年春季起，開始在島內編製「番社戶口表」，即對他們所控制的原住民進行人口登記。這一計畫開始時並不怎麼順利，直至1646年才編成第一表，

53　1642年9月15日，特羅登紐斯訓令。見《巴城日記》，第2冊，附錄1之4，頁379-381。

54　如1625年4月9日宋克的報告，1639年11月4日伯格致巴城總督及東印度參事會的信，以及麻豆各社歸服條約。但在一些報告書中，亦常稱爲「歸服的原住民」。散見於《巴城日記》。

55　除了少數漢人加入荷蘭籍外，絕大多數都被視爲僑居台灣的華人。如何斌曾充任荷人通事，又定居於大員，但仍被稱作「華裔土著」、「外籍」(C.E.S，《被忽視的福摩薩》，見《選編》，頁218)。

但沒有報送巴城總督。華特(Pieter Antoniszoon Over Water)在事後報告說：1646年，他們已知全島有217個村落，大部分已與荷人結合。其中有12個村遷往南部和北部，實存205個。再加上Piman有28個村落，共計233個。是年卡朗(Francois Caron)去職後，華特繼任台灣長官(原為卡朗副職，任評議長)，這時又有山區及西部沿海的若干村落歸服，合計達293個[56]。1647年，荷蘭人編製了第一份報送巴城總督的「番社戶口表」。這一年他們統治下的原住民共有246個村、13,619戶、62,849人。以後逐年發展，至1650年達到315村、15,249戶、68,657人，此為荷占時期最高峰。進入50年代後，由於荷人統治逐漸衰敗，受他們控制的原住民也漸趨減少。日本學者中村孝志先生已將台灣的「番社戶口表」整理發表出來[57]，現據引一簡表於下[58]：

年度	村數	戶數	人口數
1647	246	13,619	32,849
1648	251	13,955	63,861
1650	315	15,249	68,657
1654	271	14,262	49,324<
1655	223	11,029	39,223<
1656	162	8,294	31,221<

註：49,324<表示不少於49,324人。餘同。

　從上表可以看出，在40年代末期至1650年，荷蘭人統治下的

56　1648年11月2日，華特致巴城總督及東印度參事會報告書，見莊松林，〈荷蘭之台灣統治〉，《台灣文獻》，第10卷，第4期，頁4。

57　中村孝志，〈1647年台灣番社戶口表〉、〈1648年台灣番社戶口表〉(《日本文化》，31、32號)；〈荷人時代番社戶口表(一)(二)〉(《南方土俗》，第4卷，1、3期)；〈淡水河流域諸村二表〉、〈噶瑪蘭番社二表〉(《南方土俗》，第4卷3、4期)。

58　中村孝志，〈近代台灣史要〉，《台灣文獻》，第6卷，第2期。

原住民約為6萬多人。這個數字約占當時原住民總人數的多少呢？據台灣學者陳紹馨先生估計：在荷占時期，全島共有原住民15-20萬人[59]。如果考慮到荷蘭人統計的人口數偏重於男丁數[60]，那麼在1650年前後，受荷蘭人統治的原住民大約占全島原住民總數的40-50％，而1654年以後就更加減少了。這些原住民主要分布在台灣西部平原以及東部的一些地區。

荷蘭人對原住民的統治，開始時並沒有充分展開。這時他們主要是通過牧師在新港社學習當地語言，並向附近諸村傳教，以緩和原住民與荷蘭人之間的矛盾。1635年以後，荷蘭人開始向麻豆等社用兵，次年已將勢力擴展到南部，並計畫征服諸羅山以北各社。這時普特曼斯就建議說：「在上述諸村表示服從的時候，應在福摩薩設置大守備部隊或建立殖民地，以使他們忠誠。」[61]從中可以看出強化殖民統治的趨向。1641年以後，荷蘭人在台灣的統治明顯加強。一方面表現在繼續大規模用兵，向中部、東部和北部擴張，另一方面在武力鎮壓的同時，建立起一套統治制度，而且對原住民的控制也比以往加強。

1. 建立地方會議（Landdagh）制度

荷蘭人占領台灣初期，由於舊歸的村社不多，對原住民的統治主要靠村民自理。讓每個村的住民選出長老（即村長），大村三、四人，小村一、二人，自行管理村內事務。同時通過牧師籠絡和控制長老，常施小恩小惠，以使他們服從。1636年2月，牧師尤紐

59　《台灣省通志稿》，卷2，〈人民志・人口篇〉。

60　1654年費爾堡說：全島有原住民「戰鬥人員」（即男丁）10萬人（《選編》，頁187）。這反映荷蘭人重點在於掌握男丁數。又可參閱中村孝志，〈1647年台灣番社戶口表〉（王世慶先生節譯），《台灣文獻》，第6卷，第4期。

61　《巴城日記》，第1冊，頁260。

斯召集大員以北28個村的長老在赤崁開會，讓他們向台灣長官普特曼斯表示效忠，並發給每人衣服、藤杖、荷蘭旗等物，這是荷占以後第一次召集長老開會。1641年4月10日，新任台灣長官特羅登紐斯又召集大員南北各村42名長老在赤崁集會，令他們重新宣示服從，每個送與上衣、藤杖等物，並宣布這種會議稱「地方會議」。1644年8月，卡朗繼任台灣長官。同年4月（？）[62]南、北、東部地方會議再次在赤崁舉行，這次會議宣布以後每年召開地方會議一次，由各村長老報告他們管轄的村內事務，荷人就其政績的好壞，或予以獎勵，或予以懲罰，嚴重者予以免職。此後，地方會議被作為一種制度確定下來。

　　荷蘭人將台灣劃分為四個地方會議區：即北部地方會議區（大員以北）、南部地方會議區（大員以南）、卑南地方會議區（台東）和淡水地方會議區。每個地方會議區為一個行政區域，各轄數十個村落。村中設有長老，每個長老發給銀飾藤杖一把，上刻有公司v.o.c的徽章，作為權力象徵。會議區設有長老會，為原住民的咨議機構。同時，公司向每個會議區派駐政務員和傳教士。政務員負責區內的行政事務，長老有事，須向政務員報告，服從命令。傳教士負責宗教事務，原則上不理民政，但有時亦仍以傳教士兼任政務員。如1645年，南部政務員安東尼・伯尹（Anthonij Boeij）被調回大員，南部地方事務「由候補牧師漢斯・奧羅佛（Hans Oloff）處理」[63]。迄1650年，台灣北部、南部、淡水、卑南四個會議區共轄有原住民村落315個，其中北部69個、南部92個、淡水93個、卑

62　有不少文章提到這次會議在卡朗主持下舉行，實誤。這次會議應召開於4月份。因為當時東部正準備插秧，南部適逢雨季，而且荷蘭人說，會議是在「戎克船de Goede Hoop號出航後」召開的，該船離開大員在1644年3月下旬，可見會期距此不遠。（《巴城日記》，第2冊，頁276、278-279。）

63　《巴城日記》，第2冊，頁355。

南61個，具體分布如下：

地方會議區	村數	地方會議區	村數
北部地方會議區	69	Baritchoen	3
南部地方會議區	92	淡水堡壘以南	13
Vorovorongh近傍	15	龜侖人	10
琅璠村落	22	Bassaja	3
Toutsikadan峽谷內	12	噶瑪蘭灣內	39
Dallisson峽谷內	8	灣內未歸順	6
Siroda峽谷內	14	卑南地方會議區	61
Tedackjan東部	2	卑南近傍	23
Kinitawan峽谷內	9	卑南北部同盟	11
Pachiwan峽谷內	10	卑南南部未同盟	7
淡水地方會議區	93	卑南北部未歸順	14
淡水河流域	12	Bacanan峽谷內	6
Pinerowan河流域	7	計	315

資料來源：莊松林，《荷蘭之台灣統治》。

　　里斯〈台灣島史〉說，荷蘭人「爲行政上的便利起見，他們把勢力所及的地方分爲七個行政區」[64]。以後有學者據此認爲荷人把台灣劃分成七個政區，其實這是誤解。Albrecht Wirth《台灣之歷史》對此有較爲清楚的記述。他說：「荷蘭人的官廳和宣教師們的活動，在20年之後，已經普及於台灣的南端和彰化之間的廣大地域，該地區被分爲七個『政區』(Politiken)：即Sulang(蕭壠)、Mattau(麻豆)、Sakan(赤崁)、Favorlang(法沃蘭)、Tutkeis(在二林一帶)、Tarnap(在彰化境內)、Assuk(河東)。」[65]從而可見，這七

64　里斯，〈台灣島史〉，頁17，載《台灣經濟史三集》。

65　Albrecht Wirth，《台灣之歷史》，頁36，載《台灣經濟史六集》。按：
　　地名原無中譯，爲筆者所加。參閱中村孝志，〈荷蘭人對台灣原住民

個行政區都集中在大員以北至彰化之間，即屬於北部地方會議區的範圍，而非指全島。

荷蘭人將台灣劃分成四個地方會議區，規定每個會議區每年要舉行地方會議一次。時間一般在三、四月間[66]。1645年3月8日，北部地方會議如期在赤崁舉行，共有58個村的長老參加。4月7日，南部地方會議亦在赤崁舉行，除山區各村外，其餘村社長老都出席會議。而這一年由於東部發生天花，卑南地方會議取消。同年底台灣長官派兵出征東部，目的之一也是要在鎮壓原住民的反抗後，在卑南附近「召開和大員一樣的一般地方會議」[67]。從總的看，當時荷蘭人的統治中心在大員，因此大員附近的南、北兩個地方會議都能正常舉行；而卑南、淡水兩個地方會議區由於較遠，荷人統治力量不足，地方會議的召開則很不正常。

連橫《台灣通史》說：「弘光元年(1645年)，台灣領事集歸化土番之長老，設評議會，以布自治之制。分番社為南北二路，立村長，理民政，奉領事約束。每年三月初八日開於北路，四月初四日開於南路。」[68]連橫所說亦是指大員附近的情況。所謂「分番社為南北二路」，即指劃分大員以南和以北兩個地方會議區。但北部地方會議召開於西曆3月8日，而不是農曆三月初八日；南部地方會議開於4月7日(原定4月4日)，而不是農曆的四月初四日。另外還有淡水、卑南兩個地方會議區。而且會期也是不固定的。如1660年會議定於「三月月圓的那一天舉行」[69]，即3月25日(農曆二月十五日)。

(續)───────────────

　　　的教化〉所附地圖，載《南瀛文獻》，第3卷，第3、4期。

66　C.E.S.，《被忽視的福爾摩薩》說：會議在每年的4月底舉行(《台灣經濟
　　　史三集》，頁43)。但也有在3月份裡開的實例。

67　《巴城日記》，第2冊，頁330。

68　連橫，《台灣通史》，卷1，〈開闢記〉。

69　C.E.S.，《被忽視的福爾摩薩》，卷上，《選編》，頁128。

2. 建立納貢制度

　　荷蘭人據台初期，對台灣原住民沒有徵收貢賦；而是在壓服一個村社後，作爲懲罰，常令該村的原住民交納一定物品。如1629年爲壓服新港人的反抗，就向他們罰建牧師的住房一座、豬三十頭和每戶稻穀一把[70]。1636年征伐麻豆人之後，令他們在每年殺害荷蘭人的那一天，攜帶大公、母豬到長官公所「謝罪」。至1642年鎮壓了法沃蘭人的反抗，亦仍在歸服條約上規定：每戶每年應向公司繳納鹿皮5張、稻穀10把，同時爲荷人建住房1棟，以作爲懲罰。

　　荷蘭人向台灣原住民徵收貢賦，開始於1644年。這一年在赤崁召開南、北、東部地方會議，第一次明確提出要所有歸服的原住民納貢。《巴達維亞城日記》同年12月2日記載：「今後應繳納鹿皮或稻穀(如果可能的話)以表示服從。山區各村社因剛開始服從，今年免於納貢，從明年開始繳納。但東西Salmo、大Davole和Valapais各村，因是海賊Kim wangh的同夥，作爲罰款，應繳納雙倍的貢物。爲扶持原住民教員，命諸羅山村社每年應繳納所需的大米，他們欣然承諾。推行基督教教育的其他各村，將來也要仿照上述事例徵課。」[71]從上述記載可以看出：

1. 荷蘭人向原住民徵收貢賦，是作爲政治上實行統治的象徵，與向漢人徵收人頭稅是一樣的。
2. 對於以前敢於反抗公司的原住民，要加倍徵賦，其中一半作爲罰款。
3. 在建有基督教學校的村社，原住民主要是繳納大米，以提

70　1629年2月1日，牧師甘第丟斯(Gandidius)致巴城總督的信。平山勛，《台灣社會經濟史》，第10卷，頁5。引自莊松林，《文論》17。

71　《巴城日記》，第2冊，頁277-278。

供住民教員的伙食，而其他村社則繳納大米或鹿皮均可。[72]

原住民繳納貢賦，應是以戶為單位，但對於一些特殊人物則予以豁免。如1645年荷人與琅𤩝喬領主簽訂的條約規定：「上述五村（指直接受琅𤩝喬領主管轄的五個村——引者）的住民和其他福摩薩人一樣，應每年向公司納貢，領主永遠免貢，長老等在任職期間予以免除。」[73]原住民每年需繳納多少貢賦，現在還沒有看到直接記載，但1642年法沃蘭人被令交每戶每年鹿皮5張、稻米10把，此為罰款數額，一般當不出此範圍。如1648年9月20日，麻豆牧師漢布魯克（Antonius Hambroech）在該社收取稻穀，從53-54戶中，每戶收稻1600把，精製後得米800斤（每包50斤，共16包）[74]。如按此計算，每戶約交米15斤（以53戶計）。這一數量用當時的物價來衡量，大約等於2.5張上等鹿皮的價值[75]，即是說約略於對法沃蘭人「罰款」的一半。

荷蘭人徵收貢物，一般以村為單位。由各村長老統一徵收，再交給公司的有關人員。在建有基督教學校的村社，因所收主要是大米，常交給駐地牧師接收。在其他一些地區，則交給政務員或公司的留駐人員。如1644年6月，卑南的公司倉庫發生火災，《巴達維亞城日記》載：「所幸的是，前不久戎克船伯拉克（de Bracq）

---

72 也有繳納黃金的。如1645年12月，卡薩率軍至花蓮附近，令哆囉滿人每年每戶交納一錢的黃金。中村孝志，〈十七世紀荷蘭人在台灣的探金事業〉，《台灣經濟史五集》，頁118。

73 《巴城日記》，第2冊，頁340。

74 甘為霖，《荷蘭人侵占下的台灣》，頁230。

75 1644年，荷蘭人從日本購得糟米再精製，每百斤精白米值銀1.79兩（《巴城日記》，第3冊，頁25）；同年，荷蘭人在台灣收購鹿皮，每百張上等品定價銀10.95兩（同書，第2冊，頁302），按此計算，15斤精白米約等於2.5張上等鹿皮。

號已將納貢的鹿皮和購入品以及稻穀由該地運往大員。」[76]可見在
台東，原住民的貢物是由公司的派駐人員接收，再運回大員的。
另外也有軍隊直接徵收貢物的實例。1644年4月，上尉布恩帶人到
淡水築城，附近24個村的長老表示願意服從，「每天帶來（納貢的）
皮革」[77]。同年9月，布恩率軍出征雞籠、淡水，在噶瑪蘭一帶有
12個村歸服，「他們請求用米代替鹿皮」，布恩從6個村得到繳納
的大米合計約達2拉斯特（Last）。此外，又對三貂角住民加以懲罰，
令他們交納3倍的貢物[78]。

荷蘭人由於原住民實行納貢制度，每年增加了不少收入。1644
年「本年度的收入從原來的88000盾增加至98500盾」，這裡面有
一部分是來自徵收貢賦的。

3. 削弱領主勢力

荷蘭人在建立統治制度的同時，還採取各項措施，加強對原
住民的控制，其中削弱領主勢力是一個重要方面。

台灣原住民大多是村社獨立的。但也有一些地方存在著領主
制，即十數個村社統轄於一個領主，受其支配。如琅嶠領主領有
17個村社。在西部平原的八芝蘭與淡水之間，有一個叫Quata
Ong（又稱Tachamaha）的領主，他領有18個村社[79]。這些領主都有
很大實力，常不聽荷人使喚，而荷人的政令又必須經過領主才能
貫徹，因而深感不便。

1636年，琅嶠領主與荷人結和，開始時關係尚屬融洽，但沒
過多久就日趨緊張。1642年，荷軍出征台東，琅嶠領主不與合作，

76　《巴城日記》，第2冊，頁279。
77　《巴城日記》，第2冊，頁280。
78　《巴城日記》，第2冊，頁285-86。
79　《巴城日記》，第2冊，頁253。

並試圖襲擊荷人的給養。往後在進軍途中，荷蘭人又不斷聽到有
關琅𤩜領主「惡政」的消息。同年2月間，特羅登紐斯率軍返抵大
員，即召喚琅𤩜領主及其兒子、兄弟到熱蘭遮訓話，「指責他們
對荷蘭人、琅𤩜住民以及中國人的不法行為」，但該領主態度傲
慢[80]。1644年，台灣南、北、東部地方會議在赤崁舉行，琅𤩜領主
稱病不出，只派他的兒子參加。1645年2月，台灣長官卡朗報告說：
如果琅𤩜領主不與公司重新簽訂「適當的條約」，就準備用武力
加以強制[81]。在荷蘭人的壓力下，琅𤩜領主被迫於2月間再往大員，
與荷人簽訂了新的歸服條約，內容如下：

1. 承認琅𤩜領主為龜仔角、豬朥束、阿塱衛、四林格和滿洲社
   5個村的首領，向這些住民徵收沿續至今的所有租稅和收入。
2. 上述租稅在領主死亡之後，其兒子、兄弟及其他族親不得
   當然繼承，應報告公司，遵從命令。
3. 領主不得行使斬首權，遇事應通知政務員，聽憑台灣長官處
   理。
4. 其他非重要事件應與駐大木蓮的政務員一起，向長老會提
   出諮詢再行處理。
5. 領內各村，每村應選出長老兩人，由公司給予與公司管轄
   內的福摩薩其他地方一樣的權限。
6. 領主應很好地對待上述各村的住民，使他們不致規避從前
   那樣的支配。
7. 如果上述住民對他提出起訴，而荷人也認為有必要加以保
   護，應訴諸法律，不得處分他們。

80　《巴城日記》，第2冊，頁223。
81　《巴城日記》，第2冊，頁339。

8. 從前由他領有而現在還屬公司的各社，仍然歸屬於公司，領主決不可加害他們，應互相親善。

9. 上述五村的住民和其他福摩薩人一樣，每年應向公司納貢，領主永遠免貢，長老等在任職期間予以免除。

10. 領主和長老一起，出席每年在赤崁召開的南部地方會議。

11. 沒有荷蘭人的特別許可，不得安置中國人在村內，如有違背者，應引渡給荷人以便懲罰。

12. 領主應履行上述條件，如果違反，將失去第一款所給予的權力。[82]

上述各項條款，重新規定了領主的權力與義務，其實質是在削奪領主的勢力。琅𤩽領主原來擁有17個村社，現在只剩5個。而且通過這一條約，領主只是對上述五村的全民擁有徵租權，但不得傳給子女和親屬；不得使用斬首權；遇事要向政務員或台灣長官請示報告；領內各村設置長老，直接向荷人負責等等。這樣，琅𤩽領主就不再是原來意義上的領主，他只被允許保留下極小一部分權利；而荷蘭人不再需要通過領主實行間接的統治，他們可以通過長老，直接把政令貫徹到每個村社。通過這個條約還可以看出一點，在荷人統治時期，對台灣原住民的統治實際上存在著兩種模式：一種是普遍實行的長老制；另一種是像琅𤩽地方一樣的領主與長老並行制，領主的地位比長老高，但在實際運作上，荷蘭人仍以長老為主。

1644年以後，荷蘭人多次出兵台灣中部和北部，原來尚未臣服的Quata Ong領主也被迫歸順。1645年4月7日在赤崁召開南部地方會議，這時「北部15個村的首領Tackamacha，別名Quata Ong也

---

82 《巴城日記》，第2冊，頁339-341。

出席」了會議，並且「答應服從和琅𤩝人一樣的條件」[83]。從而，荷蘭人通過武力征服和強行壓制等手段，削弱了領主勢力，取得了對領主管轄區的直接統治權。

4. 限制原住民的活動

荷蘭人在削弱領主勢力的同時，還採取措施，嚴格限制原住民的活動，這表現在兩個方面：一、禁止原住民外出狩獵；二、不許原住民任意遷徙。1642年，特羅登紐斯與法沃蘭人簽訂的條約最後一款規定：法沃蘭人不許超出長官訂立的界限外捕鹿，同時也不許漢人到原住民領地內捕鹿。1644年，荷蘭人對任意遷移的新大目降人予以懲罰。《巴達維亞城日記》1644年12月2日記載：「新大目降數家約60人，在前任長官特羅登紐斯時期，根據他們的意願允許到新港居住，接受基督教教育。但他們屢次申請離開新港返回原來住地，未予許可。他們則擅自離去，到原來地方建造新居，耕作稻田。作為告誡，下令將上述房屋、稻田毀壞，所有人帶回新港居住。同時為了懲戒首謀者，把其中兩人囚禁起來。」[84]禁止原住民任意的遷徙，與前述實行的長老制、地方會議制、納貢制度等是相互配合，目的都在於加強統治，使對原住民的統治走上制度化。

另一方面，荷蘭人還禁止原住民與漢族移民任意交往。1644年的地方會議宣布「應將中國人從各村逐出」，不許漢人在原住民村內居住[85]。荷蘭人占據台灣之前，漢族商人常往村社貿易，用食鹽、布匹等日常用品與原住民交換鹿皮、鹿脯等物，並有人已

83　《巴城日記》，第2冊，頁352。按：Quata Ong原領有18個村社，此時僅剩15個，但也有地方記載他領有「15-18個村」（同上書，頁284）。

84　《巴城日記》，第2冊，頁279。

85　《巴城日記》，第2冊，頁278。

與原住民通婚。荷人據台後,這種村社貿易仍在進行。但時日一
久,則發現漢人與原住民交往過密,不利於他們的統治。1641年,
在平南發現有漢人在挑動原住民反抗,便立即發布告示,命令在
台東從事貿易的漢人一律返回大員居住[86]。此後與法沃蘭人、琅
𤩝人簽訂條約都明文規定,不許漢人在村內居住或捕鹿。禁止漢人
與原住民交往,必然要影響到原住民日常生活必需品的供應,因
此從1644年11月起,實行贌社制度。規定凡要進入村社進行貿易
的商人,必須事先提出申請,經過投標中選,還要有殷實商人的
擔保,才可進入村社。這一制度的實行,從某種意義上說,是為
了限制原住民與漢族人民的任意交往,把以往自由的村社貿易納
入了行政管理的軌道。再一個方面,荷蘭人還命令漢族農民要放
棄在原住民村社附近的土地。如1643年下令,在新港、麻豆、蕭
壠、目加溜灣、大目降五社耕作的漢人,要放棄那裡的田園,於
1644年底以前撤離。但由於漢人不願即刻放棄,上述五村的長老
「也有此願望」,才沒有立即實行。不過,荷蘭人由此徵收了稅
金達700里耳[87]。

二、對漢族移民的統治

　　荷蘭人對漢族移民的統治相對比較簡單。在行政上,主要是
利用漢族移民中的有力人物進行約束。這些有力人物被稱作長
老,或稱為「僑長」(荷蘭文獻作Cabessa[88]),即指僑居於台灣的
華人首領。

　　早在1629年,目加溜灣就有稱作Hoijtsee的漢人長老存在。以
後隨著移民人口越來越多,長老的人數也相應增加。1646-1647年,

86　《巴城日記》,第2冊,頁143。
87　《巴城日記》,第2冊,頁311。
88　Cabessa為葡萄牙語,荷蘭人用此來稱呼華人社會集團的首領。

在大員附近有長老8人，何斌的父親Kimtingh就是其中之一，此外還有Sitsick、Lacko、Jocktaij、Boicko等等。1650年間，漢人長老增加到10人，如Samsiack、Saqua等人都是。至鄭成功收復台灣前夕，大員附近仍有長老10至12人，其中的著名人物有Samsiack、Lakko、Tohip（又作Hisia）、Sacko（又作Zako）、Zekoy等。參見下表[89]：

漢人長老	出現時間	漢人長老	出現時間
Hoijtsee	1629	Hincksia	1652
Sitsick	1646-1647	Bienco	1652、1655
Lacko	1646-1647、1654、1661	Sacko	1654、1661
Kimting	1645-1647	Thoqua	1655
Jocktaij	1646-1647	Sinco	1655（雞籠）
Boicko	1646-1647、1655	何斌	50年代（1659年以前）
Samsiack	1650、1655、1661	Tonhip	1661
Saqua	1650	Zekoy	1661

　　這些長老大都很早就在台灣從事商業貿易或墾殖活動，富甲一方，與荷蘭人有較深的交往。如Samsiack早在30年代末期就向荷人承包琉球嶼，每年稅金60里耳，後來增加到70里耳；1641年從事淡水的硫磺貿易，1645年幫助荷蘭人在琉球嶼抓人，1650年與Saqua一起受荷人資助種植甘蔗[90]。Lakko曾充當荷蘭人通譯，1634年攜帶信件前往澎湖，與劉香連繫；1639年在台灣捕鹿；後來從事商業活動[91]。Tohip原任荷人稅關書記[92]。Sacko在大目降附近有

89　中村孝志，〈荷據台灣的地場諸稅〉〔以下簡稱〈地場諸稅〉〕（下），《日本文化》，第42號，頁6-7，註18；及《巴城日記》第3冊，頁214-215，註17。

90　《巴城日記》，第2冊，頁34、145、215、288、342。按：盛成先生認為Samsiack是沈斯庵（光文）的對音，實誤。因為沈光文在50年代以後才遭風漂到台灣，而Samsiack早在此之前就在台灣活動了（盛成，〈荷蘭據台時代之沈光文〉，《台灣文化論集》，頁269）。

91　《巴城日記》，第1冊，頁209，第2冊，頁406；《選編》，頁192。

田莊，曾充當村社貿易稅、漁稅、宰豬稅的承包人或擔保人，他有兄弟、母親、妻子、女兒在台灣[93]。1650年12月20日費爾堡及大員評議會的信件說：大員有中國人長老10人，「都是砂糖種植業的最重要創始人」[94]。由此可見，這些長老是台灣墾殖活動的重要組織者，同時也是移民社會的管理者和領袖人物。

荷蘭人利用長老進行統治，主要是利用他們在漢人社會中的地位和影響，對他們勢力所及的漢族移民進行管理。荷蘭人把漢族移民集中在若干特定區域居住，長老對居住區的移民實行管理，同時參加荷人「市參事會」（如1654年，Sacko和Lacko任市參事會委員[95]）。這些長老有義務向荷蘭人報告一切重要事件。1652年郭懷一起義前夕，就有7名長老向荷蘭人報告了即將發生起義的消息。費爾堡及大員評議會在10月30日的信中說：9月7日下午，「有七名中國人長老極其恐慌地主動來到我們這裡，報告說他們得到一個消息，有一個叫郭懷一的農夫住在阿姆斯特丹區赤崁村，他和他的追隨者們非常秘密地決定發動起義反對我們」[96]。1660年3月，鄭成功將攻打台灣的消息頻傳，當時也有4名長老幾乎同時向荷蘭人作了報告，並擔心報告遲了會受到懲罰[97]。

（續）

92　《巴城日記》，第3冊，頁234；C.E.S.,《被忽視的福摩薩》，卷上，「可靠證據」第11號A，見《選編》，頁291、192。

93　《選編》，頁191-192；《台灣文獻》，第9卷，第1期，頁70；〈地場諸稅〉（下）。

94　1650年12月20日，費爾堡及大員評議會致巴城總督及東印度參事會信件，殖民地檔案1183號，f, 557r-v.引自Johannei Huber: *Chinese settlers against the Natherlands East India Company: The rebellion led by Kuo Huaoi on Taiwan in 1652*, p.11。

95　中村孝志，〈地場諸稅〉（下）。

96　1652年10月30日，費爾堡及大員評議會致巴城總督及東印度參事會的信。殖民地檔案，1194號，f.121-127.r.引自Johannes Huber, *Ibid*, p.30。

97　C.E.S.,《被忽視的福摩薩》，卷上，見《選編》，頁128、191-192。

　　漢人首領充當長老，平時不領取薪金，但荷蘭人則給他們一定的經濟利益。如蘇鳴崗在巴城擔任第一任甲必丹，管理華僑事務，荷蘭人「把從中國人那裡收到的賭博稅分給他一份，並給他以徵收稱量稅的權利」[98]。在台灣也是如此。何斌在其父親死後擔任長老，他不僅從事範圍廣泛的對外貿易，而且替荷蘭人徵收人頭稅、稻作稅和稱量稅，並且免稅種植水稻。Bienco、Sinco、Lakko等人也向荷蘭人承包過各種稅收[99]。與此同時，長老還可以利用手中的權力，向漢族同胞敲詐勒索。如1651年10月10日大員評議會錄載：中國人抱怨他們必須向每一個長老繳納貢物，因此荷蘭人決定將長老人數削減下來，直至最低的限度爲止[100]。

　　荷蘭人在利用長老進行統治的同時，還在1644年成立一個「七人委員會」，負責處理日常的民事糾紛事件。1644年10月25日卡朗報告說：「收稅吏、刑吏和其他雇傭人員行爲不法，經常發生問題，因而取締他們，成立一個由四名荷蘭人、三名中國人組成的七人委員會。每周會合兩次，審理民事小事件，經長官和評議會承認後處理之。我們期待他們積累經驗，今後處理更重大的事件。」[101]這個7人委員會有點類似荷蘭人在每個會議區設置的原住民長老會。

　　除此之外，荷蘭人更重要的是利用經濟手段對漢族移民進行統治。每個移民自7歲以上都必須繳納人頭稅。如果從事農業生產還要繳納稻作稅，從事捕魚須繳納漁業稅，從事捕鹿須納狩獵稅，商業貿易須納市場稅，貨物出口須納出口關稅等等。同時，也禁

98　卡特，〈中國人在荷屬東印度的經濟地位〉，《南洋問題資料譯叢》，1963年第3期。稱量稅爲貨物經海關過稱時須繳納的一種稅收，又稱過稱稅、衡量稅。

99　《巴城日記》，第3冊，頁213，註16；中村孝志，〈地場諸稅〉（下）。

100　Johannes Huber: *Ibid*, p.41，note 10。

101　《巴城日記》，第2冊，頁297-298。

止漢人任意遷移。1645年10月25日大員評議會寄給東印度參事會的報告說：在大員至雞籠、淡水的道路完全肅清後，「這些道路，現都已閉塞。並決定在今後如無旅行執照，或漁業執照，則任何人不准在北部居住」[102]。也就是說，如果要到北部定居、貿易、捕魚等等，都必須經荷蘭人批准。

第四節　傳布基督教

荷蘭人對台灣人民的統治，除了軍事鎮壓和行政控制之外，傳布基督教也是一個相當重要的方面。

荷蘭人在台灣的傳教與西班牙人不同，西班牙人把傳教當作一種「事業」，相對獨立於行政之外；而荷蘭人則把傳教與行政結合起來，傳教是行政組織中的一環，即以行政爲主，教化起附帶作用。傳教人員也是公司的職員。如果說軍事鎮壓是「武」的一面，那麼傳布基督教則是「文」的一面，目的在於彌補武力鎮壓的不足，在心性上起潛移默化作用。

荷蘭人占據台灣後，傳布基督教隨即而來。1627年5月4日，第一任牧師甘第丟斯(Georgius Candidius)抵達台灣。他先在新港學習當地土話(即新港語)，並著手在該村布教。1628年發生新港社事件，傳教一度中斷。1629年，第二位牧師尤紐斯(Robertus Junius)亦抵達台灣。此後，他們兩人通力合作，以新港爲基地，傳教事業始有進展。

荷蘭人占據台灣的38年間，先後從巴達維亞派出29名牧師到台灣傳教，其中有3人兩次渡台，共達32人次，詳見本節附表。在

---

102 甘爲霖，《荷蘭人侵占下的台灣》，頁210-211。譯文引自曹永和，《早期台灣歷史研究》，頁171。

這些牧師中，上述的甘第丟斯和尤紐斯兩人最爲著名，甘第丟斯在台灣前後服務了8年，尤紐斯長達14年。此外，還有巴維斯（Joannes Bavius）、布倫（Simon van Breen）、哈約翰（Joannes Happartius）、哥拉韋斯（Daniel Gravius）、漢布魯克（Antonius Hambroek）等等也較爲出名。

荷蘭人的傳教是與武力鎮壓相輔而行的。武力擴張爲傳教開闢了道路。1636年，荷蘭人鎮壓了麻豆等社的反抗，傳布基督教即從新港擴展到周圍的幾個村社。1637年1月台灣長官伯格報告說，在目加溜灣，住民用6天的時間就建起了一座教堂和一座傳教士住宅，蕭壠、麻豆也開始傳教，但因人手不足，還需要傳教士二、三人[103]。

與此同時，還向南部擴展，1637年4月10日，牧師尤紐斯在徵得長官同意後，率領士兵34人前往放縤、Dalatok Verrovorongh等社觀察。隨後又派遣疾病慰問使和學校教師3人到該地傳教。1638年，尤紐斯再度前往南部，同時把隨同前往的疾病慰問使埃爾伯斯（Willem Elberts）留在大木蓮[104]。

1642年以後，荷蘭人的勢力擴展到諸羅山以北的法沃蘭地區。1644年，即派遣牧師布倫（Breen）到該地學習語言，兼理行政事務。布倫在那裡「肅清海盜」殘餘，穩定局勢，同時積極向各村布教。爲法沃蘭地區的傳教事業奠定了重要基礎。以下將1644年的牧師配置情況造列一表[105]：

---

103 《巴城日記》，第1冊，頁298、324。

104 《台灣社會經濟史全集》，第10卷，頁15、22、38。參見莊松林，《荷蘭之台灣統治》。

105 1644年10月25日台灣長官卡朗及福摩薩評議會致東印度公司總督安東尼‧樊‧第蒙（Antonie van Diemen）的信，載《巴城日記》，第2冊，附錄二之七，頁423-424。

傳　教　師	駐勤地	管　轄　範　圍
牧師Happartius	熱蘭遮	新港、大目降、目加溜灣
牧師Bavius	蕭壠	大武壠、麻豆、哆囉嘓、諸羅山
牧師Breen	法沃蘭	諸羅山以北至Dorenap的14、15個村
候補牧師Oloff	大木蓮	南方各村

　　1650年以後，公司派駐台灣的牧師明顯增多(以前每年駐台大約三、四人，1650年代起一般在五、六人以上)，因此牧師的駐勤地也隨之調整，熱蘭遮、蕭壠兩個駐勤地分爲熱蘭遮、新港、麻豆、蕭壠四個，法沃蘭分爲法沃蘭與二林(Tacbeijs，又作Taokais[106])兩個；同時，考慮向尙未舉行禮拜式的北部派遣牧師[107]；1655年，巴達維亞又派5名牧師到台，這時在台灣的牧師共有8人，爲最多年份，是年傳教師配置情況如下表[108]：

傳　教　師	駐勤地	管　轄　範　圍	備　　註
牧師 Cruiff	熱蘭遮	大員	
牧師 Hambroeck	麻豆	麻豆、哆囉嘓	
牧師 Bushof	蕭壠	蕭壠、目加溜灣、大武壠	兼每年巡視南部一次
牧師 Wincemius	新港	新港、大目降	兼每年巡視南部一次
牧師 Musch	諸羅山	諸羅山及其附近地區	
牧師 Backerus	法沃蘭	法沃蘭地方	
牧師 Kampius	二林	二林及其附屬各村	
牧師 Masius	？	淡水、雞籠地方	
候補牧師 Holthusius	目加溜灣	南部各村	每月巡視一次

---

106 Tackeijs即是Girim(二林)，中村孝志認爲，前者可能是原住民的稱呼，後者爲漢人的稱呼。見中村孝志，〈荷蘭人對台灣原住民的敎化〉，第三部分註4；《南瀛文獻》，第3卷，第3、4期，頁17。

107 1648年，大員評議會始派Popists往北部傳敎，但由於Popists不是牧師，因而「不能舉行禮拜式，或對兒童進行洗禮」(《台灣社會經濟史全集》，第12卷，頁119)。

108 1655年11月19日，台灣長官卡薩及評議會員致總督及東印度參事會的信，載《巴城日記》第3冊，附錄一之二，頁374-375。

　　荷蘭人傳教的重點是大員附近以至諸羅山周圍的地區，其次是中部的法沃蘭地方。南部雖然傳教甚早，但由於該地氣候條件惡劣，傳教師多不願前往。因此除了候補牧師奧羅佛(Hans Oloff)駐勤期間(1644-1651病歿)較有成就外，至1655年只派人定期巡視，傳教已明顯衰落。至於北部，雖然早在1642年就已被荷人占領，但由於該地原住民經常反抗，遲遲未派牧師前往。至1655年，始派遣牧師馬修斯(Marcus Masius)駐轄淡水、雞籠，但直至鄭成功收復台灣，仍未見有什麼大的進展。而在台灣東部，荷蘭人則始終未派一人進入傳教。

　　大員及附近的幾個村莊，歸服早，又靠近政治中心，而且是甘第丟斯和尤紐斯長期經營的地方，因此傳教事業最為可觀。據1638年的教會視察報告，在大員附近村莊已有近5,300人信教，其中新港1,000人、目加溜灣約1,000人、蕭壠1,300人、麻豆2,000人。這些人不分男女老幼，實指能到教堂聽教的人數[109]。至於接受基督教洗禮的人數，1639年底的視察報告記載如下[110]：

村社名稱	人口數	受洗禮人數
新港	1047	1047
大目降	1000	209
目加溜灣	1000	261
蕭壠	2600	282
麻豆	3000	215

　　上述五社的人口共計8,647人，而受洗禮人數為2,014人，占總數的23.3%。

　　1641年《巴達維亞城日記》載：是年3月間，新港、麻豆、蕭

---

109 見曹永和，〈明鄭時期以前之台灣〉，《台灣史論叢》第1輯，頁73-74。
110 1639年12月8日，特派員尼古拉‧考克巴克爾(Nicolaas Couckebacker)的台灣視察報告書，載《巴城日記》，第2冊，頁129-130。

壠、目加溜灣等社又有男女和小孩380人接受洗禮，從而受洗禮人數在4,000-5,000人之間[111]。1643年，尤紐斯退職離台，此時接受他洗禮的總人數已達5,900人，其中大部分在大員附近。另外有1,000多人由他證婚，舉行基督教婚禮[112]。

1650年以後，台灣的傳教事業逐漸衰落。一方面由於傳教區域日益擴大，所需費用大量增加（1645年估計，每年2萬盾以上[113]），而公司為了謀利，捨不得拿出更多的錢，因此行政與傳教之間經常為經費問題發生爭吵。另一方面，派往台灣的牧師大都任期不長，缺乏甘第丟斯和尤紐斯這樣有影響又長期駐台的人物，而且有些人品質低劣，借到台灣之機大發橫財[114]。但儘管如此，大員附近的傳教仍有相當進展。據1659年教會視察報告：新港有諳悉教理的信教徒1,056人、麻豆710人、蕭壠697人、目加溜灣412人，分別約占各村人口的83％、51％、48％和76％。如果包括諸羅山以及法沃蘭地區，共計20個村社中，能祈禱悉番教理者在6,078人以上，約占總人口10,109人的60％強[115]。

荷蘭人在傳教的每一個村莊都建有教堂和學校，教堂是傳教師講道的場所，用以讓原住民普遍信教。每逢星期天，原住民都不得外出勞動，到教堂聽教，守安息日，以逐漸理解教義，學會早晚祈禱和飯前、飯後祈禱等各種儀式。信教熱心者給予基督教洗禮。

學校則是進行基督教文化教育的地方。因原住民沒有文字，

111 《巴城日記》，第2冊，頁129-130。

112 參閱賴永祥，〈明末荷蘭駐台傳教人員之陣容〉，《台灣風物》，第16卷，第3期。

113 《巴城日記》，第2冊，頁354。

114 C.E.S.，《被忽視的福摩薩》，《台灣經濟史三集》，頁86。

115 參閱中村孝志，〈荷蘭人對台灣原住民的教化〉，《南瀛文獻》，第3卷，第3、4期。又1659年10月教會與學校視察報告書，載《巴城日記》，第3冊，附錄一之四，頁380-406。

對傳教的深入乃是重大障礙。因此開辦學校講授文化知識，本身就是傳教的一環。

1636年，第一所學校在新港建立，初時僅招收學童20名。以後迅速增加，附近各社也建立學校。1638年2月，新港已有男生45名、女生50-60名，目加溜灣84名、蕭壠145名。1639年，大目降、麻豆亦已開辦學校，此時上述五社的學生數多達400餘人，詳見下表：

	1638.2①	1639.1②	1639.12③	1643.10④
新港	約100	70	45	104
目加溜灣	84	87	87	90
大目降	／	43	38	40
蕭壠	145	130	130	？
麻豆	／	141	140	／
合計	約329	471	440	234以上

資料來源：

①1638年2月教會視察報告，引自曹永和《明鄭時期以前之台灣》。

②尤紐斯，〈支出計算書〉，載《巴城日記》，第2冊，附錄二之一。按1639年4月，麻豆學生數為146人，其餘村社相同，總人數為476人。

③1639年12月8日教會視察報告，載《巴城日記》，第2冊，附錄二之四，又參見同書序說，頁15。

④1643年10月4日，代理長官視察報告書，載《巴城日記》，第2冊，附錄二之五。

連橫《台灣通史》說：「永曆二年（1648年），各社始設小學，每學三十人，課以荷語荷文及新舊約，牧師嘉齊宇士又以番語譯《耶教問答》及《摩西十誡》，以授番童，拔畢業者為教習。」[116]連橫所說並不準確。荷蘭人在台灣開辦學校始於1636年而不是1648年。里斯〈台灣島史〉說：「牧師Junius也是在台灣創辦了正

---

116 連橫，《台灣通史》，卷11，〈教育志〉。

式的學校的元勳。他在1636年就開始教大約70個兒童，每日以拉丁字寫他們自己的語言。」[117] 而且嘉齊宇士（即Junius）早在1643年就已退職離台，他根本不可能於1648年在台灣辦學。

荷蘭人強迫原住民子女每日到校學習，否則處以罰款。同時採取一些措施，對入學的學生給予獎勵，以使他們安心就讀。1638年11月，牧師尤紐斯在他的〈蕭壠、麻豆、目加溜灣、大武壠、大目降、新港支出計算書〉記載：「蕭壠、麻豆、目加溜灣、大目降以及新港的學校學生，未能發給坎甘布（Cangans）而發給稻穀，同時由於貧窮，每人每月給1/8里耳。」另外，為獎勵他們不去田園勞動，勤勉入學，10月以來的三個月間，各給每名學生半擔（Picol）稻穀，其數額如下：

蕭壠學校學生130名，共給65擔。[118]
麻豆學校學生141名，共給70.5擔。
目加溜灣學校學生87名，共給43.5擔。
大目降學生共給28.5擔。[119]
新港學生數70名，從10月至1639年4月共6個月間，每人給1擔，計87 1/2里耳。

1639年1月，〈計算書〉亦載：「因前述之理由，為給學校學生，1月7日送往大武壠坎甘布81塊，以每塊3/8里耳計，即30又3/8里耳。」同年5月又載：「給與自1638年10月以來至今年4月未能給予衣服的學校學生衣服總數476件，其中新港學校70件、目加溜灣87件、大目降43件、麻豆146件、蕭壠130件，每件以3/8 real dubbetje計算，總計195又1/2里耳。」同年8月9日，他又配給新港

---

117 里斯，〈台灣島史〉，《台灣經濟史三集》，頁18。
118 按：每擔約等1 1/4里爾。
119 按：此處實應為21.5擔之誤。

學校學生衣服68件，每件3/8里耳，共25又1/2里耳。9月10日，再配給大目降學校學生衣服34件，每件3/8里耳，共12又3/4里耳。[120]

　　荷蘭人主要以實物來獎勵學生入學就讀。這些實物包括稻穀、衣服和坎甘布，另外還有每月1/8里耳的津貼。他們之所以要花費這麼多經費來舉辦教育，目的是為了讓兒童(有一部分是少年)從小就接受基督教教義，使他們能夠成為虔誠的基督徒，服從荷人統治。另一方面，也希望在普遍培養的同時，能發現一些拔尖人才，以後讓他們在村中傳教。這樣既可解決荷蘭人傳教人員不足的問題，還可以收到克服語言心理障礙、深入進行傳教的效果。牧師這些費用來自於他們收取的狩獵稅。據荷人文獻記載，1637-1640年，台灣的狩獵稅收入和支出情況如下表。這些支出主要是用來進行教化活動的，其中絕大部分用於對學生的資助[121]。

(單位：里耳)

年　　　度	狩獵稅收入	支　　出	結　　餘
1637-1638	2,700又1/2	1,092又3/4	1,607又3/4
1638-1639	1,998又1/2	1,004又3/4	993又3/4
1639-1640	1,941又7/8	627又1/4	1,314又5/8

資料來源：據中村孝志，〈十七世紀台灣鹿皮之出產及其對日貿易〉作成(《台灣經濟史八集》)，數字經筆者訂正。

　　荷蘭人不僅在少年兒童中間推行教育，以後還將範圍擴大到成年男女，令他們也要到學校學習。1647年，新任牧師哥拉韋斯(Daniel Gravius)因精通當地語言，極力推行這一教育活動，在當時學校內開設成年男子班和成年女子班。新港、目加溜灣、蕭壠、

---

120 以上見尤紐斯，〈蕭壠、麻豆、目加溜灣、大武壠、大目降、新港支出計算書〉，載《巴城日記》，第2冊，附錄二之一。

121 據尤紐斯〈支出計算書〉統計，1638年11月至1639年9月，共支出1004 3/4里耳，其中有602 1/4里耳用於資助學生，占60%以上。

麻豆、大目降五社的少年班學生557人,成年男、女班亦500餘人,
詳見下表:

	少年班	成年男子班	成年女子班
新港①	110	58	164
大目降	78	42	100以上
目加溜灣	103	60	110
蕭壠②	141	／	／
麻豆③	145	／	／
合計	577	160	374以上

註:①新港少年班110人,其中包括47名兒童。

　　②蕭壠沒有成年班,牧師Gravius在那裡開辦幼稚園,有幼童253人。

　　③麻豆住民被分成七組,學習祈禱,亦沒設成年班。

資料來源:1647年12月教會視察報告,載《巴城日記》,第3冊,附錄
　　一之一。

　　成年人上課時間與少年兒童不同。兒童是天亮一小時後開始
上課,「要接連上課兩小時」。成年男子是在「天明以前就來上
課」,時間一小時,婦女是傍晚上課,也是一小時[122]。

　　學校授課的內容是採用荷人牧師自己編譯的教理問答書。成
年男女要學習各種祈禱和教理問答。兒童則是學習用拉丁文拼寫
當地語言、朗讀課文、寫字、習作,以及各種祈禱和教理問答。
荷人牧師為了達到有效教育的目的,潛心研究當地土語,把他們
用拉丁文拼寫出來,編纂成各種方言辭典,同時用各種方言編譯
教義書、祈禱文、講道稿,如「信仰要項」、「大小問答」、「十
誡」、「主禱文」等等,甚至編譯聖經[123]。在這些傳教書中,尤

122 里斯,〈台灣島史〉,《台灣經濟史三集》,頁18。

123 參見賴永祥,〈明末荷蘭宣教師編纂之蕃語文獻〉,《台灣風物》,
　　第15卷,第3期。

紐斯編譯的教理問答書最爲有名(使用至1648年)。

荷蘭人派駐各村傳教和教育的多爲疾病慰問使和學校教師。這些人工資較低，公司經常派往台灣。但學校教師多從士兵中選拔，品質低劣，難以勝任。因此，荷蘭人早就考慮直接從原住民中培養教員。如1639年11月4日，台灣長官伯格寫給巴城總督及東印度參事會的信中說：在目加溜灣，「有十二人作爲學校教員在練習寫字」；蕭壠，「當地出生的學校教員四人從事教育」[124]。至1643年，爲了解決各地學校教員不足的問題，決定從學有所成的原住民青年選拔50名，派到各校去幫助任教。根據9月25日熱蘭遮城評議會議，這些原住民教員每人每月給予1里耳作爲伙食補貼，他們分配的駐地如下[125]：

蕭壠	麻豆	新港	目加溜灣	大目降	大武壠	合計
12人	10人	7人	12人	5人	4人	50人

1644年，又對這些原住民教員進行整頓，決定把50人裁減爲17人，每人每月發給津貼大米4里耳，讓他們「完全從事教化事務」，而這些大米全由他們任教的各村社負擔[126]。

1657年，荷蘭人更進一步決定在麻豆興辦原住民教師學校，以培養原住民教員。據同年10月5日大員教會評議會決議錄，學生選自10-14歲的原住民少年，招生人數30名，採取集中住宿，統一供給膳食、被服的辦法，進行強化訓練。學校設校長一人，副校長一人，負責管理學生並擔負上課任務。學生每天早晨日出前起

---

124 《巴城日記》，第2冊，附錄二之三，頁411。

125 1643年9月25日，熱蘭遮城評議會決議錄，載《巴城日記》第2冊，附錄二之六，頁421-422。

126 1644年10月25日，台灣長官卡朗及福摩薩評議會致東印度公司總督安東尼‧樊‧第蒙的信。《巴城日記》，第2冊，附錄二之七，頁424。

床，作早祈禱和謝恩。6-8時上第一次課。接著是早餐。9-11時上第二次課。12時午餐。下午3-5時再次上課。6時晚餐。每天三餐前後及課前課後都要祈禱、謝恩。午餐和晚餐之前，每隔一天還要聆聽朗讀聖經第一章。學生上課內容：上午學習基督教教義；下午學習荷蘭語(這點與一般學校有很大不同)。每天上午上課時，也要先學荷蘭語，再用閩南語講授基督教教義，以讓學生深入理解。每星期四爲休假日，除此之外，每天上午9-10時要練習讀書和寫字。學校對學生的管理非常嚴格，平時不得隨意外出，如未經許可在外住宿，要受處罰；在校內「幹壞事」也要受到鞭笞；沒有講荷蘭語的學生要罰以值班等等[127]。

　　荷蘭人在台灣推行基督教教育可謂煞費苦心。在這種政策影響下，很多原住民都學會了用拉丁文拼寫他們的語言，形成特有的文化現象。一直到清代，在荷蘭人辦過學校的一些村社中，仍然發現用拉丁文字書寫的契約文書。這些文書被稱爲「新港文書」，成爲後人研究的一項課題。黃叔璥《台海使槎錄》說：「習紅毛字曰教冊，用鵝毛管削尖，注墨汁於筒，湛而橫書，自左而右，登記符檄、錢穀數目。暇則將鵝管插於頭上，或貯腰間。」[128]《諸羅縣志》也有類似的記載：「習紅毛字，橫書爲行，自左而右，字與古蝸篆相彷彿。能書者，令掌官習符檄，課役數目，謂之教冊仔(下略)。」[129]所謂「教冊仔」，是閩南語「教師」的譯寫。清代仍稱會寫「紅毛字」的人爲教冊仔，這是從荷據時期原住民充當學校教員演變而來的。而這些人由於有點文化，在清代則充作書役使用。

<hr>

127 1657年10月5日，大員教會評議會決議錄，《巴城日記》，第3冊，附錄一之三，頁376-379。
128 黃叔璥，《台海使槎錄》，卷5，〈番俗六考〉。
129 《諸羅縣志》，卷8，〈風俗志・番俗考・雜俗〉。

　　荷蘭人在原住民中間傳教是採取強制政策的。凡無故不到教堂禮拜或學校上課的原住民，都要被處以罰款，嚴重的受到鞭笞或流放。對於原來各村社中的巫女，也採取強行流放的措施。如1631年尤紐斯接替甘第丟斯在新港任職後，就流放了250名巫女到諸羅山去。但荷蘭人這種強制的宗教政策，究竟能取得多大的效果，實在難以評估。1645年10月28日，台灣長官卡朗向巴城總督報告說：「基督教的傳布並不理想，特別是南部，什麼也不知道，只有基督教徒之名的人很多。」[130]1658年3月2日，大員評議會也向巴城總督報告說：「我們已經幾次嚴肅訓誡，但台灣許多原住民仍然崇拜偶像、不義、奸淫，甚至近親相奸。這是他們的天性使然，或是因為對於上帝律法以及我們帶往該國土的法律不甚了解的緣故。」[131]可見，要從心性上對原住民進行徹底的改變是很困難的。至鄭成功收復台灣的時候，各地原住民很快就拋棄基督教，恢復了以往的信仰和習慣，並且打殺荷蘭人。「他們用輕蔑的語言對待基督教，為自己能從基督教和學校釋放出來而歡欣。」（南部）[132]甚至在荷蘭人統治中心的蕭壠、麻豆、哆囉□國等地，原住民對荷人「懷著敵意」，「異常無禮，公然反抗」，以致使荷蘭人感到很不安全[133]。

　　荷蘭人把傳教的重點放在原住民方面，但對漢族移民也進行傳教。如1644年9月9日熱蘭遮城評議會決議錄載：「凡與基督教徒的土著女人同居的中國人，在本年末或明年初，應對宗教會議

---

130 《巴城日記》，第2冊，頁354。

131 參見中村孝志，〈荷蘭人對台灣原住民的教化〉，《南瀛文獻》，第3卷，第3、4期，頁1。

132 《巴城日記》，第3冊，頁303；甘為霖，《台灣島基督教會史》，第1卷，1661年5月17日熱蘭遮日記。以上見《選編》，頁277、305。

133 1661年5月24日熱蘭遮日記，《選編》，頁308-309。

作他們對信仰基督教的滿足的講話，如不遵行這個義務，必須和那些基督教徒的土著女人別居。如他們之間有子女時，在扶養上應作必要的供給。」[134]也就是說，荷蘭人想通過這一途徑（或者其他途徑）來要求漢族移民信教。在荷蘭人政策的引導下，也有一部分漢人信仰基督教。1651年10月24日，東印度公司特使弗斯特根（Willem Verstegen）和評議會致總督及參事會的信中提到，「普通的中國人十分貧困」，以致有些人「打著赤腳進入教堂」[135]。

當時從事海上貿易的商人，也有不少人信奉基督教。如1644年日本人就查獲前往貿易的中國商人中有人信教，並將其中的12人送往江戶拷問，有數人被拷打致死[136]。鄭芝龍也是一個著名的基督徒（信奉天主教），據說，「在他的住宅內，每天舉行聖祭及其他羅馬教儀式」，有幾名商人「曾數次前往安海。看見那裡在膜拜神及男女聖徒像（不同於中國人所膜拜者）的事情」[137]。中國海商信仰基督教，是在同西方人長期打交道的過程中形成的。這一方面可能是為了便於交往；另方面也是為了祈求平安，多一個保護神。但在17世紀，漢人信教則有自己的特色，那時往往是既信奉基督教，又信奉中國原有的宗教。如鄭芝龍是個基督徒，但他也信仰媽祖。蔣毓英《台灣府志》載：澎湖「天妃宮，在東西澳。（中略）係鄭芝龍建」[138]。不僅如此，鄭芝龍還信奉佛教。安海五里橋中有個水心亭（即中亭），上供觀音佛像，1638年鄭芝龍

---

134 平山勛，《台灣社會經濟史全集》，第11卷，16-17頁，參見《台灣文獻》，第10卷，第4期，頁44。

135 殖民地檔案1183號，f.853v-854r，引自Johannes Huber: *Chinese settlers against the Netherlands East India Copmany: The rebellion led, by Kuo Huai-i on Taiwan in 1652*, p. 13.

136 《巴城日記》，第3冊，頁70、86。

137 《巴城日記》，第3冊，頁71。

138 蔣毓英，《台灣府志》，卷6，〈廟宇〉。

捐資倡率重修，並寫了〈重修水心亭記〉一文[139]。1646年，鄭芝龍還創建報恩寺於安平鎮靖西境，隆武帝親賜「敕建報恩禪寺」匾，「僧官贍田如議，以永梵修，規模相當」[140]。由此可見，一個人信奉基督教，並不排斥他原有的宗教信仰。這是早期基督教在中國傳播的一大特色。台灣也是如此。當時還有漢族移民信奉基督教，但在澎湖同時又有祀奉媽祖的天妃宮，而且在荷蘭人的傳教中心大目降，也有祀奉吳本的大道公廟。陳文達《台灣縣志》說：「在廣儲東里，大道公廟，紅毛時建。」[141]教堂與寺廟並存，這是當時台灣的文化景觀，同時也可反窺荷蘭人對漢族移民之宗教政策的一個側面。

---

139 《安海志》，卷18，〈樓亭〉，附文二。
140 《安海志》，卷16，〈寺庵、寺〉，報恩寺條。
141 陳文達，《台灣縣志》，卷9，〈雜記志・寺廟〉。

第四章

轉口貿易

第一節 轉口貿易的基本內容

荷蘭人在台灣的轉口貿易，是以大員爲據點，收購從大陸運來、或在台灣獲得的商品，運往巴達維亞和日本各地出售；再將巴達維亞和日本各地運來的商品，返銷中國大陸或轉運其他地方，通過這種輾轉販運來獲取商業利潤。

荷蘭東印度公司在亞洲各地都設有商館，主要有日本、台灣、東京、暹羅、廣南、柬埔寨、巴達維亞、萬丹、錫蘭、蘇拉特、哥羅曼德爾、波斯等等。這些商館相互連結，形成一個巨大的商業網絡，而台灣商館是這個網絡中的一個重要環節。

台灣商館負責接受從各地商館發來的訂單，按要求購買所需商品，再運往各個目的地。同樣，它也向各地商館發出訂單，讓它們代購所需貨物，以便銷往中國獲利。1634年，台灣商館接受的一份暹羅訂單如下[1]：

1　《巴城日記》，第1冊，頁220。

要求從大員買入在暹羅販賣的商品

陶器 買入價	3,000-4,000里耳
金絲	2,000袋
大鐵鍋	600個
紅色衣料（？）	200枚
土茯苓	10,000斤
中國鐵	10,000斤
絹縫絲	20斤

有些訂單是直接從巴達維亞發出的。因為巴達維亞是荷蘭人在亞洲的指揮中心，很多訊息都先集中到那裡，再通過指示、訓令、書信等形式反饋到各地。如1661年，巴城總督發給台灣商館的一份訂單，包括了三個地方所需要的中國商品[2]：

訂購1662年度本國（荷蘭）及印度各地所需的中國貨物

土茯苓		4,000磅
紅色染料		8,000-10,000磅
中國生絲及絹織品 買入價	向蘇拉特	10萬盾
白蠟		20,000磅
土茯苓		5,000磅
紅色染料		5,000磅
胡椒	向哥羅曼德爾	5,000磅
上等瓷器		5,000-6,000盾
有色綢緞及素色綢緞		2,000-3,000盾
中國生絲		500磅
土茯苓		15,000磅
明礬		60,000磅
中國金絲		8,000-10,000磅
最上等茶葉		40斤
瓷水甕		40個
煤炭		30-40拉斯特

＊未註明者即向本國（荷蘭）訂購。

2　《巴城日記》，第3冊，頁239-240。

　　台灣商館購辦所需商品後，再用帆船運往各地。帆船在海上行駛要受到季風的強烈影響，因此荷蘭船隻在海上航行，隨著每年一度南、北季風的變換，形成了明顯的規律性。一般說來，南季風開始時(每年4、5月間)，荷蘭船隻就從巴達維亞出發，經暹羅、柬埔寨等地，或直接航向台灣，在那裡卸下貨物，裝上日本所需的商品，航向日本。北季風開始後(10、11月間)，從日本返航，在台灣裝卸貨物後，或經暹羅、柬埔寨等地，或直接航向巴達維亞以及印度、波斯沿岸，集中在巴達維亞的貨物和利潤，再用船隻運往荷蘭本國。

　　大約在每年的6-8月間，從巴城北上的船隻抵達台灣；而10月以後至次年年初，從日本返航的荷船亦在台灣停靠。因此台灣商館在這兩段時間來臨之前，都要準備各個方向所需的足夠貨物，讓它們運走。

　　台灣商館購買中國貨物，主要通過住在福建沿海的商業代理人或「可靠私商」進行。這些商業代理人或「可靠私商」都是與荷蘭人有密切關係的大商人，他們擁有巨額資本，從事海外貿易，因此是荷蘭人最主要的貿易夥伴和依靠對象。荷蘭人通過他們購辦大宗貨物，同時利用他們的商業網絡，向他們推銷輸往中國大陸的貨物。著名人物有：李旦、許心素、鄭芝龍，以及鄭芝龍手下的大商人如Ghamphea、Bindio和Hambuan等等。除此之外，荷蘭人還在大員收購內地「散商」運來的各種貨物，不過這種貿易較不穩定，只是一種輔助的手段。

　　1635年以前，荷蘭人還經常派船隻到中國沿海，直接向住在那裡的大商人購買所需商品，然後運回大員或直接送往亞洲各地，即所謂的在中國沿海「自由通商」。關於當時的貿易狀況，1629年2月訥茨向巴城總督和東印度參事會報告說：

> 公司一向用中國帆船把現款從大員和福摩薩運到漳州港
> 口的廈門，交給駐在那邊的代理人，有時交給可靠的私
> 商，讓他們購買適合於日本、東印度或我國市場需要的
> 商品。這些交易是通過福州巡撫的默許而進行的。
> 許多中國商人也運商品來此出售（按指大員——引者）；不
> 過這給我們帶來的利潤不大。因此，每當我們開往日本
> 或巴達維亞的船期即將來臨、而我們的存貨不多時，我
> 們就不得不派幾隻帆船到廈門去，在當局的默許下，買
> 進大量的中國商品。那邊的商品價格比大員便宜得多；
> 絲的價格每擔有時相差八至十兩白銀。如果時間允許，
> 這些船就把貨從廈門運到大員；時間不夠的話，就直接
> 運到目的地去。[3]

可見，荷蘭人之所以經常派船到大陸沿海通商，目的是要購買「比大員便宜得多」的商品，以獲得更多的商業利潤。但荷蘭人的行動受到鄭芝龍的強烈抵制。1635年以後，由於海禁漸開，海上平靜，商船到大員貿易日漸增多，荷蘭人遂安心在大員開展貿易，收購從大陸運來的商品。

當時荷蘭人收購的商品，主要是生絲、瓷器、砂糖、絲織品以及台灣的鹿皮；而銷往中國大陸的貨物，主要是東南亞的香料，如胡椒、丁香、蘇木等等。生絲、砂糖、鹿皮輸往日本，運回的是大量白銀和少量商品；生絲、砂糖、瓷器運往巴達維亞再轉運歐洲，運回的是香料以及少量的歐洲貨物。砂糖輸往波斯，中國黃金運往印度沿岸的哥羅曼德爾。除此之外，還有名目繁多的商品進入流通領域，詳見下表（次頁）。

3　《選編》，頁105。

貿易地	商品名稱
中國大陸	大陸→台灣：生絲、紗綾、縮緬、緞子、綸子、坎甘布、麻布、衣服、砂糖、瓷器、黃金、白蠟、土茯苓、生薑、糖薑、茶、大米、小麥、麵粉、酒、明礬、水銀、錫、磚、瓦、板、柱、壺、鐵鍋、砂糖桶、木器等 台灣→大陸：白銀、胡椒、蘇木、丁香、沒藥、阿仙藥、白檀、安息香、豆蔻、紅色檀香木、沉香、犀牛角、象牙、琥珀、珊瑚、帶羽皮的鳥皮、鉛、銅、硫磺、鹿肉、鹿脯、鹽烏魚、鹽魚、魚卵、紫薪、米、砂糖、其他雜貨
日本	台灣→日本：生絲、縮緬、綸子、緞子、毛織品、麻布、坎甘布、鹿皮、大鹿皮、砂糖、錫、珊瑚、胡椒等 日本→台灣：丁銀、蠟、木材、木綿、硫磺、大米、乾鰈、Achar漬、銅。
巴達維亞	台灣→巴達維亞：生絲、絹、綸子、緞子、絹紐扣、絹襪、撚紗、金襴、寬幅交織、坎甘布、絲綿、中國靴、砂糖、冰糖、砂糖漬、糖薑、人參、麝香、安息香、土茯苓、草藥、蜜、茶、大米、小麥、麵粉、蕎麥、酒、烏魚卵、肉豆蔻、大茴香、赤膠、日本煙草、瓷器、硫磺、黃金、白蠟、珊瑚、黃銅、金絲、明礬、日本樟腦、日本木堅木禁木、杉木、板、煤炭、鐵鍋、傘、釜、扇子、粗紙、信箋、茶碗、日本紙 巴達維亞→台灣；胡椒、紅色檀香木、沉香、龍血、豆蔻、椰子油、椰粉米、大米、藤、琥珀、錫、綿、綿紗、幾內亞麻布
暹羅	台灣→暹羅：生絲、絹絲品、瓷器、砂糖、白蠟、土茯苓、雄黃、水銀、金絲、鐵、大鐵鍋、衣料 暹羅→台灣：大米、鉛、沉香、蘇枋木、燕窩、椰子油、豬油、鹿皮、鮫皮、犀牛角、帶羽毛的鳥皮、象牙、梁木、板、方材
東京	台灣→東京：硫磺、坎甘布、Lanckin、紡織品、瓷器、砂糖 東京→台灣：生絲、絹織品
廣南	台灣→廣南：日本銅錢、鉛、瓷器、Lanckin 廣南→台灣；生絲、黑砂糖
柬埔寨	台灣→柬埔寨：硫磺 柬埔寨→台灣：胡椒、安息香、麝香、赤膠、鹿皮、帶羽毛的鳥皮、水牛角
蘇拉特	台灣→蘇拉特：白蠟、土茯苓、紅色染料、胡椒、黃金、白銀
哥羅曼德爾	台灣→哥羅曼德爾：生絲、各色緞子、瓷器、茶、土茯苓、明礬、白蠟、煤炭、瓷水甕、金絲、黃金、白銀
波斯	台灣→波斯：砂糖、糖薑、生絲、瓷器、白蠟、明礬、硫磺、茶、土茯苓、日本樟腦

荷蘭人與中國商人貿易，獲利至爲豐厚。以生絲爲例，荷蘭人在大員購入生絲大約是每百斤200里耳，但銷往日本，1640年的售價爲上等品每百斤340兩、中等品310兩、下等品280兩。如以中等品值銀310兩計算，約合424里耳(以1里耳＝0.73兩計)，獲利112％[4]。鹿皮在台灣的收購價平均每百張10兩，而銷往日本，大都在30兩左右，1655年以後漲至每百張40-60兩[5]。如以每百張售價30兩計，獲利亦高達200％。再看砂糖，1650年代收購價每百斤13-15盾，但在1652年，荷蘭人派兩船運至波斯，其價值是每百斤34盾，獲利143％(以每百斤購入價14盾計算)[6]。這樣的利潤率是驚人的。荷蘭人在台灣的貿易，獲得了一筆可觀的收入。從上述三種常見商品的粗略計算看，荷蘭人在台灣轉口貿易的平均利潤率(指毛利)，至少在100％以上。

第二節　轉口貿易的發展

荷蘭人剛占據大員的時候，主要是通過李旦、許心素等人進行貿易。這時的貿易較爲順利。李旦、許心素掌握著制海權，又與明朝地方官員相勾結，因而商品的供應沒有什麼困難。訥茨曾說：公司缺乏的只是資金。只要「公司每年能拿出多少資金，我們就能從這個國家買到多少商品」[7]。1627年，荷蘭人有5艘船隻從台灣航往日本，載生絲等貨物621,855盾，又有2艘船隻航向巴達維

4　《巴城日記》，第1冊，頁66；第2冊，頁84。

5　參見中村孝志，〈十七世紀台灣鹿皮之出產及對日貿易〉，《台灣經濟史八集》頁38-39。

6　據岩生成一，〈荷鄭時代台灣與波斯間之糖、茶貿易〉之資料計算，見《台灣經濟史二集》頁55。

7　1629年2月10日，訥茨提交巴城總督和東印度參事會的信，見甘爲霖《荷蘭人侵占下的台灣》，頁52、57。參見《選編》，頁105、108。

亞,載貨價值559,493盾,是年一共從台灣輸出的貨物達1,181,349
盾[8]。1628年,鄭芝龍勢力崛起,趕走俞咨皋,清除許心素,控制
了沿海要地。荷蘭人又與鄭芝龍簽訂為期三年的貿易協定,每年
向鄭芝龍購買22萬多兩白銀的中國貨物(約合77萬多盾)[9]。但由於
公司資金不足,這一年從台灣送往日本和巴達維亞的中國貨物僅
688,436盾,比上年下降了40%左右[10]。

　　1629年以後,荷蘭人在大員的貿易急劇下降。一方面,福建
沿海持續動亂,繼鄭芝龍之後,又有李魁奇、鍾斌、劉香等勢力
興起,他們相互爭鬥,沿海一帶幾無寧日;另一方面,日本人從
1629年起關閉了荷蘭駐平戶商館,荷、日通商斷絕,這也給公司
貿易帶來極大損失。加上福建沿海動盪不安,明朝政府恢復海禁。
因此,這時期荷蘭人的資金反而大量積壓,商品購入困難,欲售
貨物(如胡椒等)又銷不出去。關於這方面的情況,《巴達維亞城
日記》多有記載,試舉幾例:

> 1631年3月28日載:該地(大員)用以購買中國貨物的資金
> 有餘。……這期間載來的商品很少,貿易相當緩慢。商人
> 們都要銀,而不願接受商品。[11]
> 4月2日又載:由於禁止與荷人交往,商人們大為驚恐,不
> 敢載商品前來。……至今商品(指香料)不怎麼減少,大部
> 分賣不出去,胡椒以每百斤10兩出售仍有困難。[12]
> 11月20日再載:在大員,僅有二、三名商人用船載來砂

8　同前注。
9　Van Leur, *Indonesia Trade and Society*, p.339, 1兩≒3.5盾。
10　1629年2月10日,訥茨提交巴城總督和東印度參事會的信,見甘為霖《荷
　　蘭人侵占下的台灣》,頁52、57。參見《選編》105、108頁。
11　《巴城日記》,第1冊,頁105。
12　《巴城日記》,第1冊,頁108。

> 糖、生絲和少量絹絲品。在漳州河貿易主要是用現金、胡椒進行交換。[13]

這時期，荷蘭人主要通過鄭芝龍進行貿易。但由於海禁未開，鄭芝龍也不敢聲張，只是派二、三名商人到大員秘密貿易，同時亦阻止荷蘭人在中國沿海自由通商。直至1633年，儘管荷蘭人與日本的關係已經緩和，但福建沿海的海禁更嚴，荷蘭人與鄭芝龍的貿易完全斷絕，甚至連食品、石料、木材的輸出都很困難。

荷蘭人轉口貿易的復甦是在料羅灣海戰以後。1634年，隨著鄒維璉下台，沈猶龍繼任福建巡撫，海禁漸開，商船到大員貿易明顯增多，海峽兩岸的通商關係開始趨於發展。普特曼斯於9月28日報告說：

> 貿易確比從前更大自由地進行，從前不敢來大員的海澄和其他地方商人，已有多人載貨前來。……另外，從大員載回中國的商品可以完全自由地販賣。從前秘密貿易只不過是由一官在安海進行。長官相信，公司能夠得到所希望的漳州精巧貨物和雜貨的充足供應。[14]

這一年，荷蘭人增加了對台灣的商業投入。南季風開始後，就有8艘荷船從巴城航向大員，其中5船載有貨物和資金，總數為42萬盾。7-8月間，又有6艘荷船從台灣航向日本，滿載著大量的生絲和中國商品，價值為539,582盾。北季風起後，再有數艘荷船從台灣返回巴城，運載了「母國需要」的各種中國貨物[15]。

1638年5月，劉香勢力在廣東被剿除，沿海恢復平靜，商船到

13　《巴城日記》，第1冊，頁115。

14　《巴城日記》，第1冊，頁212。

15　參見《巴城日記》1634年各條。

大員貿易更爲增加。是年底，有兩艘生絲船從大陸駛抵大員，載
生絲、黃金、紡織品等貨，荷人共購入217,000里耳的商品，約合
54萬多盾[16]。次年1月8日，又有一艘商船來到大員，載白生絲60
擔、黃生絲130擔、黃金550兩、砂糖370擔以及很多紡織品。此後，
再有兩艘商船駛入大員港，載白生絲361擔、黃生絲28-29擔、砂糖
4,000擔、黃金80-90兩，另有三艘小商船載來各種上等瓷器，賣給
荷人。至1636年1月15日，荷蘭大員倉庫裡存放有2,300-2,400擔砂
糖，準備送往巴達維亞[17]。

1636年南風開始後，荷人至少派出15艘船隻到台灣貿易。由
於大陸輸往台灣的貨物大量增加，以致使荷蘭人感到資金匱乏。
普特曼斯和伯格報告說：這一年共從大陸輸入砂糖、冰糖2萬擔，
「而中國人將在明年三月內輸入五、六千擔」。由於荷蘭人的獎
勵，福建商人甚至前往廣東購買貨物。「然而大員的倉庫已被購
入將輸往母國的貨物塞滿。如果從日本返回的船隻不能順利抵
達，將感船隻缺乏。」[18]

從1636年起，台灣與大陸之間的貿易已達到相當繁榮的程
度。據台灣學者曹永和先生整理的《大員商館日記》，在1636年
11月至1638年12月的兩年又兩個月時間裡，共有914艘以上的商、
漁船隻前往台灣捕魚或貿易，其中商船不少於334艘、漁船不少於
580艘。如按年月統計，1636年11-12月，總共有商船27艘、漁船84
艘前往台灣；1637年，約商船188艘、漁船303艘；1638年，約商
船119艘、漁船193艘。在商船中，有大商船、大販糖船、販糖船、
糖船、販絹絲船等種類，它們運載大量的生絲、砂糖、瓷器、絲
綢、布匹、大米、黃金以及磚石木柱往台，運回的是胡椒、銅、

16　《巴城日記》，第1冊，頁234。

17　《巴城日記》，第1冊，頁235、258-259。

18　《巴城日記》，第1冊，頁277-280。

鉛、鹿肉以及各種壓艙物。在漁船中，大部分是爲捕魚而往，但也有一部分是兼載貨物的[19]。

　　由於台灣與大陸之間的貿易相當繁榮，台灣商館輸往日本、巴達維亞等地的貨物也明顯增加。1636年8月，有6艘荷船載貨前往日本，價值爲1,362,674盾11斯蒂法2便尼。北季風起後，又陸續有荷船返回巴城，從1636年11月至次年3月間，共有14艘船從台灣出發，其中11艘載有貨物，總價值爲1,003,090盾15斯蒂法15便尼。兩項相加，該年度台灣輸往日本和巴達維亞的貨物達2,365,765盾7斯蒂法1便尼[20]。這一數字，是1627年輸送貨物量的兩倍以上。除此之外，還有4艘荷船載貨物前往暹羅、柬埔寨、廣南和東京。共載去貨物20餘萬盾，具體如下：

出航日期	船名	目的地	載貨價值（盾）
1636.12.30	Nootwijck	柬埔寨	53631:3
1636.12.30	Batavia	暹羅	63794:3:10
1637.1.19	Petten	廣南	120960:10:1
1637.2.26	Grol	廣南	15277:13
		東京	2364:12

注：　Nootwijck號船所載的貨物中，含有輸往巴達維亞的銅板60,398斤。Batavia號船原有丁銀1萬兩交由Nootwijck號代運，但後來被載往柬埔寨，所以Batavia號輸往暹羅的貨物和資金實際僅35,344盾4斯蒂法。
資料來源：《巴達維亞城日記》，1637年。

　　1637年以後，台灣商館輸出貨物仍在不斷增加。2月30日《巴達維亞城日記》載：

19　曹永和，〈明代台灣漁業志略補說〉，《台灣早期歷史研究》，頁180-209。
20　據《巴城日記》1636、1637年各有關條目統計。

中國商人Hambuan於1月4日從大員返回中國。他應伯格的
要求，將代購（平戶）商館長庫克巴克爾（Couckebacker）定
購的白、黃色生絲、薄紗生絲及其他貨物，總價值1,774,268
盾5斯蒂法8便尼，準備用四艘中國戎克船迅速送來大員，
於8月間從大員運往日本。[21]

　　但事實上，這一年從台灣運往日本的中國貨物多達2,042,302
盾，超過了日本商館的訂購數。1638年，又有7艘荷船載貨前往日
本，輸入總值為2,775,381盾，平均每年遞增70多萬盾[22]。1639年，
有4艘荷船從台灣開往蘇拉特、波斯方向，其中於12月3日出發的
班德（Band）號和赫爾特（'t Vligende Hert）號兩船共載砂糖等貨
1,062,008盾18斯蒂法7便尼。另外，在此之前出發的兩船，載有日
本白銀60萬兩、中國黃金1.1261萬兩、絲綢200捲及砂糖800箱，估
計中國貨物價值達數十萬盾[23]。
　　1640年，台灣商館的轉口貿易達到歷史最高峰。這一年，共
有15艘荷船投入與台灣有關的商品販運之中，其中在南季風期，
有9艘荷船從台灣航向日本，1船在中途失事，其餘8船安全抵達，
共載貨物價值為5,645,870盾17斯蒂法4便尼，占各地輸入日本總值
6,295,367盾16斯蒂法10便尼的90％左右，詳見下表：

21　《巴城日記》第1冊，頁295。
22　曹永和，〈明鄭時期以前之台灣〉，《台灣史論叢》，第一輯，頁69。
23　岩生成一，〈荷鄭時代台灣與波斯間之糖茶貿易〉，《台灣經濟史二
　　集》，頁54。按，中國黃金每兩值銀10兩，砂糖每箱235斤，以每百斤
　　7盾計算，僅黃金、砂糖的價值就已達407,295盾。

出發地	抵達日期	船號	載貨價值（盾）
大員	7.4	de Roch	326481:8:13
	8.25	Otter	803920:18:2
	8.25	Oostcappel	951527:13:1
	8.25	de Meerman	396218:7:5
	8.26	Broeckoort	894465:11:5
	9.9	de Gracht	717208:10:12
	9.10	de Rijp	427707:8:15
	10.5	Pauw	1123340:18:15
		小計	5645870:17:4*
東京	8.7	den Engel	244023:4:9
	8.7	Lis	187951:1:1
柬埔寨	8.10	Gastricum	103250:16:4
暹羅	8.20	den Witten Oliphant	114271:17:8
		以上12船總計	6295367：16：10**

註：*同書頁21載：從台灣出發的9艘荷船（其中一船中途遇難），共載貨物價
　　值為5,173,613:5:3盾。
　　**同書頁70載：上述11船總計6,295,367:8:1盾。船數及載貨價值的總計均有誤。
　資料來源：《巴達維亞城日記》，第2冊，頁69-70。

在北季風期，又有6艘荷船從台灣直接航返巴城，2船航往暹
羅、柬埔寨，4船前往印度和波斯沿岸。其中直接返航巴城的6船，
載貨價值為701,083盾：

抵達日期	船號	載貨價值（盾）
1640.12.6	Acherslooth	138969
12.21	Uyttrecht	14839
12.31	Broeckoort	42114
1641.1.29	De Roch	167607
4.19	Meerman	100386
4.21	Castrieum	237168
合計		701083

資料來源：《巴達維亞城日記》，第2冊，頁23、41-42、105、109、114、115-116。

航往暹羅、柬埔寨的兩艘荷船，有一艘載貨不明，另一艘載貨

19125盾。航往印度、波斯沿岸的4艘荷船,有3艘開向蘇拉特、烏英哥拉(Wingurla)和波斯,另一船開向哥羅曼德爾,其載貨價值如下:

出航日期	船號	目的地	載貨價值(盾)
1640.12.27	Oliphant	蘇拉特、烏英哥	551677:18:6
1640.12.27	Otter	拉、波斯	126988:8:10
1640.12.27	Pauw		140800:1:8
1640.12.27	Lis	哥羅曼德爾	557772:4:4
			小計1377238:12:12
1641.1.12	Oostcappel	柬埔寨	19125
?	den Engel	暹羅	?

資料來源:《巴達維亞城日記》,第2冊,頁106、114。

通過上述可見,1640年度從台灣輸往各地的貨物,除了一船(往暹羅)不明外,其餘都非常具體。其中輸往日本的貨物價值564萬多盾,輸往巴城70多萬盾,輸往柬埔寨近2萬盾,輸往印度、波斯沿岸137萬多盾,輸出貨物總值高達770多萬盾,比據台初期的1627年(較好貿易年度)多出600多萬盾,是1628年輸出額的11倍以上。

除此之外,台灣商館還向中國大陸輸送貨物。1636年,有兩艘荷船從暹羅航向台灣,運載蘇枋木2000擔、暹羅鉛300擔、紅色gommalacq36又3/4擔、沉香11又1/4擔、米7 Coijangh(1Coijangh等於3000公斤)、稻穀35 Coijangh、梁木132根、木板150斤;又有一艘荷船從巴城航向台灣,載卑南胡椒32,5094斤、鉛8萬磅[24]。這些貨物,除了稻米、木材在台灣消費外,絕大部分都是輸往中國大陸獲利。1637年,台灣向暹羅訂購蘇枋木2,500擔、鉛600擔、大米100 Coijangh、下等沉香1,200-1,500斤[25]。而在5月24日,有兩艘荷船從

---

24 《巴城日記》,第1冊,頁246、283。
25 《巴城日記》,第1冊,頁312。

巴城抵達大員，運載鉛、丁香、肉豆蔻、胡椒、檀香木、猩紅色呢絨、荷蘭鐵、哥羅曼德爾和蘇拉特布、綾織毛織品等貨物，總價值101,403盾[26]。1639年9月1日至1640年9月1日，台灣商館獲得純利潤187,607盾[27]。這些利潤主要是靠向中國大陸推銷商品獲得的。

台灣商館的轉口貿易，為什麼在這時期有長足的發展？主要有兩方面的因素：一是中國大陸相對穩定(指南部)，台灣海峽平靜，商船到大員貿易激增；另一是鄭芝龍與荷蘭人合作。這時鄭芝龍及其手下的大商人都經常送貨物到大員。如Jocho和Joncksim，他們於1634年各派一艘商船到大員貿易，「載生絲100擔、薄紗和絲紗二、三十擔、上等瓷器多數，絹襪、砂糖少量，小麥200擔以及日本需要的各種絹絲品」[28]。1636年和1640年，也都有Jocho和Joncksim商船到達大員的記載。1637年，Hambuan為荷蘭人購辦輸往日本的貨物，共達170萬多盾。據荷人記載，Hambuan為此投入了七、八噸黃金的巨額資本[29]。鄭芝龍自己也經常派船隻送貨到大員。1640年10月15日，有3艘屬於鄭芝龍的商船從大陸航抵台灣，載白生絲329斤、紅色厚縮縐2,099斤、紅色厚紗綾1,228斤、各色厚緞子256斤、刺繡和平織的素色緞子199斤、白綸子70斤、白蠟90擔、Schnyt金20個[30]。1641年1月22日特羅登紐斯報告：鄭芝龍又賞給荷蘭人一批「最好的紡織品」，總價值40,960里耳，對此，荷蘭人支付給他16箱丁銀[31]。荷蘭人在台灣的轉口貿易，主要是依靠中國沿海的大商人提供大宗出口貨物，而鄭芝龍等海商集團在此起到十分關鍵的作用。

---

26 《巴城日記》，第1冊，頁333-334。

27 中村孝志，〈荷蘭人在台灣的經營〉，《天理大學學報》，第43輯，頁68。

28 《巴城日記》，第1冊，頁228。

29 《巴城日記》，第1冊，頁295、323。

30 《巴城日記》，第2冊，頁39-40。

31 《巴城日記》，第2冊，頁115。

第三節　轉口貿易的衰敗

　　1641年以後，台灣轉口貿易開始下降，荷蘭人在台灣轉口貿易下降的主要標誌，是從台灣輸向日本的貨物急劇減少，不僅數量大不如前，而且所占各地荷船輸日總值的百分比也在降低。日本是台灣輸出貨物的最主要地區，對日本輸出的減少，說明台灣轉口貿易出現困難。先見下表：

年份	各地荷船輸日		台灣荷船輸日		台灣占各地輸日總值的百分比
	船數	輸入額(盾)	船數	輸入額(盾)	
1636			6	1362674	
1637	14	2460733		2042302	83
1638			7	2775381	
1640	12	6295367	8	5645870	90
1641	9		5	589449	
1642	5	770367			
1643	5	901099		350000	39
1644	8	1323444	4	717300	54
1645	9	1432130	7	695868	49
1646	5	618880			
1648		388836			
1650	8	344205	2	47630	14
1661	11	1313168	2	72195	6

貨幣兌換率：1銀兩＝3.5盾

注：1650年一欄僅為輸日生絲的價值，以每百斤值500盾計算。

參考資料：岩生成一，〈關於近世日支貿易數量的考察〉(《史學雜誌》，第62編第11號)；《巴達維亞城日記》；《荷蘭長崎商館日記》；博克塞，《鄭芝龍(尼古拉・一官)興衰記》。

　　從上表可以看出，1636-1640年，荷蘭人每年從台灣運往日本

的貨物都在百萬盾以上，而且逐年增長，至1640年輸日貨物高達564萬多盾，占是年各地荷船輸日貨物總值的90%。而1641年卻突然下降，只剩58萬多盾，約等於上年的$\frac{1}{10}$。1643年再降爲35萬多盾，僅占是年各地輸日總值的39%。1644年和1645年有所回升，但也是在70萬盾左右。直至1661年鄭成功收復台灣，台灣只有兩艘荷船運載7萬多盾的貨物前往日本，占是年各地荷船輸日貨物的6%而已。

　　台灣轉口貿易的下降，也表現在對巴達維亞和印度各地的輸出方面。據筆者統計：1641年12月至1642年5月的北季風期（屬1641年貿易年度，下同），共有5艘荷船從台灣返回巴城，輸出貨物71萬多盾。而1643年12月至1644年4月，仍有5艘荷船返回巴城，輸出貨物則降爲53萬多盾。1644年度稍有回升，但以後再降。至1656年，從台灣運回巴城的貨物只剩15萬多盾，與1636年的100多萬盾相比，形成了鮮明的對照。

台灣對巴達維亞輸出貨物價值統計表

時間	船數	載貨價值（盾）
1636.11-1637.3	11	1003090
1640.12-1641.4	6	701083
1641.12-1642.5	5	710416*
1643.12-1644.4	5	534806
1644.12-1645.4	7	631611
1647.12-1648.3	3	414288
1656.11-1657.5	4	158437

*此爲台灣發出的貨物價值。是年從台灣航返巴城的5艘荷船，其中有兩艘在海上遇難，因此實際運抵巴城的貨物當比這一數字還少。

　　對印度和波斯的輸出也是如此。1640年代初期，輸往上述地區的貨物仍有100多萬盾，但多數是白銀，該地訂購的貨物常常未能完成。如1643年，哥羅曼德爾訂購黃金60萬盾，而台灣載去的

僅247,000盾，只完成41％，其餘用白銀頂替[32]。1644年，哥羅曼德爾又購買120萬盾的貨物，但送去的絕大部分仍是現金和日本白銀，中國貨物為數甚少[33]。1645年3月15日卡朗報告說：在台灣僅購得中國黃金148兩，用船隻送往巴達維亞，而「對哥羅曼德爾的訂購，將以丁銀補充」[34]。

荷蘭人在台灣的轉口貿易下降，其原因是多方面的。

1640年，荷蘭人輸送過於大量的貨物前往日本，引起市況惡化，商品嚴重滯銷，是年底從日本運回大員的丁銀減少。1641年，荷蘭人降低了在大員的訂購數（這一年又將商館從平戶遷往長崎），這時仍有許多中國商人載貨物前來大員，但由於荷蘭人不予收購，商人們失敗而返。此後，中國商人改用自己船隻運載貨物前往日本出售。1642年，日本市況逐漸恢復，荷蘭人仍希望中國商人運送貨物到大員來，停止對日貿易，但次年僅購入35萬盾的輸日商品，不足日本訂購數的1/3。1645年，公司又購買70多萬盾的中國貨物，但由於商品質量下降，荷蘭人發布了極為苛刻的收購令，以致商船到大員貿易仍然不多[35]。

引起大員轉口貿易衰敗的另一個更根本的因素，是中國大陸動亂加劇。進入40年代以後，中國社會各種矛盾激化，明末農民戰爭的烽火已燃遍全國，加上1644年清兵入關，階級鬥爭與國內民族矛盾交織在一起。長期大規模的社會動亂造成了生產力的嚴重破壞，生絲、瓷器的生產銳減，主要出口商品的供應量大受影響。1641年12月31日《巴達維亞城日記》載：「我們為得到生絲

---

32 《巴城日記》，第2冊，頁248。

33 《巴城日記》，第2冊，頁325。

34 《巴城日記》，第2冊，頁349。

35 1645年10月16日，長崎商館長華特（Over Water）致巴城總督的信。見《巴城日記》，第3冊，頁93。

而盡了很大努力,但所得甚少。據中國人說,由於國內各省戰亂,盜賊出沒於生絲市場,因而受到阻礙。」[36]1644年4月20日又載:有四艘中國商船運載瓷器、砂糖和絹絲品來到大員,「他們都哀嘆中國發生戰爭,瓷器製造者多數死亡,中國沿海海賊增加,商品輸出困難」[37]。1645年2月15日卡朗亦報告說:「由於戰爭,中國生絲騰貴。……中國相當衰弱,即使戰爭馬上停止,要恢復也得數年。Chiamsaij(廣西?)爲黃色生絲出產地,去、今兩年一斤也沒有輸出,目前已停止生產。」[38]

由於戰爭導致生絲、瓷器等出口商品的供應量不足,而這時鄭芝龍又不與荷人合作,自己壟斷貨源,運往各地出售。

早在1940年,荷蘭人爲了排除葡萄牙人的競爭,與鄭芝龍簽訂聯合對日貿易的協議,規定鄭芝龍每年向荷蘭人提供輸日的所有貨物,同時荷蘭人可以幫助他運送4萬-5萬里耳的貨物前往日本銷售。但鄭芝龍提出要每年代運10萬里耳,而且還有種種要求,荷蘭人說,「他是想讓公司剪豬毛,而自己剪羊毛」[39]。自此以後,鄭芝龍不履行協議,自己在國內收購貨物,派船隻運往日本和東南亞各地。1641年,鄭芝龍從安海派出六艘商船前往長崎,運載生絲和絲織品分別爲30,720斤和90,420匹,占當年所有中國商船輸日生絲和絲織品的24%和67%[40]。與此同時,他亦阻止商船到大員貿易。1643年長崎商館長對日本人說:鄭芝龍不僅破壞已有的協議,「而且妨礙向大員輸出,將上述商品自己收購運往馬尼拉和日本。……今年,中國人從中國輸出絹織品等價值150萬盾以上的

---

36 《巴城日記》,第2冊,頁145。
37 《巴城日記》,第2冊,頁253。
38 《巴城日記》,第2冊,頁336。
39 《巴城日記》,第2冊,頁106-107。
40 村上直次郎譯,《荷蘭長崎商館日記》,東京岩波書店,昭和17年,

貨物往Caloula市場，其中三分之二有餘屬於一官和他的同伙。但
爲公司輸入大員的貨物遠未達到訂購數」[41]。

　　1645年初，有12艘中國商船駛入長崎港，其中「大部分是一
官所屬」。8月16日，又有10艘中國船從安海、福州和Samcheo(漳
州？)入港，「輸入了百年來沒有過的大量貨物」，引起日本市場
價格暴跌[42]。

　　由於鄭芝龍不與荷人合作，加上中國大陸戰亂，荷蘭人在大
員的貿易受到很大影響。1644年，「大員的定購幾乎不足一半，
特別是白生絲、黃生絲、白縐綢和其他有用的紡織品不足」，荷
蘭人還載緞子、素花綢緞、金襴、廣東產絹布前往日本出售，獲
利很少[43]。1645年10月28日卡朗報告說：貿易仍然不振，輸向荷蘭
的麝香、輸向蘇拉特的瓷器和土茯苓都得不到，輸向波斯、蘇拉
特和Mocha(葉門沿岸)的瓷器樣品也沒能發現。茴香大部分不能滿
足波斯的訂購，輸向巴達維亞的紡織品和雜貨亦感不足[44]。以致荷
蘭人說，「中國商品未能輸入大員，公司在亞洲各地的貿易也開
始遭到了破壞」[45]。

　　荷蘭人在大員購買不到商品，便轉向巴達維亞、東京、波斯等
地購買，再運往日本銷售。東京、波斯也是生絲產地之一。荷蘭人
增加了那裡的投資，以彌補中國生絲的不足。1644年，公司從巴達
維亞買入生絹絲和中國紡品運往日本，獲利45%，而從東京買入的
絲貨卻利潤倍增，「特別是生絲、絹織品和其他紡織品比去年廉價

（續）────────────────

　　　　第1輯，頁53-65、107。

　41　《巴城日記》，第2冊，頁257-258。

　42　《巴城日記》，第3冊，頁91。

　43　《巴城日記》，第3冊，頁77。

　44　《巴城日記》，第2冊，頁358。

　45　《荷蘭長崎商館日記》，1643年8月2日條。

出售，但買入價額30萬盾的貨物得到了100%的利潤」[46]。1645年，長崎商館長華特別報告說，從波斯購入的生絲利潤不少，「可能會得到參事會希望的60%的利潤」[47]。以前荷蘭人從大員購入大量生絲運往日本，再將所得白銀運回大員購買下年度所需的中國商品。現在是把東京和波斯的生絲運往日本，再將日本丁銀運往東京和大員；而以往印度和波斯沿岸需要大量的中國黃金，現在黃金收購量也不足，只好把日本丁銀作爲補充，輸往上述地區購買所需物品。

　　儘管荷蘭人極力經營，但由於鄭芝龍與荷蘭人爭奪貨源與市場，荷蘭人在亞洲各地的貿易仍然受到很大打擊，其中以日本市場的變化最爲明顯。1637年，荷蘭船隻輸入日本的生絲爲19萬多斤，而中國船隻輸入僅1.5萬斤，占總數的7.3%。1640年，荷蘭船隻輸入27萬多斤，中國船隻爲9.1萬多斤，占總數的25.2%。進入40年代後，1642年，荷蘭船隻輸入生絲4.8萬多斤，中國船隻5.7萬多斤，已超過荷蘭人占54.4%。1645年，荷蘭船隻輸入5萬多斤，而中國船隻則在13萬斤以上，更占總數的73.3%。進入50年代後，由鄭成功抗清勢力興起，他以強有力的商業組織（山海五大商）與荷人展開競爭，這時日本的生絲市場幾乎全爲中國人所占領。至1662年鄭成功收復台灣，中國商船輸入日本的生絲達到近36萬斤，占總輸入量的92.1%。與1637年相比，正好取代了荷蘭人在日本的地位！

　　荷蘭人在大員的貿易銳減，導致它從台灣輸往各地的商品減少。但在這種衰敗之中也有一些演變和發展。變化之一，是荷蘭人從台灣輸出的中國商品減少，而從台灣本島直接出口的商品卻在增加。由於中國發生戰亂，一方面商品供應困難，另一方面有

46　《巴城日記》，第3冊，頁77。
47　《巴城日記》，第3冊，頁94。

大量移民人口擁入，這為台灣的開發提供了充足的勞動生產力。
隨著台灣開發與農業生產的發展，砂糖的產量越來越多，成為取
代中國砂糖輸往各地的主要出口商品之一。據岩生成一先生研
究，1639年，台灣出產的砂糖運往波斯為18萬多斤，1640年以後
上升為每年30萬以至40或50萬斤，1656-1661年更多達80萬斤以
上，大約占每年台灣砂糖產量的一半左右，詳見下列數字[48]：

1639年	188,000斤	1653年	546,975斤
1640年	520,946斤	1656年	400,000斤
1648年	約300,000斤（？）	1657年	828,958斤
1651年	約463,577斤	1658年	800,000斤
1652年	587,500斤	1661年	856,550斤

　　台灣砂糖的另一個重要輸出地是巴達維亞（運往荷蘭母國）。
1647年12月2日，有一艘荷船從台灣航抵巴城，運載砂糖、冰糖等
貨物價值36,234盾15斯蒂法12便尼[49]。1648年12月，又有兩艘荷船
從台灣航往巴城，載砂糖價值80,200盾17斯蒂法7便尼，其中一船
為51,518盾18斯蒂法8便尼，另一船為28,681盾18斯蒂法15便尼，
估計上述兩船共載砂糖約50萬斤（以每百斤值16盾計）[50]。而1649
年1月18日巴城總督呈交的一份報告說，是年台灣約產糖90萬斤，
計畫30萬斤輸波斯，其餘作為歸國船隻的壓艙底貨[51]。據此，則1648

48　岩生成一，〈荷鄭時代台灣與波斯間之糖茶貿易〉，《台灣經濟史二
　　集》，頁56。按：1653年原作446,975年斤，應為546,975斤之誤，又1660
　　年亦有80萬斤送往波斯，參見中村孝志，〈地場諸稅〉（下）
49　《巴城日記》，第3冊，頁106。
50　《巴城日記》，第3冊，頁113。
51　殖民地檔案，1066號，引自岩生成一，〈荷鄭時代台灣與波斯間之糖
　　茶貿易〉，《台灣經濟史二集》，頁53。

年底至1649年初，約有60萬斤的台灣砂糖運往巴達維亞。1656年
11月至1657年5月，共有4艘荷船從台灣返抵巴城，其中除了一船
兼載日本小麥和火藥外，其餘都裝運砂糖，總數量爲4,129箱，貨
物價值158,437盾14斯蒂法7便尼(包括其他商品)，如按每箱砂糖淨
重240斤計，是年從台灣輸往巴城的砂糖約在90萬斤以上。

中國、荷蘭船隻輸入日本生絲對照表

年份	中國船輸入生絲		荷蘭船輸入生絲		總計
	數量(斤)	占總數的%	數量(斤)	占總數的%	
1637	15000	7.3	191639	92.7	206639
1639	60670		?		?
1640	91902	25.2	272526	74.8	364428
1641	113355		?		?
1642	57377	54.4	48123	45.6	105500
1643	53046	44.3	66618	55.7	119664
1644	49505	36.0	87926	64.0	137431
1645	138261	73.3	50407	26.7	188688
1646	105075	60.2	69339	39.8	174414
1647	?		70949		?
1648	13559	20.6	52276	79.4	65835
1649	92564	55.1	75544	44.9	168108
1650	166886	70.8	68841	29.2	235727
1651	71157	49.5	72645	50.5	143802
1652	187500	83.0	38395	17.0	225895
1653	142481	72.9	53038	27.1	195519
1654	139631	80.0	35349	20.0	174980
1655	177784		?		?
1656	188651	80.4	46013	19.6	234664
1657	112384	88.4	14685	11.6	127069
1658	135720		?		?
1659	229891	87.3	33476	12.7	263367
1660	201383		?		?
1661	211427	83.2	42718	16.8	254145
1662	359771	92.1	30876	7.9	390647

資料來源：岩生成一，〈關於近世日支貿易數量的考察〉，「長崎來航支那
　　　　　船輸入生絲數量表」，《史學雜誌》，第62編，第11號，頁28。
　　　　　百分比為筆者統計。

抵達日期	船號	砂糖箱數	估計斤數	載貨價值（盾）
1656.11.21	Appelboom	150	36000 ⎫	
12.16	Leeuwine	1969	472560 ⎭	81559:14:5
12.23	de Coninck	1660	3984000	65687:14:2
	Davidt			
1657.5.15	Breuckelen	350	84000	11190:6:0
	合計	4129	990960	158437:14:7

資料來源：《巴城日記》，第3冊，頁151、154、164。按，Breuckelen號還載
　　　　　有日本小麥500包、變質火藥884磅。

　　台灣砂糖也輸往日本。1636年11月26日《巴達維亞城日記》
載：「在赤崁，由中國農夫交給公司送往日本的砂糖，白的12,042
斤，黑的110,461斤。」[52]兩項合計為122,503斤。1645年10月28日
卡朗報告說，赤崁共產砂糖150萬斤，其中一部分送往波斯，6.9
萬斤送往日本，剩餘的和從中國購入的10萬斤將一起送往荷蘭本
國[53]，1659年12月16日巴城總督呈交的報告也說：上年度（1658年）
公司在台灣收購砂糖173萬斤，其中60萬斤輸往日本，約80萬斤輸
往波斯，剩餘的還有33萬斤送往巴達維亞[54]。而1661年鄭成功進攻
台灣的時候，快艇「道芬」（Dolphen）號於3月22日返抵巴城，載黃
金950.8兩，砂糖1,030箱，淨重為245,293斤[55]。

52　《巴城日記》，第1冊，頁278。

53　《巴城日記》，第2冊，頁359。

54　殖民地檔案，1118號，引自岩生成一文章，《台灣經濟史二集》，頁
　　53。

55　《巴城日記》，第3冊，頁191。

　　台灣砂糖的大量輸出，說明這時期隨著土地開發的日益進展，台灣逐步變成出口商品的供給地。1640年以前，台灣輸出的商品主要取自中國大陸，台灣是作為各地商品的中轉基地而出現在國際貿易舞台。而1640年以後，中國大陸出口商品如生絲、瓷器、砂糖的供應量銳減，而台灣本地出產的砂糖以及鹿皮、硫磺、煤炭卻占據日益重要的地位，商品輸出在結構上已發生很大變化。如果說1640年以前台灣主要是轉口貿易基地的話，那麼在此之後轉口貿易則開始衰落，本地生產出口的比重在明顯提升，這時台灣逐漸演變為「轉口—出口」混合型貿易的基地。

　　台灣轉口貿易的變化之二，是這時期從台灣輸入大陸的貨物種類與以往不同。1640年以前，中國大陸相對穩定，這時從台灣輸入的主要是東南亞的香料，如胡椒、丁香、蘇木等等。1640年以後由於發生戰爭，香料這一奢侈品的需求量減少，取而代之的是大量硫磺、鉛等軍事用品。1645年2月15日卡朗報告說：「中國貿易依然不振，除了鉛和硫磺外沒有什麼需要。」[56]10月28日又報告說：「中國的戰爭和貿易不振仍在繼續，正統王子(福王？)失敗，繼嗣(唐王？)與一官同盟展開進攻。商品除鉛外沒有銷路，鉛因戰爭需要全部售出。」[57]

　　鉛是從暹羅購入再轉銷中國大陸的，而硫磺則是本地出產。在荷蘭文獻裡，保留有中國官員和商人到台灣購買硫磺的實例。1644年4月4日《巴達維亞城日記》載：「一名中國官員前來向我們提出要還給在攻打雞籠時捕獲的兩艘戎克船，另外他的部下因沒有申報中國啤酒4,000壺，被課以300里耳的罰款。由於需要他們的友誼，雖然拒絕了上述要求，但仍允許他們輸出粗製硫磺10萬

56　《巴城日記》，第2冊，頁335。
57　《巴城日記》，第2冊，頁358。

斤,予以免除徵稅。一官提出因戰爭需要硫磺,允許他輸出粗製硫磺10萬斤。」[58]1645年3月11日又載:「Lampcan(浪白澳?)的大官也派載重量為7萬斤的戎克船二艘從中國直航雞籠、淡水,從事硫磺貿易。……我們決定予以准許,只限一次,並要求在戎克船抵達之地按慣例繳納貨物的十分之一出口稅,輸出生硫磺每一萬斤需交納20里耳,其他商業一律不得進行。」[59]同年2、3月間,荷蘭人在大員得到福州送來的瓷器1,300籠,台灣長官用硫磺與商人交換這些瓷器,另一部分用現金購入[60]。

由於中國對硫磺、鉛的需求量甚大,加上台灣土地開發日益進展,因此在轉口貿易衰敗的情況下,台灣商館對中國大陸以及其他地區的輸出貿易卻有增長。這反映在該商館的年獲利潤方面。1640年,台灣商館所獲商業利潤為187,607盾;1643年為258,006盾;1647年224,246盾;而1648年上升為561,188盾;1649年更達708,000盾[61]。這些商業利潤,主要是台灣商館向中國大陸推銷商品及本地產品出口獲得的。這表明,這時期雖然台灣轉口貿易衰敗,但其影響主要表現在向日本、巴達維亞各地輸出中國商品方面,而就台灣商館本身來說,由於土地開發引起島內出口商品增加,加上中國戰亂需要大量的硫磺和鉛,因此在不少年份,它的商業利潤反而出現大幅增長。衰敗與增長相互交織在一起,衰敗之中有發展,這是這時期台灣轉口貿易的一個顯著特徵。

58　《巴城日記》,第2冊,頁250。

59　《巴城日記》,第2冊,頁336。

60　《巴城日記》,第2冊,頁349。

61　中村孝志,〈荷蘭人在台灣的經營〉,表一,《天理大學學報》,第43輯,頁68-69。

第四節 中國商人與台灣的轉口貿易

　　荷蘭人在台灣的轉口貿易，主要是通過鄭芝龍及其手下的大
商人進行。荷蘭人通過他們購買中國商品，同時利用這些商人的
貿易網絡，向他們推銷輸往中國的貨物。因此，這裡有必要就中
國商人與荷蘭人的關係、荷蘭人的商業政策以及台灣轉口貿易的
影響等問題再作一些探討。

　　荷蘭人購買中國貨物主要有兩種方式：一種是向大商人訂
購；另一種是向「散商」直接採購。向大商人訂購，要預先付與
訂金或簽署貿易合同。如1624年，荷蘭人與李旦簽訂了購買生絲
15,000斤的合同；1625年交給計心素4萬里耳的訂金，要他載生絲
到大員來；1628年，與鄭芝龍簽署為期三年的貿易協議；1640年
又簽訂聯合對日貿易的協議等等。簽訂協議與預付訂金，目的是
要保證大宗貨物能夠及時到手，這對雙方都有一定的約束作用。

　　向「散商」直接採購，則是在大員隨時購買中國商人運來的
貨物。台灣海峽平靜時，每年有大批商船運貨前往大員，其中有
不少是中、小商人或亦漁亦商的船民所為，他們資本不多，與荷
蘭人沒有固定的商務關係。而荷蘭人則根據市場行情的變化加以
收購。商品暢銷大量購入，商品滯銷時則不購或少購，而且對商
品十分挑剔。1641年日本市場不振，「從中國帶來大員的剩餘商
品，儘管商人懇求，公司只買入總數9萬里耳的貨物。……商人們
大為悲傷地返回中國」[62]。同年4月21日《巴達維亞城日記》又載：
「在三桅帆船卡斯特利康(castricum)號準備出航之際,向中國商人
提議讓我們觀看他們的貨物,可用的購入,紗綾、綸子之類無用

62　《巴城日記》第2冊，頁187。

的貨物讓他們載回中國。」[63]

荷蘭人購買中國貨物與推銷商品同時進行。一般來說，都是採取以貨易貨的方式，不足部分再用現金購買。這樣可以給公司帶來雙重利益：一方面既可購到所需商品，另一方面又可在購物的同時獲得推銷商品的利潤。1628年，荷蘭人與鄭芝龍簽訂貿易協議，規定鄭芝龍每年須向荷蘭人提供生絲、砂糖等貨，同時向荷蘭人購買胡椒。關於鄭芝龍提供的貨物，具體如下：

貨名	數量（擔）	單價（銀兩）	貨價（銀兩）
生絲	1400	140	196000
砂糖	5000	3*	15000
糖漿	1000	4	4000
絹綾	5000		7000-9500
合計			222,000-224,500

*原文為每擔3里耳，應為3兩之誤。

資料來源：van Leur, *Indonesia Trade and Society*, p.339.

而荷蘭人每年售予鄭芝龍3,000擔胡椒，價值33,000里耳，折合白銀24,090兩（以1里耳＝0.73兩計）。兩項相減，荷蘭人每年還須付給鄭芝龍現金20萬銀兩左右。也就是說，在17世紀，中國商人對荷蘭人貿易處於絕對出超的地位。但中國商人一般不願意用商品交換胡椒，因為他們的商船也穿行於東南亞各地，向荷蘭人購買胡椒等香料要蒙受利潤上的損失。因此在商業交往中常為此事進行交涉。1640年5月，鄭芝龍用Jocho的商船運載4萬匹白麻布到大員，「他希望不與商品交換，而是換取現金」，荷蘭人考慮他的勢力很大，只好答應[64]。1642年1月28日《巴達維亞城日記》

---

63 《巴城日記》第2冊，頁132。

64 《巴城日記》，第2冊，頁24。

又載：「中國散商數人請求將他們帶來的商品與現金交易，另外
生絲和撚紗與胡椒及其他商品交換，因此用商品換取生絲8,595
斤。一官的代理人將所有不良絹織品以及160-170擔的生絲帶回中
國，因為他不想交換商品，上述紡織品將用普通的中國戎克船運
往巴達維亞或馬尼拉。」[65]由於鄭芝龍勢力很大，他可以不換取商
品而獲得現金，但一般商人，甚至是鄭芝龍手下的大商人，都要
與商品交換。如1644年1月26日，Jocksim運載大約185,000里耳的
各種中國商品到大員，這些商品「都是公司相當有用的」，而荷
蘭人用11,000里耳的貨物與之交換，不足部分再付與現金[66]。

　　這些大商人在與荷蘭人的交往過程中形成了資本的借貸關
係。荷蘭人通過大商人購買大宗貨物，但有時公司的資金不足，
他們就向商人賒購，所欠款項按月計息。如1640年9月16日，荷蘭
人與Hambuan結算的結果，「公司向他負有153,846里耳的債務。
講定從本月10日起，每月支付2.5%的利息，至諸船從日本安全返
回，二個月間利息共7,692¼里耳。以每里耳兌換51斯蒂法計算，
用德波(de Pauw)號船載回的最暢銷的商品抵還」[67]。同年底，荷
船德‧路切(de Roch)號從日本返回大員，「為還給向該地商人借
支的款項以減輕利息，付給他們銀100箱」，後來由於荷人誤算，
資金仍然緊張，又從「一官代理人那裡無利息地提回40箱銀，至
日本船抵達時歸還」[68]。1640年12月，三桅帆船德‧米爾曼(de
Meerman)號從日本抵達大員，載來丁銀220箱，「由於大員的公司
債主天天要求支付欠款」，所以從中「取出74箱付給債主，於1月

65　《巴城日記》，第2冊，頁204。
66　《巴城日記》，第2冊，頁250。
67　《巴城日記》，第2冊，頁27。
68　《巴城日記》，第2冊，頁88。

1日實施。上述74箱和兩個月的利息合計161,115¼里耳」[69]。

另一方面，也有中國商人向荷蘭人欠款的實例。1644年公司駐台灣商館的帳簿顯示，未收回的貸款達93,095盾18斯蒂法8便尼。欠款的商人有Bendiox、Jocksim、Peco、Sisicq、Senja等。其中Peco、Sisicq、Senja是硫磺商人，他們共欠43,590盾6斯蒂法，「這些貸款是長官特羅登紐斯時期發出的，為安全起見，對於Peco出售的商品，將按契約分期納入公司倉庫」。對於Bendiox、Jocksim所欠款項，也與他們約定，「在最初貿易船入港之際，用船上運載的訂購商品付還」[70]。至1645年2月15日，荷蘭人已從Bendiox那裡收取貸款中的32,035盾13斯蒂法15便尼，同時還將收到砂糖以及Jocksim戎克船運來的商品11,928盾13斯蒂法。特羅登紐斯借給Peco、Sisicq、Senja的貸款僅剩下41,581盾17斯蒂法14便尼，Peco用金絲交納了700里耳[71]。荷蘭人之所以急於收回欠款，主要是因為這時期大員轉口貿易衰退，他們怕借出的款項被吞沒。

中國大商人與荷蘭人之間形成資本借貸關係，說明他們在貿易活動中有相互連結的一面。荷蘭人需要中國商人提供大宗出口貨物，而中國商人也以荷蘭人為貿易對象，以就近出售商品獲利。

中國商人運載貨物到大員出售，有的商人在那裡定居下來，如Peco、Kimptingh、何斌、Samsiack、Boijcko、Juko、Lakko、Kieskoo等等。而有些大商人仍居住在福建沿海，有貨則載往大員出售，貿易結束後又返回大陸。如鄭芝龍及其手下的商人Hambuan、Jocho、Jocksim、Gamphea、Bindiok，以及Senja、Sisicq(又作Sitsick、Jan Soetekau)等等。這些大商人在大員派有商務代理人，有的與駐地商人關係密切，因此他們之間是信息相通的。1641年中國僅有一艘商

69　《巴城日記》，第2冊，頁107。

70　《巴城日記》，第2冊，頁304-305。

71　《巴城日記》，第2冊，頁343-344。

船前往巴達維亞貿易，荷蘭人就「向居住在大員的中國人詢問他們
最需要什麼貨物」，再向巴城發送訂單，以便購買輸向中國的商品
[72]。由此可見，這些住在大員的商人與國內市場有著密切的聯繫。

中國商人也經常從台灣運載貨物前往各地出售，但荷蘭人為
了壟斷貿易，對此加以嚴格的限制。據台初期，荷人禁止中國人
從大員輸出貨物前往海外各地。1636年以後貿易政策有所調整，
允許中國商人進行「自由貿易」。1637年5月6日《巴達維亞城日
記》載：「根據普特曼斯的勸告，作為開端或臨時的試驗，允許
在大員自由貿易，儘管成功的理由還不清楚，但如果能給公司帶
來利益，不管是在大員、巴達維亞，或者是從大員航往廣南、柬
埔寨、暹羅和北大年的商人，凡是從中國輸入貨物的中國人都可
以進行自由貿易。」[73] 由此可見，荷蘭人在台灣實行較為自由的
貿易政策，目的是要吸引更多的中國商品到大員來。

但荷蘭人允許中國人從事海外貿易是有條件的。首先，這些商
人必須向荷蘭人提出申請，領取許可證並繳納進出口關稅；其次，
他們販運的貨物必須是公司不需要的；再次，他們還有義務為公司
攜帶信件、運送貨物，甚至為公司購買商品。如1636年，Hambuan
派遣一艘商船從台灣航往巴達維亞，他為荷蘭人攜帶來往信件[74]。
1641年Peco和Sitsick購置兩艘大商船申請前往柬埔寨和東京貿易，
條件之一是「為公司送去並帶回取得的貨物」，而荷蘭人予以批准
的理由有兩點：一、以前中國人每年都往該地貿易，但沒給公司帶
來任何利益，而在大員的中國人外出貿易，必須繳納進出口關稅，
這會給公司增加一些收入；二、由於他們買賣的都是公司不需要的

---

72 《巴城日記》，第2冊，頁129。

73 《巴城日記》，第1冊，頁333。

74 《巴城日記》，第1冊，頁234、269。

商品,不會對公司造成大的損害[75]。1644年,何斌的父親Kimptingh
運載貨物到馬尼拉以北的帕那斯蘭(Panassilangh)和卡卡延
(kakajen)貿易,荷蘭人予以獎勵,要他為公司購買黃金[76]。

　　中國商人以大員為據點從事海外貿易活動,其具體情況如
何?可以根據《巴達維亞城日記》的記載整理一表如下:

年份	中國商人	目的地	貿易內容	出處
1636	Hambuan	巴達維亞	2月11日抵達巴城,乘坐97人,滿載中國貨物。5月24日從巴城返航,運載胡椒65,100斤、紅色檀香木1,900斤、木香1,050斤、檀香木1,017斤、水牛角493斤、樹脂525斤	第1冊 234、269
1641	Peco Sitsick	柬埔寨、東京	1月19日,有一船從大員出發,航向柬埔寨,繳納十分之一關稅288里耳。3月中旬,另一艘從大員航向東京,載貨約5,000里耳。	第2冊 114-115、132
1642	Pero (Peco?)	巴達維亞	1月26日抵達巴城,載各種中國商品。	第2冊 183
1642	Kieskoo	菲律賓	向荷蘭人申請載少量商品前往馬尼拉以北的帕那斯蘭和卡卡延貿易,並為荷蘭人購買黃金。台灣長官特羅登紐斯向巴城總督請示。	第2冊 222
1644	Peco	北大年	2月24日從大員出發,裝載公司不需要的各種商品2,164 7/8里耳。	第2冊 250
1644	Sitsick	柬埔寨	3月間正在大員裝貨,準備出發,為此繳納300里耳的出口關稅。	第2冊 250
1644	Kimptingh	菲律賓	載中國商品前往帕那斯蘭和卡卡延貿易,並為荷蘭人購買黃金。由於當時馬尼拉的西班牙人正在迫害華人,因此Kimptingh此行得到荷蘭的獎勵。	第2冊 301
1644	?	宋卡、廣南	在大員居住的中國人派遣商船從宋卡和廣南輸入胡椒。	第2冊 301

75　《巴城日記》,第2冊,頁114、132。
76　《巴城日記》,第2冊,頁301。

1647	Sitsick	巴達維亞	12月18日抵達巴城。乘坐160人，裝載粗大的中國貨物。次年7月25日從巴城返航，載胡椒14,300斤、蘇枋木36,500斤、水牛角2,000斤。	第3冊106、112
1653	？	巴達維亞	1月2日抵達巴城。乘坐95人，載銅3,000斤、土茯苓1,000斤、鐵鍋300個、傘300把、釜40個、扇子8箱、Laxa6箱、粗紙50束、信箋14個、tresellen 100束、鋪路石6,000個、Samsou（酒類？）100壺、小麥粉100斤、中國靴2籠、明礬10籠。	第3冊115
1653	？	巴達維亞	1月6日在爪哇島以東的Duysent Eilanden島附近沉沒。船上乘坐120名中國人，僅有船主、荷蘭人舵手和乘客數人被救出。貨物全部沉沒。	第3冊115
1653	Sapho	巴達維亞	2月2日抵達巴城。乘坐50人，載日本銅2,500斤、茶1,000斤、大鐵鍋57個、土茯苓600斤、Samsou250壺、tresellen400束、肉豆蔻4000斤、烏魚卵200（斤？）、鋪路石2,000斤、上等磁茶碗120束、粗茶碗1,050束。	第3冊119
1653	Tingsou	巴達維亞	2月5日抵達巴城。乘坐95人，載肉豆蔻2500斤、金絲3箱、茶400斤、太陽傘30把、烏魚仔500斤、鐵鍋100包、黃鍋200斤、土茯苓300斤、粗茶碗200束、小麥粉200斤、日本煙草100斤、瓦4000枚、鋪路石3000個、上等器皿60個。	第3冊119

　　從上表可以看出：一、中國商人從台灣派船隻前往各地貿易，其範圍相當廣泛，具體有巴達維亞、柬埔寨、東京、廣南、北大年、宋卡，甚至是西班牙人占據的馬尼拉附近。除此之外，也有到日本貿易的。1653年8月23日《出島商館日記》載：「本年1月23日，由長崎出港的斌官（Pienqua）船和國姓爺船一起駛入東京。」[77] 可見

77　參見村上直次郎譯，《荷蘭長崎商館日記》，第3輯，頁225；以及《巴

何斌船隻至少穿行於日本長崎和越南北部的東京灣等地,從事多角貿易。他們的貿易地點幾乎與荷蘭人相同。

二、這些從台灣出發的商船,大部分屬於居住在大員的中國商人所有,但也有居住在福建沿海的大商人從台灣派船外出貿易。如1636年Hambuan從大員派遣船隻航向巴達維亞,1641年以後,Sitsick多次派船前往柬埔寨、東京、巴達維亞貿易。但上述兩人與台灣的關係非同一般。Sitsick雖然「住在中國」[78],但他與Peco合作,在淡水從事硫磺貿易,1638年還在台灣捕鹿[79],1646-1647年任赤崁長老[80],似乎意味著1646年以後已在台灣居住。Hambuan經常往來於海峽兩岸,與荷蘭人關係極為密切。《巴城日記》曾稱他為「在台灣的重要中國商人」(1634年),或「在大員的中國商人」(1636年),而且他在台灣有土地[81]。因此,Hambuan很可能在大員也有居住處,或者,至少有他的代理人。

三、這些商人從台灣輸出的貨物,主要是一些粗貨,如中國大陸的瓷器、鐵鍋、麵粉、紙張、扇子、土茯苓、鋪路石、明礬,以及台灣的烏魚卵、日本銅等等。而從各地輸入台灣的主要是東南亞的物產,如胡椒、蘇枋木、檀香木、樹脂、水牛角等。這些貨物,基本上與荷蘭人販運的貨物相同,但從輸出品來說不是太重要。如荷人最主要的出口商品生絲、絹織品、砂糖、鹿皮,未見中國商人販運。而從東南亞輸入的胡椒,則是荷蘭人的大宗貿易商品,但他們對此十分注意。《巴達維亞城日記》載:1644年,「在大員居住的中國人,得到公司渡航許可證,派遣戎克船從宋

城日記》,第3冊,〈序說〉。
78　《巴城日記》,第2冊,頁305。
79　參見尤紐斯,《鹿罝獵計算書》,及《巴城日記》,有關各條。
80　中村孝志,〈地場諸稅〉(下),《日本文化》,第42號,頁7。
81　《巴城日記》,第1冊,頁171、234、299。

卡和廣南輸入的胡椒，每百斤8里耳也賣不出去」[82]。可見荷蘭人對中國商人的買賣情況是很關注的。

中國商人在台灣從事海外貿易，說明這時期台灣的轉口貿易不只是荷蘭人獨自占有，中國商人也從台灣輸出貨物，並且從各地購買輸入中國的商品。在荷蘭人據台以前，中國人已經常到台灣從事村社貿易，並且每年有商船領取雞籠、淡水船引偷越日本。荷人據台後，中國商人大批移居台灣，不僅從事島內貿易，運載貨物賣給荷蘭人，而且以大員為據點，從事比以往範圍更加廣泛的對外貿易，這是一個明顯的進步。中國商人到台灣貿易是受到荷人商業政策支配的，但在荷蘭人發展轉口貿易的同時，中國商人在台灣的勢力也得到了一定的發展。

荷蘭人在台灣購買中國貨物，主要通過大商人進行。而他們所購買的貨物，常常是根據國際市場的需要，向這些大商人提出訂製的，其中以絲織品和瓷器的購買最為常見。1629年訥茨報告說：葡萄牙人「也有機會按照他們的特殊需要訂製貨品，規定出絲綢的寬度、長度、花樣、重量，以適應日本、東印度和葡萄牙市場的需要」[83]。1640年特羅登紐斯也報告說：「布列丹(cleyn Bredam)號出航後，不時收到輸入大員的商品，然而其中有粗劣的輪紗綾2,000匹，其重量和長度都與前任長官伯格的訂樣不符，由此不能接受，讓商人們帶回。」[84]由此可見，荷蘭人與葡萄牙人一樣，他們都是根據各地市場的需要，通過商人訂製中國絲織品，所要貨品不僅規定了長度、寬度、花樣和重量，而且嚴格按照訂樣予以收購。

對瓷器的購買也是如此。1644年10月25日台灣長官卡朗說，

82　《巴城日記》，第2冊，頁301。

83　1629年2月10日訥茨關於台灣商務的簡要報告，見《選編》，頁106。

84　《巴城日記》，第2冊，頁24。

在大員「購集了許多瓷器，其中比送來大員的樣品還好，繪製相當奇麗的珍品不少。又根據最好的樣品，向商人Jousit和Tecplin大量訂購，讓他們製作出盡可能好的珍品。作為獎勵，長官麥爾（Maximiliaen le Maire）先付給其中的一人1,600里耳，另一人925里耳。確報明年1月，上述訂貨就會運到」[85]。這是中國商人先提供貨樣，讓荷人選擇，再根據需要帶回去大量生產的實例。也有荷蘭人自己提出樣本，讓商人帶回去訂製的。1640年12月6日《巴達維亞城日記》載：台灣長官特羅登紐斯「向中國人出示描在紙上的Visiapour國王訂購的各種陶器圖形，然而沒人願意製造。雖然這樣，長官還是把圖紙交給他們，力勸他們設法帶來」[86]。

荷蘭人通過商人訂製各種貨物，這對中國大陸的手工業生產以及海外貿易商人，都會產生一定影響。

明代中葉以後，中國手工業生產已經逐步擺脫官方控制，走向民間經營的軌道。而且隨著沿海地區海外貿易的發展，中國手工業品日益輸往國外。在這時期，荷蘭人占領台灣，大量收購中國貨物，並且提出按照貨樣訂製，這就使得國內生產者一方面必須根據國際市場的變化來安排生產，以製造出適銷對路的產品；另一方面必須擴大經營規模，以滿足出口日益增長的需要。這對於手工業生產部門進一步與市場經濟相結合，特別是與國際市場相結合，向資本主義生產方式過渡，顯然是起到一定的刺激作用。

另一方面，荷蘭人通過大商人購買和訂製大批貨物，這些大商人正好介於荷蘭人與國內生產者之間，他們既是貨物出口的組織者，又是向廠家提供各種訊息以安排生產的指導者。隨著這種交往關係的發展，商人自身也發生變化。最典型的例子是鄭芝龍，

85　《巴城日記》，第2冊，頁298。
86　《巴城日記》，第2冊，頁29。

1640年澳門相當不景氣，鄭芝龍「計畫從廣東和澳門帶回織工150家到安海市郊，以使他們繼續就業」[87]。鄭芝龍這一計畫是否實現，現在都還沒有直接的資料。但它至少說明一點：在與荷蘭人關係密切的大商人中，像鄭芝龍這樣的商人已經開始轉化。他們一方面仍是商人，另一方面已計畫涉足生產領域。這種現象當不是個別的。因為在17世紀，中國海外貿易商人已擁有相當雄厚的資本，他們既有國外銷售經驗和開闊眼界，又與國內市場和生產者有著千絲萬縷的聯繫。從「包買商」向「企業主」過渡，讓一部分商業資本轉化為產業資本，這並不是不可逾越的，而是一條合符歷史發展規律的途徑。

第五節　餘論

通過以上各節討論，我們基本上可以看出荷蘭人在台灣進行轉口貿易的消長變化，以及轉口貿易對大陸手工業生產和海外貿易商人的影響。從總體上說，荷蘭人在台灣的轉口貿易是不順利的。1635年以前，由於福建沿海動亂不已，明朝政府實行海禁，以及荷日關係一度惡化，荷蘭人的轉口貿易困難重重。1635年以後開始有較大發展，至1640年達到最高峰。這一時期，每年有百餘艘商船載貨從大陸到台灣貿易，而從台灣輸出的貨物總額都在數百萬盾以上，其中1640年高達770多萬盾，而且還不包括輸往大陸的貨物。從1641年起，台灣的轉口貿易又呈衰敗趨勢，直至荷蘭人統治末期，其貿易數額一直沒有達到30年代末期的水平。

荷蘭人在台灣的轉口貿易為什麼這樣動盪不定？從表層原因說，是由於它受到外部因素影響，特別是大陸政局的強烈影響。

87　《巴城日記》，第2冊，頁36。

而深層原因，則是因爲這種貿易不是建立在台灣本島社會經濟發展的基礎之上，而是依靠大陸商品源源不斷的供應才發展起來的，因而它缺乏深厚的基礎。台灣轉口貿易的繁榮，在一定程度上反映的是大陸沿海地區商品經濟發展的水平；而轉口貿易的衰敗，從某種意義上說，也是大陸社會生產力遭到嚴重破壞的反映。

台灣轉口貿易的盛衰變化，深刻影響著荷蘭人經營台灣的方針。在1640年以前，荷蘭人把經營的重點放在轉口貿易方面，這時他們經常派船隻到大陸沿海通商，或者採取措施，吸引大陸商人運載貨物到大員來，台灣成爲向日本和東南亞各地輸送中國貨物的重要基地。1640年以後，中國貨物輸入台灣明顯減少，台灣在這方面的地位也大大降低。如何經營台灣？成爲荷蘭人不得不考慮的問題。1645年10月16日，長崎商館長華特致信巴城總督說：以前聽說有人主張放棄台灣，他大不以爲然。認爲台灣的轉口貿易雖然衰敗，但不會永遠衰敗下去，如此有利的貿易地點不可放棄，應繼續維持它與相鄰各地的聯繫，這樣不僅可以減少因戰爭帶來的損失，而且公司在台灣的農業及其他事業正在成長之中，今後將會得到非常大的利益[88]。華特這段話表明：荷蘭人在台灣轉口貿易衰敗的情況下，正在重新考慮占據台灣的價值。由於台灣土地的開發已經起步，各項事業正在發展，因此荷蘭人很自然地把經營重心轉入島內，希冀通過加強對本島的經營與掠奪，來彌補貿易的不足。所以說，1640年是荷據台灣史一個十分重要的轉折點。自此以後，荷蘭人加緊在島內擴張，同時強化殖民統治，移民與土地開發也得到較快的發展。荷蘭人加強在島內的殖民統治，與轉口貿易衰敗是緊密聯繫在一起的。

另一方面，轉口貿易也影響著台灣商品經濟的發展。由於荷

88　參見《巴城日記》，第3冊，頁91-92。

蘭東印度公司是商業殖民機構，他們占據台灣的主要目的，就是要通過貿易來獲得盡可能多的利潤。因此各項產業政策的制定，無不以增加商品出口爲主要目標。這不僅反映對鹿皮、硫磺等自然資源的掠奪方面，也體現在米、糖生產等農業生產之中。以下，我們轉爲探討荷占時期台灣的大陸移民以及土地開發，米、糖生產等有關問題。

第五章

移民開發

第一節　大陸向台灣移民

　　前已談到，在荷蘭人來到台灣之前，大陸已向台灣移民。荷蘭人入據台灣後，他們發現那裡的土地相當肥沃，很有開發潛力，因此就計畫從大陸吸引移民，以發展糖、米生產。1625年2月19日宋克報告說：「該地及福摩薩全島，土地肥沃，出產非常豐饒，有鹿、山羊、豬等野獸，野鴨、鴨兔悠然其間。附近有大沼澤，各地有風光明媚的溪流，均盛產魚蝦。如今幸蒙上帝及國王的保佑在短短的幾年中，招引不少(人)來此地居住，使得這地區的物資得以自給自足，不需要外地輸入，也使我們和公司職員的伙食費節省不少。」[1] 1625年1月14日的大員會議紀錄也記載，「荷蘭人從澎湖島移居台灣以來，中國人急遽增加，使得位在北線尾的商館日感狹隘，恐此後再來的中國人和日本人無居住的地方」，因此決定在大員對岸的赤崁另闢一個街市(即普羅文查)，以便安置移民[2]。

1　村上直次郎著、石萬壽譯，〈熱蘭遮城築城始末〉，《台灣文獻》，
　　第26卷，第3期。
2　同前註。

　　早期的移民是假手李旦和鄭芝龍進行的。因爲這時李旦正與荷人結好，鄭芝龍是荷蘭人的翻譯，通過他們招徠移民較爲順利。1633年9月，李旦之子奧古斯丁・一官寫信給普特曼斯，信中提到：「其父李旦在1624年曾主持把荷蘭人從佩斯卡多爾遷至福摩薩，後來又鼓勵中國人從大陸移居該島。當時翻譯一官利用職權向移民勒索，後來又進行海盜活動，並在李旦死後侵吞了死者大部分財產。」[3]鄭芝龍向大陸移民「勒索」，似指收取規費。因爲鄭芝龍掌握著制海權，收取「買路錢」是海上武裝集團的常見活動。這也是大陸移民所必須付出的一種代價。

　　李旦死後，從大陸招徠移民的工作就由鄭芝龍擔負。1628年，鄭芝龍受明朝招撫，當時正值閩地大旱，芝龍招集大批沿海飢民，用船運至台灣安頓。黃宗羲《賜姓始末》說：

> 台灣者，海中荒島也。崇禎間，熊文燦撫閩，值大旱，民飢，上下無策。文燦向芝龍謀之。芝龍曰：「公弟聽其所爲。」文燦曰：「諾。」乃招飢民數萬人，人給銀三兩，三人給牛一頭，用海舶載至台灣，令其芟舍開墾荒土爲田。厥田惟上上，秋成所獲，倍於中土。　其人以衣食之餘，納租鄭氏。後爲紅夷所奪。[4]

　　關於這條史料，信者有之，不信者也有之。筆者以爲是基本可信的。因爲：(1)當時福建正值大旱，民不聊生，而鄭芝龍又有移民台灣的基礎，由他出面招集飢民渡台是順理成章的事。(2)當時鄭芝龍剛剛受撫，爲了表示對明朝政府的「忠誠」，他也樂意在此困難之際出一把力，以博得上司的好感。時任同安縣令的曹

3　　C.R.博克塞，《鄭芝龍(尼古拉・一官)興衰記》，《中國史研究動態》，1984年第3期，頁15。

4　　黃宗羲，《賜姓始末》(台灣文獻叢刊本)，頁6。

履泰說，鄭芝龍曾往潮州「糶穀」救災[5]，就是一例。而且芝龍也有「省城之行」，面見熊文燦[6]，與黃宗羲的記載是相吻合的。(3)據荷蘭文獻的記載，在1630年以前，鄭芝龍曾與荷蘭人共同「占有」台灣「平地」，可見鄭芝龍在那裡確有他管轄下的土地和人民，只是在1630年才與荷蘭人簽訂讓渡契約[7]。而黃宗羲說「後為紅夷所奪」，施琅說「及崇禎元年(1628年)，鄭芝龍就撫，將此地稅與紅毛為互市之所」[8]，談的都是同一回事。這些史料都是可以相互應證的。

但前引黃氏史料也有兩點不大可信：(1)當時的移民似沒有「數萬」之眾。因為一直到1640年，向荷蘭人繳納人頭稅的中國人才3,500餘人，儘管這一數字也是不全面的，但與「數萬」相差甚遠。(2)「三人給牛一頭」。大旱之年，哪來的那麼多牛？鄧孔昭認為這可能指牛種銀的「牛」，而不是具體的牛隻[9]，這樣的解釋較為貼切。

除了鄭芝龍招徠移民外，荷蘭人也自己使用船隻到大陸沿海去運載移民。《巴達維亞城日記》有一條史料常被引用。1631年4月2日載：「該船載來中國人170名和被捕的葡萄牙人15名。如有餘地的話，將有更多中國人想搭乘前來。長官建議，如果使用中國人有益，為運載他們，要求增派1-2艘大船。還有千人也請求搭乘，但由於沒有空位，無法運送。」[10]其實這條史料說的不是荷蘭船隻運載中國人到台灣，而是運往巴達維亞，因為這條船叫「貝

5　曹履泰，〈上熊撫臺〉，《靖海紀略》卷2。

6　同上。

7　《巴城日記》，第3冊，頁282、286，參見《選編》，頁262、265。

8　施琅，〈恭陳台灣棄留疏〉，見《靖海紀事》卷下。

9　鄧孔昭，《鄭芝龍》，註8。《清代人物傳稿》，中華書局，1987年，上編，第1卷，頁182。

10　《巴城日記》，第1冊，頁110。

弗維克」(Beverwijck)號，它是「從中國沿海的漳州河」直接開往
巴達維亞的，4月2日抵達。《日記》本日條一開頭就有明確記載[11]，
以往不少學者未加細查，都加以誤用了。但在1634年以前，荷蘭
船隻經常到大陸沿海貿易，而正如上引資料所說，有許多中國人
都想到外邊去。在這種情況下，搭乘荷蘭船隻前往台灣的可能性
是完全存在的，只是現在還沒找到直接的證據。

　　1636年，巴城華人甲必丹蘇鳴崗(荷蘭文獻稱Bencon)到台灣
落居，一住三年。蘇鳴崗向荷人申請了一大片土地，準備發展農
業生產。這時，他也從大陸招徠移民。《巴達維亞城日記》1636
年11月26日載：「長官普特曼斯和伯格發布命令獎勵福摩薩的米、
糖及其他農作物生產。……甲必丹蘇鳴崗現在正為此目的與相當
同等勢力的人一起居住大員。他害怕歸回中國時，由於官吏的貪
得無厭奪去他的全部財產。」[12]第二年2月10日又載：「上述頭人
蘇鳴崗沒有歸還中國的意思，已經定居大員。目前正在忙於建造
漂亮的石頭住宅(至少需要五至六千里耳的費用)。他為種植稻穀
從中國招來許多中國人，還要長期居住幫助開發大員。」[13]十分明
顯，這些移民是蘇鳴崗為大規模農業經營而召集來的。它與鄭芝
龍的移民同屬一個類型。前引黃宗羲史料云：鄭芝龍將飢民載至
台灣，「令其芟舍開墾荒土為田」，「其人以衣食之餘，納租鄭
氏」。當時台灣是大陸商人前往貿易的場所，有些商人也在那裡
投資農業生產，他們利用商船往返的便利條件召集移民渡台，是
十分自然的。

　　除了有組織的移民之外，更多的是分散、零星而持續不斷的
移民活動。這些移民往往是兄弟相攜，或同宗、同族、同村人相

11　《巴城日記》，第1冊，頁107。
12　《巴城日記》，第1冊，頁278。
13　《巴城日記》，第1冊，頁299。

互牽引，搭乘船隻到台灣謀生。如：《安平顏氏族譜》載，其東北鎮房十一世祖顏延璧，生於天啓五年(1625年)，「卒澎湖」。其西長房十二世顏開譽，生於萬曆三十九年(1611年)，夫人蔡氏卒葬台灣。有子二人：長子顏耀生於崇禎十二年(1638年)，「僑居台灣，遂世居其地」。次子顏炋鼎亦在台灣生活，卒葬鳳山縣。《玉山林氏家譜》亦載，十一世祖林奕元，生於崇禎十二年(1639年)，「僑居台灣諸羅縣赤山一甲。葬台灣諸羅縣赤山」。此外，《武城曾氏重修族譜(新市派)》、《東石汾陽郭氏族譜》、《閩漳龍邑莆山林氏家譜世紀》、《安海金墩黃氏族譜》、《永寧霽霞高氏家譜》、《陳埭雁溝里丁氏族譜》以及澎湖張氏的家史，都有族人遷居台、澎的記載，因史料較繁，茲不贅引[14]。

這些遷居台灣的大陸移民都是乘船東渡的。1635年以後，台灣海峽較爲平靜，商、漁船隻往返頻繁。這就爲移民遷徙台灣提供了較爲方便的條件。據《大員商館日記》載，當時航往台灣的商、漁船隻，很多都載有乘客，返航大陸的船隻亦是如此。這些船隻運載人數有多寡之之別。商船較大，一般運載人數多在六、七十人以上，最多的達二、三百人；漁船較小，每艘搭載人數多在幾十人。而有些船隻僅載幾人或十幾、二十人，估計只是水手的人數，現將1637年6月至1638年11月，搭載人數在60人以上的船隻列表如下[15]：

14　參見《閩台關係族譜資料選編》(福建人民出版社，1984年)；許雪姬，〈澎湖的人口遷移〉，《中國海洋發展史論文集》，第3輯，頁66；以及晉江縣陳埭丁氏回族史館藏，《陳埭雁溝里丁氏族譜》。

15　據曹永和《明代台灣漁業志略補說》，「台灣、大陸間船隻往還狀況表」整理。

大陸→台灣					台灣→大陸				
時間	出發地	船種	船數	搭載人數	時間	目的地	船種	船數	搭載人數
1637.6.19	廈門		1	70					
7.1	安海		1	60					
7.10	廈門	販糖船	2	600					
8.6	廈門		1?	120					
8.15	廈門	商船	3	各60					
8.27	安海	商船	1	80					
9.4	廈門		2	200					
9.6	廈門	販絹絲船	1	180	9.15	安海		3	} 805
9.9	安海		1	85	9.30?	廈門		7	
9.19?	廈門		1	78				2	120
10.21			3	200	10.3	廈門		2	126
12.6	安海	商船	1	70	10.26		糖船	1	160
12.18		商船	1	90					
小計			19	1953				15	1211
1638.1.3.	廈門		1	96	1.3	廈門		1	60
1.8	廈門		1	100					
2.1	中國沿岸		1	180	2.1	廈門	商船	2	} 460
						安海		1	
2.6	廈門		1	60	2.11	廈門		1	75
3.9	廈門	商船	1	70	2.18	安海	販絹絲船	1	170
3.29	廈門		1	150					
4.13	安海	商船	1	85	3.30	安海	販絹絲船	1	110
4.14	廈門		1	85	4.19	安海	商船	2	216
5.12	廈門		1	138	5.6	廈門		4	
5.16?	廈門		1	100		安海		1	} 402
5.25	廈門		1	86		福州		1	
6.14	廈門		1 / 1	70 / 60	5.18	廈門		1	100
6.23	廈門		1	100	6.12			1	90
6.25	廈門		1	100	6.17	廈門		1	100
6.26	廈門		1	100	6.29			1	80?

6.28	廈門	1	100				
	安海	1	100				
7.1	安海	1	100				
7.16	安海	1	80				
10.1	安海	1	128				
10.2	廈門	1	120				
10.16	廈門	3	250				
11.1	廈門	1	170	11.14	廈門	1	85
	廈門	1	200				
11.6	安海	1	100				
11.7	商船	1	150				
		1	120				
11.20	廈門	1	65				
小計		31	3263	小計		20	1948
合計		50	5216			35	3159

　　上述並不是這一時期往返於閩台的船隻總數，只是有可能運載移民的那一部分。從上表可以看出，這些運載多量乘客的商、漁船隻，絕大部分是從廈門、安海兩地開出的，返回的目的地也是這兩個港口。這說明，在荷占時期，廈門、安海是大陸移民前往台灣的兩個最重要口岸。其中廈門的出現率比安海要高，它似乎比安海更為重要。當時渡台貿易的大商人多集中在廈門、安海，商船與台灣交通頻繁。大陸移民要東渡台灣，都要到這兩個地方集中，然後乘船東渡。返回時亦先抵達上述兩地，再返回各自的住所。可以說，荷占時期的移民與閩台兩地的商業貿易有著密切的關係。

　　另一方面，這時期的移民是有來有往的，有些人乘船到台灣去，有些人卻從台灣返回。但從總體上說，東渡台灣的人數仍是較多。如1637年6月-12月，據表上資料統計有19艘船運載1,953人到台灣，而同時期有15船運載1,211人從台灣返回大陸。兩項相減，這7個月中在台灣落居的實際人數是742人。1638年1月-11月，共有

31艘船運載3,263人到台灣，返回的是20艘船運載1,948人，兩項相減，是年11個月落居台灣的實際人數是1,315人。以上統計18個月，到台灣的移民數爲5,216人，而實際在台居住的是2,057人，占移民總數的39.4%。也就是說，有60%左右的是人到台灣作短暫逗留後又返回的。這樣，台灣移民人口的實際增長數大約是每年1,300多人。當然，上述統計僅是一種估算，因爲在統計中我們沒有扣除船上的水手，但也有一些較少量的移民未計算進去，而且每一年份的人口流動也不平衡，但作爲概數以了解當時的移民情況卻是可行的。

由於移民有上述特徵，因此每個時期台灣漢族人口數量就變動不定，在記載上也很混亂。1638年12月22日，巴城總督樊・第蒙（Antonio van Dieman）向東印度公司17人董事會遞交的一份報告書說：「在台灣的荷蘭人支配地區內，約有一萬至一萬一千名的漢人，從事捕鹿、種植稻穀與糖蔗以及捕魚等活動。」[16] 但1640年9月1日，荷蘭人開始徵收人頭稅，「發現大員、新港和平地的中國人共3,568人」[17]。這兩項紀錄相差甚大。前者似包括了捕鹿和捕魚的人數，這些人員是流動的。每年10月台灣開始捕鹿，12月以後是烏魚發海期，這時都有大批漢人前往台灣，因此人口激增。而後者，是1640年徵收人頭稅的數字。徵稅時有些人會逃稅或免稅，因而這一統計數字又是偏少的，實際人數當在此之上。

1644年清兵入關，大陸動亂加劇。特別是1646年清兵入閩以後，福建沿海地區更是戰亂頻仍。鄭成功拒不降清，舉起了抗清義旗，也有抗清隊伍紀律不嚴，乘機搜括百姓。清朝軍隊又進行野蠻的屠殺，致使福建社會經濟遭到很大破壞，社會戰亂加上自

---

16 引自曹永和，〈明鄭時期以前之台灣〉。
17 《巴城日記》，第2冊，頁30。

然災害等因素，就迫使大量人口向外地遷移，或逃避災難，或另謀生路。因此1646年以後，大陸向外移民出現了新的高潮，台灣的移民人數猛增。從1644年的幾千人上升到上萬人，又向數萬人發展。這是大陸向台灣移民增長速度最快，也是最重要的時期。

1648年9月15日，《荷蘭長崎商館日記》記載：「據大員的長官和評議會的信函，自中國輸入的貨品極少，逃出本國的中國移民甚多，已超過了7,000人，所以糧食，尤其是大米頗感缺乏。」[18]又據荷蘭人的另一史料，這一年由於大陸內亂，加上饑荒，「台灣的中國人驟然增加至20,000人」，但這是一時的現象，饑饉過後，又大約有8,000人返回大陸，皆從事於農業生產[19]。1649年，在日本的荷蘭人又說：「大員的漢人已上一萬名。」[20] 1650年，台灣長官費爾堡(Nicolaes Verburgh)估計，當時的中國移民達15,000人[21]。

1650年以後，台灣發生了幾件大事，都對移民人口產生影響：1652年郭懷一起義，在台漢人大約有3,000人被殺害或餓死[22]；1654年又發生蝗災，更有大批飢民死亡；1656年10月以後鄭成功實行海禁，往返船隻全部斷絕，時間長達11個月。即使如此，台灣的移民人數仍在迅速增長。1652年，據費爾堡估計，在台的漢人約1.5萬-2萬人[23]。1655年3月至1658年2月間，又有488艘船隻運載17,808人到

18　《荷蘭長崎商館日記》，第2輯，頁209。

19　Macleod: *De Oost-Indische Compagnie ale Zeemogendheid in AZie*, deel 2, bl. 366.引自中村孝志，〈荷領時代之台灣農業及其獎勵〉，《台灣經濟史初集》，頁59。

20　《荷蘭長崎商館日記》，第2輯，頁235。

21　1650年10月31日費爾堡致巴城總督的信，殖民地檔案1176號，f.936 v，見Joahnnes Huber前引文。

22　1652年10月30日，費爾堡致巴城總督信，殖民地檔案1194號，f.132r-v，見Jonannes Huber前引文。

23　1652年10月30日，費爾堡致十七人董事會的報告，殖民地檔案，1085

台灣，扣除部分返回大陸的，這時至少也有幾千人在台灣落居(詳後)。至1661年鄭成功收復台灣前夕，據C.E.S.《被忽視的福摩薩》記載，在大員附近已「形成一個除婦孺外，擁有二萬五千名壯丁的殖民區」[24]。

荷蘭時期在台灣的漢人究竟有多少？以前不少學者都進行估算，但結論不一。有些學者根據C.E.S.的記載，用一個「壯丁」附帶三個人口的算法(即每個家庭有四口人)，估算出在台灣的漢人約為10萬。已故台灣學者陳紹馨認為這樣的算法不準確。因為當時台灣漢人很少有完整的家庭，便根據荷蘭文獻重新進行了估算[25]。廈門大學陳孔立教授又從人口與耕地的新角度，再次進行探討[26]。以下筆者想根據荷蘭人徵收人頭稅的資料，具體考察一下每個時期台灣漢族人口的增長情況。

荷蘭人從1640年9月1日起開始普遍徵收人頭稅，規定每個7歲以上的漢人都必須繳納，每人每月為1/4里耳，每人年納稅額為3里耳。1640年，荷蘭人說在大員附近有3568人交納人頭稅。1641年，估計可徵收人頭稅12,000里耳[27]，亦是說這一年的納稅人口為4,000人。至1649年，費爾堡說台灣有11,339人交納了人頭稅[28]。而1650年亦有10,811人納稅[29]。1651年的納稅人口估計為14,000人[30]。1653年以後，荷蘭人將人頭稅的徵收實行承包，據每月的承包

(續)————

　　號，f.164a，引自〈地場諸稅〉（下）。

24　C.E.S.，《被忽視的福摩薩》，《選編》，頁122。

25　《台灣省通志稿》，卷2，〈人民志・人口篇〉。

26　陳孔立，〈早期台灣人口與耕地的重新估算〉，《台灣研究集刊》，1988年，第3期。

27　《巴城日記》，第2冊，頁130。

28　1649年11月18日，費爾堡致巴城總督的信，殖民地檔案1069號，f.472，見中村孝志，〈地場諸稅〉（下）。

29　1650年10月31日，費爾堡致巴城總督的信，殖民地檔案1176號，f.936v。

30　中村孝志，〈地場諸稅〉（下）。

額計算,從1653-1657年,各年度的納稅人口約在1.2萬-1.6萬人之間(以每月每人¼里耳計算):

年份	每月承包人頭稅額	推算納稅人數
1653	3100	12400
1654	3025	12100
1655	3300	13200
1656	3990	15960
1657	4150	16600

資料來源:1653年10月24日,費爾堡致巴城總督的信,Voc,
　　　　1197, f.788v. 中村孝志:〈關於I.V.K.B.譯國姓爺
　　　　攻略台灣記〉,《台灣文獻》,第9卷,第1期。

但納稅人口並不等於就是實際人口,因為荷蘭人規定,婦女和為公司服務的人可以免稅,而且有相當一部分人是逃稅的,這些未納稅人口占據不小比重。1650年10月31日費爾堡及大員評議會致信巴城總督和東印度參事會說:「1650年,每月有10811人繳人頭稅,加上一部分人被免稅和幾千人逃稅,估計在台灣有15,000個移民。」[31]也就是說逃稅的和免稅的人數,約占納稅人數的39％。又據1648年1月9日華特向巴城總督的報告:1647年在赤崁附近常住的大陸移民約12,000人,烏魚發海期又有1,400-1,500人前往捕魚,而這年納稅人數為10,000人[32],未納稅人數約占納稅人數的35％,與上述比例十分接近。因此,若把納稅人數乘以1.4,就可以較準確地估計出各個時期台灣漢族人口數了。以下根據納稅情況以及上述的各項記載,將估算後的人口數造列一表:

31　殖民地檔案1176號,f.936v。
32　1648年1月9日,華特致巴城總督的信,殖民地檔案1067號,f.400,引
　　自〈地場諸稅〉(下)。

年份	納稅人數	估算實際人數
1640	3568	4995
1641	4000	5600
1647	10000	13500
1648	／	12000-20000
1649	11339	15875
1650	10811	15000
1651	14000	19600
1652	／	15000-20000
1653	12400	17360
1654	12100	16940
1655	13200	18480
1656	15960	22344
1657	16600	23240
1661	25000	35000

　　從表上數字看，大致在1640年代初期，台灣的漢族人口未上萬人。1646年清兵入閩以後就迅速發展了：1647年約13,000餘人，50年代初期將近2萬人，中期2萬餘人，60年代初期已達到35,000人。也就是說，在清兵入閩以後的短短十幾年間，台灣漢族人口比以前翻了兩番多。這些數字當然不是絕對準確的，但它基本反映了當時人口增長的一般趨勢。由於漢族移民人口在迅速增長，帶動了台灣土地的開發，而荷蘭人也加強了對島內的經營和統治，殖民地收入和統治危機同時增長。從這個角度看問題，了解漢族的發展情況，對於把握整個荷占時期的歷史發展脈胳，亦具有重要的意義。

　　再一個問題，在當時的漢族移民中，男女性別比例究竟如何？這對於了解早期的移民特徵，以及社會經濟發展狀況都是相當重要的。1649年11月18日，費爾堡及大員評議會致巴城總督及東印度參事會的信說，「在繳納人頭稅的11,339名中國人中，有838名

婦女。」[33] 也就是說,當時納稅的漢族男性是10,501人,其中只有838人帶有家眷(以一夫一妻計算),其餘都是單身渡台的。女性與男性的比例是1:12.5,婦女僅占男子總數的8%。又據《熱蘭遮城日記》記載的移民資料,在1655年3月至1658年2月乘船前往台灣的17,808個移民中,共有男性16,241人,女性1,567人[34]。女性與男性的比例為1:10.4,婦女約占男子人數的9.6%。這個比例與上述費爾堡1649年的報告十分接近。它說明在當時的漢族移民中,女性占男性的比重大約就是在8%-10%之間。

筆者曾用晉江縣《玉山林氏家譜》計算過林氏族人於清初渡台的男女比例問題。結果是:在康熙六十年至嘉慶五年的193名男性移民中,帶有家眷的僅30人,另有6人不詳,婦女約占男子人數(按187人計算)的16%[35]。用這個比例再反觀上述的荷占時期移民情況,可以看出荷占時期男女性別比例的反差更大。這是符合早期移民的客觀規律的。台灣剛在起步開發的時候,土地荒蕪,條件惡劣,因此很多移民都把他們的家眷留在大陸(甚至有大量是未婚的),而隻身渡台。待到台灣開發逐漸成熟,才漸漸有更多的移民將家眷帶到台灣。從17世紀20年代荷人據台時算起,至19世紀20年代男女性別比例較為正常為止[36],大陸向台灣移民都是處在男多女少的階段,這一過程長達200年,是很值得注意的。

由於大量的移民都只是單身渡台,因此這時兩岸之間的人口流動十分頻繁。大量的單身移民必須經常返回大陸去探望家庭或

33 殖民地檔案1069號,f. 472. 引自中村孝志,〈地場諸稅〉(下)。

34 中村孝志著,賀嗣章譯,〈關於I. V. K. B.譯國姓爺攻略台灣記〉,《台灣文獻》,第9卷,第1期。

35 拙作,〈從福建族譜看清代台灣移民的若干問題〉,《海峽兩岸首次台灣史學術交流論文集》(廈門大學出版社,1990年)。

36 參見拙作〈從清代族譜看清代台灣移民的若干問題〉。

解決婚姻問題，人口流動就構成了這一時期兩岸交往關係的一個重要方面。以下是1655年3月至1658年2月移民人口流動的具體情況：

| 時間 | 大陸➡台灣 | | | | 台灣➡大陸 | |
| | 船數 | 乘客人數 | | | 船數 | 乘客人數 |
		總數	男	女		
1655.3	15	765	730	35	10	418
4	20	1185	1116	69	12	408
5	19	1079	945	134	22	1019
6	14	403	355	48	18	752
7	51	960	799	161	6	222
8	22	706	632	74	31	708
9	39	1350	1254	96	15	418
10	6	326	321	5	30	604
11	7	163	162	1	3	76
小計	193	6937	6314	623	147	4625
1656.3	34	838	754	84	34	551
4	25	1185	964	221	19	0
5	48	1427	1218	209	30	0
6	48	1364	1184	180	47	5360
7	5	160	141	19	19	1002
8	1	24	24	0	8	575
9	0	0	0	0	8	846
10	3	81	73	8	0	1168
11	0	0	0	0	0	702
小計	164	5079	4358	721	165	516
1657.3	0	0	0	0	0	0
4	0	0	0	0	0	0
5	0	0	0	0	0	0
6	2	0	0	0	0	0
7	1	0	0	0	1	17
8	12	565	548	17	0	0
9	27	1424	1411	13	12	458
10	11	733	697	36	29	1148

11	23	1054	1014	40	9	525
12	37	1415	1344	71	10	335
小計	110	5191	5014	177	61	2483
1658.1	15	457	434	23	39	1680
2	3	144	121	23	13	610
小計	18	601	555	46	52	2290
合計	488	17808	16241	1567	425	14758

資料來源：中村孝志，〈關於 I. V. K. B. 譯國姓爺攻略台灣記〉。

　　從表上資料可以看出，每年都有大量移民往返於海峽兩岸，這種人口的雙向流動是同時進行的，每月都有。在正常年份，大陸流向台灣的占多數，但在特殊時期，也會出現相反的情況。如1655年，大陸前往台灣的人口為6,937人，而從台灣返回的為4,625人，較為正常。但在1656年，大陸前往台灣的是5,079人，而從台灣返回的5,360人，出現「逆差」。這一現象與鄭成功宣布海禁有很大關係。從是年7月份起，大陸流向台灣的移民已明顯減少，而這時返回大陸的人口卻在猛增，僅7-9月份達1,700餘人，這是因為鄭成功將要禁海，很多移民怕回不了大陸，因此趕快返回。但在1657年8月開放海禁後，大陸向台灣的移民如洪水決口，猛然增加。從8月至12月的5個月間，東渡台灣的人數達5,191人，而這時返回大陸的才2,483人。這些現象說明，決定兩岸人口流動的因素是多方面的，大陸的社會狀況、兩岸政治關係、台灣的社會與自然狀況等等，都會產生重大影響，因而各時期的人口流動亦是不平衡的。

　　在正常時期，人口的流動也有一定的規律。以1655年較正常年份為例，大陸前往台灣的移民，人數達千人以上的月份有4、5、9三個月；而返回的人口，人數在千人以上的是5月和1月（1658年）。4、5月份是春耕季節，因此有很多移民前往台灣，9月份將要進入秋收，而10月開始捕鹿，接下去是糖廍動硤糖，因此9月份

渡台人數也出現高峰。這說明移入台灣的人口與捕鹿活動、農業生產密切相關。1月份的返回人口主要是爲了過年。5月份又有大量人口返回，這與蔗糖生產有密切關係。黃叔璥《台海使槎錄》說：十月內開始「築廍屋、置蔗車，雇募人工，動廍硤糖」，一直至「初夏止」[37]。立夏在每年5月，這時已有新糖上市[38]。因而5月份糖廍解散，有大批人口返回大陸，這些人幾乎都是糖廍的雇工。《被忽視的福摩薩》說：移民「大部分依靠經商和農業爲生」。在農業方面，主要生產大米和蔗糖[39]。50年代中後期居住台灣的馬利尼爾(Mariniere)也說：「台灣通常住有二萬五千乃至三萬之中國人，從事耕種，尤其是糖業。」[40]由此可見，荷蘭統治時期，大陸向台灣的移民主要是商業移民和農業移民兩部分，其中農業移民占有更大比重。他們與台灣的開發以及糖、米生產的發展，有著十分密切的關係。

第二節　台灣土地的開發

荷蘭人占領台灣後，很快就看中台灣這塊土地具有開發價值，因此決定從大陸招徠移民，發展糖、米生產。但早期的移民不是太多，加上1626年赤崁發生瘟疫，很多移民又紛紛逃離，因此這時期土地的開發並沒有多少進展，荷蘭人需要的大米及其他食品大都是從島外輸入的。

1635年以後，隨著劉香勢力被剿除，海上恢復平靜，商、漁

37　黃叔璥，《台海使槎錄》，卷3，〈赤崁筆談〉。

38　參見《鴉片戰爭》資料，第3冊，頁423；《法軍侵台檔》，第4冊，頁512；以及《巴城日記》，1641年4月21日條。

39　C.E.S.，《被忽視的福摩薩》，卷上，《選編》，頁122。

40　中村孝志，〈關於I.V.K.B.譯國姓爺攻略台灣記〉。

船隻來往頻繁，移民人口也大幅度增加。在此基礎上，台灣土地開發的成果始日漸顯現出來。1636年11月26日《巴達維亞城日記》載：公司從赤崁的中國農民那裡收購到白砂糖和黑砂糖12萬多斤，準備送往日本。由於甘蔗種植越來越盛，預計明年將可得到白砂糖30-40萬斤，而且產量還會年年增加。這一年，蘇鳴崗到大員定居。荷蘭人發布了獎勵米、糖及其他農作物生產的命令，計畫在台灣建置米倉，將往後四年內收獲的大米以每拉斯特(Last,1拉斯特=20擔)40里耳的價格收購，貯入倉內[41]。次年1月，伯格又報告說：赤崁及其附近各地的稻穀生產仍在熱心地進行，三、四年內可望收穫大米1,000拉斯特以上。如果以每拉斯特50里耳的價格購入，「那對公司和印度領地來說都是一件相當好的事情，既不必要向其他國王或領主請求大米，又不容易陷入飢餓的危險」[42]。

由於移民人口越來越多，土地開墾進展很快。1640年12月荷蘭人估計，甘蔗的種植有很大增加，將可得到白砂糖和黑砂糖40-50萬斤，但水稻的種植還不太多[43]。1641年3月17日，台灣長官特羅登紐斯又向巴城總督報告：「關於福摩薩的農耕，在5月份將可得到白砂糖和黑砂糖50萬斤。由於農作物種植年年增長，中國農民相當熱心地耕作赤崁附近的土地，從前荷蘭人使用的道路和木樁如今已難以發現。」[44]1644年10月25日，第八任長官卡朗報告：「赤崁今年產砂糖301,400斤，甘蔗和水稻發育相當良好。去年(1643年)以來，由於土地耕作極為興盛，以後道路不夠使用。」因此，荷蘭人讓中國移民負擔，修造了一條長1.25英里、寬60荷尺的大馬路，從赤崁直通新港河。路的兩旁各有一條寬3荷尺的排水溝，途

---

41 《巴城日記》，第1冊，頁278。
42 《巴城日記》，第1冊，頁299。
43 《巴城日記》，第2冊，頁34。
44 《巴城日記》，第2冊，頁129。

中經過的小河上還架設兩座拱橋，以利於馬車、貨車行駛[45]。1642年，荷蘭人攻占雞籠。1644年又鼓勵中國人向北部移民，允許他們申請執照前往經商或進行農業墾殖，以此來增加公司收入，「同時也為了改善守兵的新鮮食物等必需品的供應」[46]。

1645年，卡朗報告說：是年赤崁生產砂糖150萬斤，其中有一部分運往波斯，6.9萬斤送往日本，其餘的和從中國購入的10萬斤一起送往荷蘭本國[47]。稻米也獲得豐收。「中國人熱心地耕種，多忙於開墾荒地，擴展他們的田園。」[48]這一年，荷蘭人對赤崁附近的耕地進行整頓，經過調查，發現已有3,000 morgen的土地被開墾出來，其中：

稻田	1,713 morgen
甘蔗園	612 morgen
大麥和其他各種菜園	161 morgen
新播種和未播種的土地	514 morgen[49]

1646年以後，由於福建戰亂頻繁，移民人口更是大量增加。土地墾殖進入新的發展階段。1647年，據公司調查：赤崁附近的耕地比1645年增加了將近一倍，其中稻田由原來的1,713 morgen增加到4,056.5 morgen，甘蔗園從原來612 morgen增加到1,469.25 morgen，加上甘藷、藍等其他作物的耕地，總面積達5,607.75

45　《巴城日記》，第2冊，頁292。
46　《巴城日記》，第2冊，頁284。
47　《巴城日記》，第2冊，頁359。
48　《巴城日記》，第2冊，頁339。
49　《巴城日記》，第2冊，頁255-256頁。

morgen[50]。1648年,據巴城總督報告,台灣砂糖產量約為90萬斤,其中有30萬斤計畫供應波斯貿易,剩餘的作為船艙底貨將運往荷蘭本國[51]。這一年,砂糖產量為什麼比1645年還少60萬斤,難以理解。但至1650年,台灣砂糖產量達到歷史最高峰。這一年,台灣的稻田面積為3,481 morgen,甘蔗園2,928 morgen,兩項合計達6,409 morgen[52]。公司從中國農民手中購入的砂糖「超過440萬磅」[53]。以每1.25荷磅等於1斤計算,這些砂糖約合352萬斤。岩生成一先生曾統計過台灣砂糖產量,最高年份為1658年173萬斤[54],其實1650年的收購數比它還要高出一倍多!

　　由於1650年的甘蔗種植過多,致使在收成時出現資金和勞力嚴重不足。很多甘蔗留在園內無法收穫。因此,1651年以後甘蔗種植面積有所下降,僅剩下1,300多morgen。1652年,又發生郭懷一起義。1653年11月至1655年後先三次出現大蝗災,台灣的農業生產遭受很大損失。達帕爾(Dapper)在記述1654年的蝗災時說:「1654年有蝗蟲自西北飛至,吃光了稻穀蔬菜,八千人飢餓以死。」[55]由於蟲災危害,1654年的耕地面積下降至4,200多morgen,比1650年減少了大約三分之一。而砂糖產量,1653年收購數降為938,416

50　中村孝志,〈荷領時代之台灣農業及其獎勵〉。

51　殖民地檔案,1066號。引自岩生成一,〈荷鄭時代台灣與波斯間之糖茶貿易〉,《台灣經濟史二集》,頁53。

52　1652年1月20日,威廉‧弗斯特根(Willem Verstegen)致巴城總督的信,殖民地檔案1182號,ｆ.99ｒ,引自Johanes Huber文章。

53　1651年11月21日,費爾堡致東印度公司十七人董事會的信。殖民地檔案1183號,f.918v,引自Johanes Huber文章。

54　1652年1月20日,威廉‧弗斯特根(Willem Verstegen)致巴城總督的信,殖民地檔案1182號,ｆ.99ｒ,引自Johanes Huber文章。

55　引自施博爾、黃典權合譯,〈郭懷一事件〉,《台灣風物》,第26卷,第3期。

斤[56]，1654年估計將會「增產半倍」[57]。

　　1657年鄭成功開放海禁後，移民到台灣又出現高潮，土地開墾面積也隨之猛增。1657年，公司收購砂糖99萬斤，其中80萬斤輸往大陸，這一年稻田面積6,026.5 morgen，甘蔗園1,668.2 morgen[58]。而1659年，台灣耕地面積猛增至12,252 morgen。上一年公司收購的砂糖為173萬斤，其中60萬斤輸往日本，約80萬斤輸往波斯。至1660年，台灣砂糖產量約150-160萬斤，其中80萬斤輸往波斯[59]，而耕地面積亦達11,484 morgen。

　　這裡需辨證一條史料。以往大陸學者多引用《鄭成功收復台灣史料選編》刊載的C.E.S資料[60]，認為1660年的耕地面積為12,252 morgen，比1659年減少了778 morgen[61]，即1659年為13,030 morgen，其實這是不準確的。據中村孝志先生翻譯的荷文原版，C.E.S的記載是：1660年「比之前年(1659年)的12,252 morgen，土地減少768 morgen」[62]。即是說1659年的耕地面積為12,252 morgen，而1660年則為11,484 morgen。以下，我們將荷占時期台灣耕地面積的演變情況造列一表：（見下頁）

　　從表上資料可見，台灣土地開發從總趨勢看是向前發展的，但在發展之中也有倒退和停滯的現象，其中以1651-1654年的反覆

56　1653年10月24日，卡薩致巴城總督的信，殖民地檔案1080號。引自中村孝志，〈地場諸稅〉（下）。

57　1654年1月19日，巴城總督遞交的一般報告書，殖民地檔案1087號，引自岩生成一，〈荷鄭時代台灣與波斯間之糖茶貿易〉。

58　見中村孝志，〈地場諸稅〉（下）。

59　同上。

60　該資料(《被忽視的福摩薩》)譯自甘為霖英譯本，又參照蘭柏Lanback譯本。

61　見《選編》，頁132。

62　見中村孝志，〈荷領時代之台灣農業及其獎勵〉，《台灣經濟史初集》，頁61。

最爲明顯。1655年以後基本呈直線上升趨勢。從稻田和甘蔗園的比例看，稻田的面積比甘蔗園多，但兩者的比例也不穩定。一般說來，甘蔗的種植面積大多在1,300-1,600 morgen之間，1650年達2,928 morgen，爲表上數字的最高點，但這是較特殊的現象。而水稻種植面積卻波動性很大，在總耕地面積下降時，主要表現爲水稻的種植面積減少，在總耕地面積增加時，主要也是水稻種植面積的增加。水稻種植比甘蔗不穩定，這是因爲甘蔗製造的砂糖爲國際貿易商品，荷蘭人十分關注並有確實的收購和扶植政策，因此它的種植一直保持著相對穩定的規模；而水稻主要是提供移民的食糧，它隨著人口的增長以及土地開墾中各種因素的影響而發生著變化。

（單位：morgen）

年份	(A)稻田	(B)蔗園	A：B	A＋B	指數
1645	1713	612	2.8:1	2325	100
1647	4056.5	1469.25	2.8:1	5525.75	238
1650	3481	2928	1.2:1	6409	276
1651	1924	1380	1.4:1	3304	142
1652	4539.4	1314.9	3.5:1	5854.3	252
1653	3700	1334	2.8:1	5034	217
1654	2923.2	1309.2	2.2:1	4232.4	182
1655	5577.7	1516	3.7:1	7093.7	305
1656	6516.4	1837.3	3.5:1	8353.7	357
1657	6026.5	1668.2	3.6:1	7694.7	331
1659	／	／	／	12252	527
1660	／	／	／	11484	494

注：　本表據《巴達維亞城日記》；中村孝志，〈荷領時代之台灣農業及其獎勵〉、〈地場諸稅〉；C.E.S.，《被忽視的福摩薩》，及Johannes Huber, *Chinese settlers against the Netherlands East India Company：The rebellion led by Kuo Huai-i on Taiwan in 1652*.編製而成。
　　　　本表僅統計水稻、甘蔗的種植面積，其他作物的少量種植面積未計入。
　　　　但1659、1660年爲總耕地面積。

　　荷占時期，台灣開墾的土地大都集中在台南附近，南、北擴展到鳳山、諸羅二縣（清置），而北部雞籠、淡水仍是很少。黃及時《荷蘭在台灣的殖民政策》說：「其開墾區域是以現在的台南為中心，而漸及於附近番社，北至北港、蕭壠、麻豆、灣里、茄拔、新港、大目降，而南至阿公店附近。其開墾面積，田園合計九千八百甲步。」[63]又據1685年（康熙二十四年）蔣毓英修的第一部《台灣府志》記載，鄭氏時期的官佃田園分布情況如下表[64]：

（單位：甲）

	偽額官佃田園		底定冊存官佃田園	
	面積	占總數%	面積	占總數%
台灣縣	7102.9	72.6	6209.8	74.0
鳳山縣	1892.6	19.3	1537.5	18.3
諸羅縣	787.4	8.1	643.9	7.7
台灣府（總計）	9782.9	100	8391.2	100

按：土地面積僅取至小數點後第一位。

　　鄭成功收復台灣後，將荷蘭人的「王田」沒收，改稱為「官田」。從表上數字看，當時開墾的土地大部分集中在台灣縣，占70%以上，而鳳山、諸羅兩縣各占不到20%和10%。但表上的耕地總數（台灣府偽額官佃田園）9,782.9甲，比荷占時期1660年的11,484morgen減少了1,700多甲（1morgen約等於1甲），這可能是1662年鄭成功收復台灣時，因農民逃避戰火而使一部分土地荒蕪，不作為「王田」處理了。鄭成功接收「王田」後，經鄭氏在台統治21年，至1683年清朝統一台灣，這時的「底定冊存官佃田園」僅剩下8,391.2甲，又減少了將近1,400甲。

63　黃及時，《荷蘭在台灣的殖民政策》，頁7。
64　蔣毓英，《台灣府志》，卷7，〈田土〉。

荷占時期開墾的土地主要是種植水稻和甘蔗,此外也種植其他農作物,最主要的是藍和麥子。藍的種植大致從40年代初期開始。據《巴達維亞城日記》載,1640年荷蘭人得到一批藍種,發給中國農民種植,但由於種子過於陳迂陳舊,沒有發芽,台灣長官特羅登紐斯仍提議讓巴達維亞送種子並派遣幾名有經驗的人到大員來指導[65]。1644年,荷人商務員本唐紐斯(Bocatius Pontanus)與公司簽訂合同,開始種藍。但由於暴風雨的侵襲,是年沒有什麼收成。本唐紐斯仍希望公司提供資助,他估計已種植的2,000morgen藍地,如收穫正常,將可得到5,345-2,345里耳的利潤[66]。但1645年仍因暴風雨而使藍的收穫甚微。卡朗報告說:「此項事業開始以來已花費12,120盾4斯蒂法18便尼,然而收穫的藍只不過600斤。」他決定只能允許本唐紐斯再試種一次,「如果失敗就不再支出這筆無用的經費了」[67]。至1647年,赤崁附近的土地開墾表中,還有種藍面積51morgen,1650年以後公司仍有130morgen藍田承包給中國農民耕種[68]。

荷蘭人在種藍的同時,也種植麥子。中村孝志說:「盡力於種麥的,是中國人Saqua。他後來又從Caron(卡朗)長官處在蕭壠地方請求到200mrogen土地,免稅養蠶,結果是失敗了。據云,公司方面為考慮他的種小麥的功績,嘗予以救濟。」[69]但在赤崁附近土地開墾表中,1645年有「大麥和其他各種菜園」161 mrogen,至1654年僅有大麥田3.5mrogen,1655年1.5mrogen,所占比例已微乎其微。

65　《巴城日記》,第2冊,頁34、129。

66　《巴城日記》,第2冊,頁306。

67　《巴城日記》,第2冊,頁355。

68　中村孝志,〈地場諸稅〉(下)。

69　中村孝志,〈荷領時代之台灣農業及其獎勵〉。

此外，荷占時期還有種植了生薑、甘藷、大麻、芸台、豆類、蔬菜、果樹等作物。蔣毓英《臺灣府志》說：檨「乃紅彝從其國移來之種」，波羅蜜「亦荷蘭國移來者」[70]。可見台灣有些水果或作物是荷蘭人從島外引進的。

為了發展農業生產，荷占時期已修築了一些水利設施，臺灣府縣志都有若干零星的記載。如蔣《志》卷3敘川云：「參若埤，在文賢里，自紅毛時佃民姓王名參若者，築以儲水灌田，遂號為參若埤云。」「鴛鴦潭，在文賢里，紅彝時有鴛鴦戲於潭，故名。」陳文達《臺灣縣志》也說：「荷蘭陂，在新豐里。鄉人築堤，蓄雨水以灌田。草潭通此。」[71]伊能嘉矩《台灣文化志》還載有：「馬兵營井，在臺灣府治寧安坊，紅毛時鑿以灌田。」「諸羅山蕃社，有紅毛井古跡，云係荷蘭時所鑿。在東部有一庄曰紅毛埤。又在大肚溪北岸有王田庄，在舊嘉祥里有王田陂（在乾隆初年廢）。」[72]《諸羅縣志》也載有「紅毛井」、「龍目井」等古蹟[73]。可見荷占時期興修的水利設施有埤、陂、潭、井諸種。水利設施的分布大致與土地開墾區域相一致，多數集中在台南，亦有分布在諸羅、鳳山縣境者。如1661年3月14日，揆一寫信給巴城總督說：「從淡水河開渠至鹽水河，將在20-30天之內完成。」[74]從荷蘭人繪製的古地圖看，淡水河與鹽水河（即鹽水溪）在赤崁耕地以南，它的地望相當於今天的二層行溪至竹子口溪之間[75]，處於清代鳳山縣境。

70　蔣毓英，《臺灣府志》，卷4，〈物產〉。

71　陳文達，《臺灣縣志》，卷2，〈建置志・山川〉。

72　伊能嘉矩，《台灣文化志》下冊。參見《台灣經濟史初集》，頁45。

73　江炳成，《古往今來話台灣》，頁118。

74　《巴城日記》，第3冊，頁203。

75　參見郭水潭，〈兩幅古圖談鹿耳門考證〉，《台南文化》，第7卷，第3期，頁69。

荷蘭人爲了發展生產，還從澎湖輸入牛隻，在台灣放養，然後提供給原住民或漢族移民用作耕地。《巴達維亞城日記》1640年12月6日載：「從澎湖島輸入很多農用的牝牛和牡牛，它們的數量大爲增加，公司和個人飼養的已超過1,200頭至1,300頭。」[76]可見早在1640年以前，荷蘭人已在台灣飼養牛群了。唐贊袞引陳小厓《外記》亦說：「荷蘭時，南北兩路設牛頭司，取其牡者，馴狎之；闢其外腎，以耕。其牝則縱諸山，以孳生。」[77]

荷蘭人並不是無償提供耕牛，而是進行有償的買賣。如1650年4月6日熱蘭遮城決議錄載：根據駐新港牧師哥拉韋斯（Gravius）的建議，1649年4月30日大員評議會研究決定，提供給他3,542又1/2里耳的貸款，以購入耕牛121隻出售給當地住民。公司爲酬謝他的勞苦，採取補償的方式，8個月間不計利息，預借給哥拉韋斯4,000里耳[78]。哥拉韋斯先將其中的30頭賣給蕭壠住民，後來又以340里耳的價格將7頭牛售予新港住民[79]。每頭耕牛購入價是29.27里耳，而出售價高達48.57里耳，淨賺約20里耳。如果以此標準計算，出售121頭耕牛可獲利2,000多里耳。

另一方面，也有一部分耕牛是由公司飼養，然後提供給中國農民使用的，但是這些牛隻的提供也有條件。如1650年，公司讓中國農民耕種藍田130 morgen，同時提供犁和耕牛33頭、資金550里耳，並且規定：這些耕牛如果在使用期間倒斃，每頭牛要賠償20里耳；如果生出小牛，每頭付給6里耳。1651年，又將這些藍田實行承包，公司提供犁和耕牛26頭、經費220里耳，每頭牛倒斃賠

76　《巴城日記》，第3冊，頁34。

77　唐贊袞，《台陽見聞錄·野牛》。

78　平山勛，《台灣社會經濟史全集》，第14卷，頁35-36。

79　甘爲霖，《荷蘭人侵占下的台灣》，頁248-249頁。Grothe: *Archief voor de Geschiedenis der Oude Hollandsche Zending*， deel, 4.bl. 95-96、引自

償費定為15里耳[80]。

　　荷占時期，為了獎勵農作，荷蘭人還實行了某些免稅政策。荷蘭人實行的免稅政策，歸納起來可以分為三大類：

　　一類是對某些農作物的種植實行免稅。這些農作物都是荷蘭人急需的，有意加以扶持。如砂糖是荷蘭人進行貿易的大宗商品，為了鼓勵蔗糖生產，對甘蔗種植就予以免稅。另外藍的種植也是如此。開始時荷蘭人把藍種發給農民播種，1650年以後又將藍田提供給農民種植，並且提供牛、犁、經費，所種藍田予以免稅。40年代中期，荷蘭人還向中國人Saqua提供200morgen的土地，讓他免稅養蠶。

　　另一類是因自然災害實行的免稅。這類免稅荷蘭人掌握十分嚴格，一般要有特大災害，得到公司確認才准予減免。如1646年，赤崁附近發生嚴重乾旱，稻田顆粒無收，荷蘭人為了怕影響農民的積極性，准許免除是年稻作稅[81]。1656年10月7-8日，台南地區出現百年不遇的暴風雨，房屋倒塌甚多，居民死亡慘重，稻田、蔗園也受到嚴重破壞。但這一年的稻作稅仍然徵收，只是收稅額比往年有所減少而已[82]。

　　再一類是對新墾地的免稅。這一措施至少實行過兩次，目的是要刺激農民開墾土地的熱情。《巴達維亞日記》1645年12月1日載：「由於中國的戰爭與貧窮，耕作有希望獲得進展。長官為獎勵農作，考慮開始時不向農民收稅。」[83]1657年5月29日又載；

(續)─────────────

　　　中村孝志，〈荷領時代之台灣農業及其獎勵〉。
80　《熱蘭遮城日記》，1651-1652年；中村孝志，〈地場諸稅〉（下）。
81　1646年10月13日《熱蘭遮城日記》，殖民地檔案1062號，f.394。
82　1656年10月7日《熱蘭遮城日記》，殖民檔案1108號，f.285。引自中村孝志，〈地場諸稅〉（下）。1656年11月30日卡薩致巴城總督的報告。殖民地檔載1108號，f.46-37，引自中村孝志，〈地場諸稅〉（下）。
83　《巴城日記》，第2冊，頁356頁。

「根據大員揆一的文件以及參事會會員卡薩(Cornelis Cesar)向會
議提出的申願書,他們提議對福摩薩開墾地免除十年的1/10稅。對
此進行了充分討論,(與去年一樣)予以否定,代之以准許免除五
年的稅收,期滿後墾地歸公司所有。」[84]這兩次免稅都是發生在移
民的關鍵時期;第一次正值大陸戰亂加劇之後,第二次是鄭成功
宣布海禁之時,他們予以免除開墾地稅收,顯然是爲了吸引大陸
移民渡台。而這一政策實行的結果,對台灣農業生產起到了一定
的刺激作用。從前述的土地開墾表可以看出,在1647和1659年,
台灣耕地總面積都有十分明顯的增長。

　　值得指出的是,荷蘭人在台灣實行某些獎勵農業的政策,目
的都是爲了發展殖民地經濟,以利於荷蘭人的掠奪與統治。雖然
這些政策在客觀上有利於台灣農業生產的發展,但農業生產的發
展,歸根結柢並沒有給直接生產者帶來任何的利益,而公司的財
富卻日益增長起來。因此這些政策是爲荷蘭人服務的,是荷占時
期台灣各項殖民地政策的組成部分。

第三節　糖米生產及其商品經濟性質

　　荷占時期,台灣開墾地主要種植甘蔗和水稻,這兩項作物是
台灣農業的重要支柱。因此,對這兩項作物的生產進行考察,有
利於我們進一步了解台灣農業生產的有關問題。

　　關於荷占時期台灣砂糖的產量,我們在上面論述中已零星談
到,現將這些產量與甘蔗種植面積合併造列一表:

84　《巴城日記》,第3冊,頁165-166頁。

（單位：morgen・擔）

年份	甘蔗種植面積	砂糖年產量	單位面積產量
1645	612	15000	24.5
1648	1469	9000	6.1
1650	2928	35200	12.0
1653	1334	9384	7.0
1654	1309	13500	10.3
1657	1668	9900	5.9

注：1648年的甘蔗種植面積1469morgen為1647年的數字。1擔＝100斤。

　　從上述資料看，荷占時期台灣砂糖的單位面積產量似不正常。1645年每morgen產糖24.5擔，而1657年僅5.9擔，1648和1653年亦只6-7擔，清代台灣的砂糖產量，大都每甲數十擔。如〈赤崁筆談〉說：「上園每甲可煎烏糖六、七十擔，白糖六、七十碢；中園、下園只四、五十擔。」[85] 又據日占初期成書的《安平縣雜記》載，「上則園一甲紅蔗得糖三千五百觔，白蔗得糖三千觔；中則園一甲紅蔗得糖三千觔，白蔗得糖二千五百觔；下則園一甲紅蔗得糖二千五百觔，白蔗得糖二千觔；下下則園一甲紅蔗得糖二千觔，白蔗得糖一千五百斤」[86]。「甲」的地積與morgen約略相當，也就是說，每morgen的產糖量至少應在20擔（2000斤）左右。荷占時期，台灣土地初闢，耕作較為粗放，其產糖量當比清代要低些，如以《安平縣雜記》的下則園為平均標準，那麼1645年每morgen產糖24.5擔是較為正常的，除此之外都有問題。

　　原因何在？筆者以為可能有以下幾方面的因素：

1. 荷蘭文獻記載的甘蔗園面積，當是包含休耕的蔗園在內（1645年除外）。因為台灣早期的甘蔗種植是採取輪耕制的。

85　黃叔璥，《台海使槎錄》，卷3，〈赤崁筆談〉。
86　《安平縣雜記》（台灣文獻叢刊本），頁27。

「每園四甲，現插蔗二甲，留空二甲，遞年更易耕種。」[87]也就是說甘蔗的實際栽種率只占50%。如果把休耕的那一部分也包括在內，那麼它的平均單位面積產量就要比正常情況低一半。

2. 表上的「砂糖年產量」並不一定是實際產量。因為這些數字是根據台灣長官或巴城總督的報告得來的。這些報告，有的僅是估計數，有的是收購數，與實際產量都有一定距離。如1645年2月卡朗報告說：「（據傳）今年赤崁產白砂糖10,000擔。」[88]但10月28日又說「赤崁產砂糖15,000擔」[89]，相差5,000擔。又如1650年，據馬可路德(macleod)記載，台糖產量12,000擔[90]，但費爾堡後來報告說公司收購砂糖約35,200擔[91]，差距更大。而且費爾堡說還只是收購數。這一年由於甘蔗種植過多，有些仍留在園內沒有收成；加上有一部分砂糖是在島內消費，因此實際產量當不只此數。

3. 有些年份由於台灣出現大災害，砂糖產量也會受到影響。如1653-1655年出現三次大蝗災，對農業生產危害甚大。1653年11月，「北部基隆，飛蝗如黑雲，以至作物大受損害」。1655年的蝗災，「稻田蔗園，全被破壞」[92]。因此1653年的砂糖產量較低，可能與蟲災有關。

87　黃叔璥，《台海使槎錄》，卷3，〈赤崁筆談〉。

88　《巴城日記》，第2冊，頁339頁。

89　《巴城日記》，第2冊，頁359頁。

90　見中村孝志，〈荷領時代之台灣農業及其獎勵〉，《台灣經濟史初集》，頁59。

91　1651年11月21日。費爾堡致十七人董事會的信，殖民地檔案1183號，f.918v。

92　中村孝志，〈荷領時代之台灣農業及其獎勵〉。

　　據此,我們認為1645年每morgen產糖24.5擔是比較正常的,而其他年份,由於考慮「甘蔗種植面積」可能包括休耕的那一部分,所以平均單位面積產量當比1645年少二分之一,即每morgen12.25擔(這一點,1650年的數字具有參考價值)。如果這樣認識不錯的話,那麼我們就可以根據已知的甘蔗園面積,推算出每一年份的實際砂糖產量:

(單位:morgen・擔)

年份	甘蔗園面積	推算產量
1645	612	15000
1647	1469.25	17995
1650	2928	35868
1651	1380	16905
1652	1314.9	16346
1653	1334	16342
1654	1309.2	16038
1655	1516	18571
1656	1837.3	22507
1657	1668	20433

註:砂糖年產量除 1645年外,按每morgen12.25擔推算,小數點後的數字捨去(按四捨五入原則處理)

　　上述產量僅是一種理論上的推算,它給我們提供了解當時砂糖生產的大致規模。以往史學界一般認為,荷占時期,台灣砂糖產量要比鄭氏時期高得多。如《十七世紀台灣英國貿易史料》記載:1672年,台灣砂糖年產量不超過20,000擔(Pecul),「不及荷蘭人時代之1/5[1]」。1674年,「其產量約10,000Pecul,與荷蘭人時代相比實甚微小」[93]。其實這些記載都是很可懷疑的。若按1672年的記載推算,「荷蘭人時代」的砂糖產量大致每年要達到10萬擔規模,而從當時的記載和土地開墾情況看,根本就不可能(如以最高

93　《十七世紀台灣英國貿易史料》(台灣研究叢刊第57種),頁58、59。

年份1650年計算，蔗園2,928morgen，每morgen產糖24擔，亦僅有7萬餘擔，達不到10萬擔規模，何況其他年限的甘蔗種植面積要比1650年少很多）。實際情況是，荷占時期與鄭氏時期的砂糖產量相差無幾，若說鄭氏時期有所減少的話，那也是有限度的。

關於荷占時期的米穀產量，現在還沒有找到直接記載[94]，只能根據清代單位面積產量加以估算。清代台灣農田每甲產穀大致在一百石至三、四十石之間。如《諸羅縣誌》載：「新墾土肥，一甲之田，上者出粟六、七十石，最下者亦三、四十石。」[95]連橫《台灣通史》亦載：「上田一甲收穀百石，中七十石，下四十石。惟視其力之勤惰爾。」[96]荷占時期土地初闢，「新墾土肥」，但其耕作較爲粗放，因此收穫量當比清代爲少。如果按連橫所說的下則園每甲產穀40石作爲平均標準，則可以根據當時的水稻種植面積，推算出每一年份的稻穀產量如下：

（單位：morgen・石）

年份	水稻種植面積	推算年產量
1645	1713	68520
1647	4056.5	162260
1650	3481	139240
1651	1924	76960
1652	4539.4	181576
1653	3700	148000
1654	2932.2	156928
1655	5577.7	223108
1656	6516.4	260656
1657	6026.5	241060

94 只有一條材料，談到1642年估計可產米250拉斯特（《巴城日記》，第2冊，頁153）。但是年水稻種植面積多少？不詳。

95 《諸羅縣志》，卷6，〈賦役志〉。

96 連橫，《台灣通史》，卷27，〈農業志〉。

荷蘭人占領台灣後，將那裡的土地據爲己有，稱作「王田」，然後提供給中國農民耕種。中國農民領墾土地主要有兩種方式：

一種是由財力雄厚的大人物出面申領，進行大面積種植。《巴達維亞城日記》載：1637年，「Hambuan、Cambing、Jaumo以及住在該地的支那頭人蘇鳴崗等有資格的中國人，每人選定20 morgen的大區域數個進行種植，三、四年內將可望收穫大米1000拉斯特以上」[97]。蘇鳴崗是荷占巴達維亞初期的華人甲必丹，他曾出面向荷蘭人承包各種稅收，並擔任過公司裁判所法務委員，相當富有[98]。Hambuan前已說過，他是30年代與荷蘭人貿易的重要商人之一，爲公司提供過大量商品，1640年11月2日乘船從大員返回時遇難身亡[99]。Canbing、Jaumo的身分不明，不過他們也是「有資格的中國人」，其財力必定與蘇鳴崗、Hambuan相當。

除此之外，還有Samsiack、Saqua、Boicko、Sisick、Kimptingh、何斌、Sinqua、Jockthaij的寡婦等人也在台灣種植甘蔗、水稻等作物[100]。但值得注意的是，這些人幾乎都是長老，而且都是大商人。Samiack、Sisick、Kimptingh父子的事跡前已介紹過，這裡姑且不談。Boicko從1646-1647年起任赤崁漢人的長老，至1655年仍擔任此職，而且他經常派船前往廣南、巴達維亞等處貿易[101]。Saqua在1644年曾答應運載二、三百擔白冰糖賣給荷蘭人[102]，1650年擔任漢人長老，至1654年仍在台灣活動。據台灣長官卡薩1654年8月27日寫給鄭成功的信：船長Angiock Saqua是烈嶼(Lissouw)一個名叫Hamsia

---

97 《巴城日記》，第1冊，頁299。

98 《巴城日記》，第1冊，頁33，註10。

99 《巴城日記》，第2冊，頁28-29。

100 中村孝志，〈地場諸稅〉(下)，頁6-7，註18；《巴城日記》，第3冊，頁251，註17。

101 同上。

102 《巴城日記》，第2冊，頁299。

的居民的兒子。他於4月20日受公司派遣，運載一批糧食前往台東，返航時裝載了97包麋皮、15捆鹿皮、38捆山羊皮，並搭乘3名荷蘭人。但Saqua並沒有將這些人、貨運往大員，而是直接航向大陸，因此卡薩要求鄭成功幫助追回[103]。由此可見，這些領取大片土地進行墾殖的人物，幾乎都是非常富有並且具有相當地位的大商人。

這些人領墾的土地都是很大量的。以蘇鳴崗、Hambuan等人為例，他們每人領得20 morgen的大土地數塊。1morgen約等於11清畝，20 morgen就是200多清畝，而「數塊」相乘，他們每人所領的土地至少在1,000清畝左右。這樣大片的土地要靠個人種植顯然是不可能，因此必須召佃耕種，或者直接從大陸召集移民渡台開墾。他們擁有眾多墾丁，成為大墾主。在幫助荷蘭人墾殖和管理土地的同時，自己也從中獲得了土地的部分收益。

另一種是由個體農民向荷蘭人領墾小塊土地。這些農民一般為上等農，他們僅有小量資本，或自耕自種，或雇募少數人口耕種。如郭懷一、Sinco Blackbeard和Louequa等人，荷蘭人稱他們是「富裕農民」[104]。1637年1月31日，台灣長官與評議會決議：「准許新港及其附近的中國人向尤紐斯貸借耕種費用現金400里耳。」[105]這些不指名的「中國人」顯然亦指小塊耕作的農民，而不是上述的大墾主。1643年，荷蘭人命令在新港、麻豆、蕭壠、目加溜灣、大目降的「中國人」要放棄那裡的土地，到他處耕種[106]。這些「中國人」身分不明，但其中有大量是小額資本的農民當屬無疑。

---

103 Johannes Huber，〈十七世紀五十年代鄭成功與荷蘭東印度公司之間來往的信函〉，見《鄭成功研究國際學術會議論文集》(江西人民出版社，1989年)，頁307。

104 1652年10月30日，費爾堡及大員評議會寫給巴城總督及東印度參事會的信，voe 1194, f,127v。

105 見《台灣經濟史初集》，頁58。

106 《巴城日記》，第2冊，頁308。

　　荷蘭人讓這些大、小墾主領墾土地，種植甘蔗和水稻，因此在農業生產中，雇募工人的現象十分普遍。

　　甘蔗種植一般實行雇工制。工人向雇主領取工資，工資高低要視勞動力市場的供求關係而定。如1650年，「工人不足，農忙時節又每人都需要雇工，以致工資漲得很高」[107]。但在一般的場合，這些雇工的生活是極爲貧困的，他們受到沉重剝削，處於社會最底層。1651年10月24日，巴城特使威廉・弗斯特根（Willem Verstegen）和大員評議會寫信給巴城總督和東印度參事會說：「普遍的中國人十分貧困。……因此已經導致一些人又返回他們原來的住所，……這是當然的。因爲這些貧苦的砂糖種植者赤手空拳，無事可幹。或從他們主人那裡每月領取百分之十至十二的工資，至收成時無任何補償，以致打著赤腳進入教堂；或上山拾柴煮粥；或被迫幹一些雜活。……現在一無所有，使得他們失去興趣，回到原來居住的地方。」[108]由此可見，這些種植甘蔗的雇工都是從大陸渡台的貧民，他們受人雇用，按月領取工資，但在甘蔗成長期間，無事可做，只能向雇主領取10%-12%的工資，到收成時又沒給補償，以致陷入「一無所有」的悲慘境地。

　　在荷占時期，台灣存在著許多「牛奔廊」（Goeia-boww(or)-molen），這些「牛奔廊」爲幾個蔗農聯合而設，每個蔗農大致擁有9名雇工[109]。這種糖廊與清代閩南由幾個小農合作設立的「牛奔廊」是一樣的[110]。這說明台灣的製糖業不僅生產技術和工具都由大陸

107　1651年10月25日，費爾堡寫給巴城總督及東印度參事會的信。殖民地檔案，1183號，f.869。

108　Voc. 1183, f. 853v-854r。

109　見韓振華，〈荷蘭東印度公司時代巴達維亞蔗糖業的中國人雇工〉，《南洋問題》，1982年第2期。

110　關於清代台灣糖廊的最新研究成果，見周翔鶴，〈清代台灣製糖業研究〉，陳孔立主編《台灣研究十年》（廈門大學出版社，1990年）。

傳入[111]，而且生產組織形式也與大陸相同。除此之外，當時台灣可能也存在著像清代那樣的「頭像廍」。因為荷占時期有大商人投資於砂糖生產，他們擁有大片蔗園，雇募很多工人，也必定要自己設立糖廍來碪蔗煮糖。這些糖廍生產規模較大，工人自由地出賣勞力，而且從事的是商品性生產，是否具有資本主義農場的性質，就值得考慮。

荷蘭人為了獲取大量砂糖，對蔗、糖生產採取扶植政策。甘蔗種植予以免稅；同時通過提供貸款等方式，控制和影響砂糖生產。1650年甘蔗收成時，由於種植過多，資金緊張，荷蘭人就決定向那些甘蔗種植主提供貸款。同年12月30日費爾堡和大員評議會致信巴城總督和東印度參事會說：「甘蔗產量將比去年多一半以上，以致各地農夫都感到資金嚴重不足。我們也擔心他們將由此被迫把甘蔗留在園內。為了稍微避免這一有害的停滯，根據大員十名中國人長老的請求，他們都是砂糖種植的最重要創辦人，大員評議會建議，我們同意並決定提供給每個長老二百擔胡椒，每擔十五里耳，以物物交換的方式，訂定在今後的七個月內，他們必須將好的砂糖以普通價格賣給公司，作為抵償。」[112]由此可見，荷蘭人提供資助是有條件的：一方面，他們提供的是商品(胡椒)，讓這些長老(即甘蔗種植主)去出售再轉換成資本，這樣荷蘭人可以首先獲得一批潛在的商業利潤；另一方面，又通過提供貸款取得了對砂糖的收購權，砂糖價格由荷蘭人決定，中國農民「必須將好的砂糖以普通價格賣給公司」，這樣就可以保證台灣所產砂糖基本上落入荷人手中。

---

111 當時很多製糖的桶、板都是用船隻從大陸運往台灣的。見曹永和，〈明代台灣漁業志略補說〉，表一。

112 1650年12月20日，費爾堡及大員評議會寫給巴城總督及東印度參事會的信，殖民地檔案1183號，f. 557r-v。

　　荷蘭人不僅資助那些最重要的甘蔗種植主，對於其他一些蔗農也準備提供資助。如費爾堡在同一封信中又說：「此後，如果一些著名的蔗農（儘管他們不是長老），以此向我們提出要求幫助，我們也將決定向他們提供足夠的貸款。」[113]荷蘭人提供的貸款是高利率的。據其他文獻記載，當時住在巴達維亞或台灣的荷蘭市民，有些人私自向蔗農提供貸款，以至鄭成功收復台灣的時候，還有一些高利貸貸款尚未收回，在巴達維亞的荷蘭人受到沉重打擊[114]。

　　荷蘭人通過提供貸款取得了對砂糖的收購權，因此台灣所產的砂糖幾乎都被荷人購買，運往外地，真正在島內消費的很少。當時荷蘭東印度公司在台灣和巴達維亞都有種植甘蔗，但台灣的砂糖產量要比巴達維亞高得多（1660年巴達維亞產糖6,000擔[115]，而台灣已達20,000擔左右），因此台灣是砂糖貿易的最重要供給基地。荷蘭人每年從台灣輸出的砂糖數以萬擔計，不僅運往波斯、日本，而且大量運往巴達維亞，再用船隻運回歐洲出售。據統計，當時台灣砂糖運往波斯，每年從4,000多擔上升到8,000多擔；運往巴達維亞也有數千擔之多，1656年度高達10,000擔左右，而運往日本的砂糖，據里斯記載是每年7,000-8,000擔（Pikul）[116]，如果扣除一部分可能從大陸購買，台糖輸往日本至少也有1,000多擔至數千擔的規模（1658年為6,000擔）[117]。台灣的甘蔗種植與砂糖生產，幾乎全部納入荷蘭人的商業貿易軌道。

113　殖民地檔案1183號，f.557-558r。

114　de Haan: *Dad Batavia*, dl.ii.bl.17，引自韓振華，〈荷蘭東印度公司時代巴達維亞蔗糖業的中國人雇工〉。

115　黃文鷹等著，《荷蘭東印度公司統治時期吧城僑人口分析》（廈門大學南洋研究所，1981年），頁86。

116　里斯，〈台灣島史〉，第8章，《台灣經濟史三集》，頁19。

117　參見《巴城日記》，第1冊，頁278，及本書第四章第三節的有關論述。

　　台灣水稻的種植與砂糖生產有所不同。砂糖生產實行雇工制，而水稻種植則實行租佃制。即墾主召募佃農耕作土地，佃農在收成之後向墾主交納地租。黃宗羲《賜姓始末》說：鄭芝龍召集飢民渡台，墾殖土地，「其人衣食之餘，納租鄭氏」，指的就是這種情況。

　　另一方面，荷蘭人對水稻種植似乎沒有像砂糖生產那麼關注。甘蔗種植實行免稅，而水稻種植則必須納稅；而且甘蔗製造的砂糖荷蘭人予以「確實收購」，稻穀卻不如此。《巴達維亞城日記》載：「農民比起種植穀類，看來更喜歡種植甘蔗。因為種甘蔗比種穀類較少受氣候影響，而且公司能夠確實收購。」[118]

　　為什麼荷蘭人不對稻穀也採取確實收購的政策？這主要是因為稻穀不是國際貿易商品。荷蘭人購買糧食的目的是為了消費，但他們是否在島內購買，這要看糧價的高低而定，如果台灣的糧價高於其他地區，他們就寧可在外地購買。另一方面，糧食與移民人口的生活密切相關，隨著移民人口日益增多，對糧食的需求量增大，荷蘭人要完全實行壟斷收購的政策也不可能。

　　由於稻穀生產荷蘭人控制較少，因此糧食的販運與銷售主要由中國人進行。在荷占時期，台灣生產的米穀有一部分是輸往大陸的。1640年荷蘭人說：「台灣，在最近的將來，似乎不再要輸入稻米，或許可有剩餘的米輸至他處。」[119]至1647年，由於台灣連年災歉，荷蘭人決定禁止米穀輸往大陸[120]。這至少說明，在1647年以前就已經有台米輸向大陸了。1648年荷蘭人仍實行禁運。而

118　《巴城日記》，第3冊，頁197。

119　中村孝志，〈荷領時代之台灣農業及其獎勵〉，《台灣經濟史初集》，頁58。

120　1647年10月10日《熱蘭遮城日記》，殖民地檔案1064號，中村孝志，〈地場諸稅〉（下）。

1649年以後，台灣年景轉好，農業生產常獲豐收，這時又有台灣大米輸往大陸。1653年，有「相當數量」的米、麥被運往對岸。1654和1657年，荷蘭人又實行糧食禁運政策[121]。而1658年，由於鄭成功解除海禁，商業貿易大為好轉，台灣的農業生產也頗獲豐收，這時「有大量穀物輸出到中國及其他各地」[122]。1660年以後，鄭成功要攻打台灣的消息頻傳，荷蘭人又「禁止米穀出口」[123]。

在台灣大米經常輸往中國大陸的同時，荷蘭人卻一直從島外購買糧食，運入台灣。關於這方面的情況，《巴達維亞城日記》多有記載，參看下表。

時間	從外地購買糧食的內容	出處
1634.9.18	一艘荷船從暹羅載米24Coijang（1Coijang＝330擔）到大員。	①220
1634.10.5 和 11.7	台灣派出兩艘荷船，攜帶現金7000里耳到暹羅採購大米。	①170
1636.7.22 和 7.28	兩艘荷船運載大米7.5Coijang、穀35Coijang從暹羅航向大員。	①283
1636.11.29 和 1637.1.15	兩艘荷船從日本抵達大員，載米4200袋。	①292
1637.2.20	一艘荷船從日本載米3000袋到大員。	①322
1637	台灣向暹羅訂購大米100Coijang	①312
1640.4.13	一艘荷船從日本載米600袋抵達大員。	②23
1641.2.14	一艘荷船從日本載台灣需要的大米800袋抵達巴城。	②108
1644.5.3	兩艘荷船從暹羅載大米100拉斯特航往大員。	②244
1644.10	台灣向暹羅定購大米150拉斯特，其中約65拉斯特已運抵大員。	②304
1645.1.14	一艘荷船從台灣航往暹羅為運載訂購的大米和木材。	②377

---

121 同上。
122 C.E.S.，《被忽視的福爾摩薩》，卷上，《選編》，頁126。
123 里斯，〈台灣島史〉，《台灣經濟史三集》，頁21。

1648.8.4	一艘荷船從巴城航向大員，運載糧食等貨。	③113
1653.6.7	潘明儼從巴城運載大米390里耳航向大員。	③140
1657.6.5	巴城總督決定向大員輸送大米，150拉斯特。	③167
1659.6.31	潘明儼從巴城載米10.5拉斯特航向大員。	③180
1659.6.18	一艘荷船從巴城運載暹羅米等貨物航向大員。	③183

即第一冊，以此類推。

　　從此表資料可以看出，在荷蘭人統治期間，他們是經常從島外購買糧食的。這不僅在土地開發初期，而且在荷人統治的末期也是如此。爲什麼荷蘭人要不斷從島外購買糧食？特別是進入50年代以後，台灣已有五、六千morgen的稻田被開墾出來，糧食自給有餘，每年甚至有大批米穀和甘蔗被「整船整船地運往其他各地」[124]。而荷蘭人仍然從外地輸入，這裡面的原因就值得探討。

　　我以爲，荷蘭人之所以不斷在外地購買糧食，原因是多方面的，其中一個重要因素，可能與當時各地的米價有直接關係。1646年鄭成功海上起兵，此後福建沿海戰亂頻繁，糧食危機一直嚴重存在。鄭成功不僅經常派人到江浙、廣東一帶取糧，而且從國外輸入糧食[125]，但金廈漳泉一帶的糧價仍是很高的。如1663年明安達禮等人密報廈門情況說：「據哨探面稟，……近日自揭陽運來七十船米石。該米船駛抵後，不曾發予商販，均由鄭錦、洪旭、鄭泰等分取。每擔定價二兩四錢。」[126]而荷蘭人原來準備在台灣收購大米，每拉斯特定價爲50里耳（最初僅40里耳）。1拉斯特等於20擔，即每擔大米的收購價爲2.5里耳，合1.8兩，這是大大低於廈

---

124 甘爲霖，《荷蘭人侵占下的台灣》，見《選編》，頁95。

125 拙作，〈鄭成功兵額與軍糧問題〉，《鄭成功研究論叢》（福建教育出版社，1984年）。

126 康熙二年五月二十三日，〈明安達禮等密題廈門防禦及米石來源事本〉，《康熙統一台灣檔案史料選輯》（福建人民出版社，1983年），頁6。

門鄭氏的「定價」的。台灣商人收穫大米，他們了解各地行情，自然願意把大米輸往大陸。而內地米價的高漲，也必然要影響台灣的大米價格。1644年10月25日卡朗報告說：如果荷蘭人不能從暹羅得到足夠的大米，就「不得不從中國人那裡高價購入」[127]。可見台灣米價在荷蘭人看來確是「高價」的，他們難以接受。

另一方面，荷蘭人在暹羅、日本等地都設有商館。暹羅、日本是重要產糧區，糧食價格相對低廉。以日本為例，1644年，荷蘭駐平戶商館購得糙米1,000包，每包淨重64斤，價銀一兩。以此計算，每擔（100斤）糙米值銀1.56兩[128]。1645年，又購入大米700包，每包1.52兩[129]。暹羅在歷史上是亞洲著名的糧食出口國，它的糧食肯定不會比日本更高。荷蘭商船經常來往於上述各地，他們從那裡購辦大米十分方便，因此就不願對台灣大米進行高價收購，而讓其自由流通（必要的時候限制出口），自己從島外輸入糧食，形成了以台灣為中心的米穀雙向流通的局面。

荷占時期，台灣的主要農產物是砂糖和米穀，而這兩項農作物的生產都是直接與市場相聯繫的，帶有濃厚的商品經濟色彩。其中砂糖為國際貿易商品，荷蘭人予以壟斷收購，再運往外地出售，而米穀雖然未進入國際市場，但它也被當作商品銷售，除了在島內消費外，還大量運往中國大陸，成為海峽兩岸經濟交往的一項重要內容。

荷占時期，台灣米、糖生產的商品經濟特徵，對以後也發生著影響。清收復台灣後，台灣的農業生產仍然與市場經濟緊密相連。康熙三十一年（1692年）任分巡台廈兵備道的高拱乾說：上年糖價稍漲，台農就「惟利是趨。舊歲種蔗，已三倍於往昔。今歲種蔗，竟

---

127 《巴城日記》，第2冊，頁304。
128 《巴城日記》，第3冊，頁75。
129 《巴城日記》，第3冊，頁96。

十倍於舊年」，以致蔗園擠占農田不得不下令示禁[130]，雍正初年在台灣的巡台御史黃叔璥也說：台灣三縣「皆稱沃壤」，每年穀物收成，「千倉萬箱，不但本郡足食，並可資贍內地。居民止知逐利，肩販舟載，不盡不休，所以戶鮮蓋藏」[131]。清代台灣農業幾乎成了商品性生產。糖價高時多種甘蔗，糖價低時多種水稻。這種以市場需求來影響農業生產的特徵，與台灣島內的商品經濟較為發達有關，但追根溯源，這一風氣的產生不能不說是從荷占時期開始的。

第四節　關於租稅問題

　　荷占時期台灣的農業租稅如何？也是值得研究的問題。因為這一問題不僅涉及到荷蘭人的剝削量，而且涉及到當時的生產關係等方面。

　　關於台灣農業稅的資料，中國文獻記載十分具體。連橫《台灣通史》云：荷蘭王田，上則田每甲徵租18石、中則田15石6斗、下則田10石2斗，上則園10石2斗、中則園8石1斗、下則園5石4斗[132]。連橫所說的「租」，實際上是「稅」[133]，即中國農民耕種王田，所必須交納的田賦。這條史料常被學者引用，以說明荷蘭人在農業方面的剝削情況。

　　但是查閱荷蘭文獻，有關稻作稅的記載與上述大不相同。荷蘭人向中國農民徵收田賦，早期是1/20稅，1644年改為1/10稅。《巴達維亞城日記》載：1644年10月25日卡朗報告說：「在鹿皮交收時，

---

130 高拱乾，〈禁飭插蔗並力種田示〉，《重修台灣府志》，卷10，〈藝文誌〉。

131 黃叔璥，《臺海使槎錄》，卷3，〈赤崁筆談〉。

132 連橫，《臺灣通史》，卷8，〈田賦志‧荷蘭王田租率表〉。

133 參見鄧孔昭，〈鄭氏文武官田租稅考〉，載《台灣通史辨誤》，(江西

我們增徵了執照稅，稻作稅也由1/20提高到1/10。」又說，向中國
人徵收種稻的1/10稅是從「最近開始，合計承包1640里耳」[134]。當
時農田的稻穀產量，我們暫且估計爲每甲產穀40石，而徵收1/10稅
是每甲交納4石，這數量比連橫所說的上則田每甲徵「租」18石減
少很多，比最低等的下則園5石4斗也相差一石有餘。

　　按理說，荷蘭人這一記載是可信的。因爲這是台灣長官向巴
城總督的報告，屬內部資料，不需要隱藏或僞造。但如何看待上
述兩則資料的差異，史學界有兩種辦法：

　　一種，把這兩條資料合併敘述。如《台灣省通志稿》云：荷蘭
人「對土地所徵之地租，一如諸羅雜識所記，分爲上中下則徵粟。
其租率爲：上則田每甲徵粟十八石；中則十六石五斗；下則十二石
二斗。上則園徵粟如下則田；中則八石一斗；下則五石四斗。一說
開墾地悉委諸牧師及學校教師掌理，對其掌理之地，徵收十分之一
稅及人頭稅（七歲以上者），而納於荷蘭聯合東印度公司」[135]。上面
所云有兩處數字有誤，姑且不論[136]。就其方法而言，把這兩種明顯
差異的史料併爲一談，不作任何分析，實際上仍沒有解決問題。

　　另一種辦法，是對中國文獻記載的徵稅率加以解釋。如奧田
彧等人在〈荷領時代之台灣農業〉一文中說：「因爲荷蘭人對於
中國移民，在土地之外，尙供給資本，故所收稅額（表面上是賦
稅），……是包括著賦稅、農業資本的利息和分期償還的資金在

(續)―――――――――――――――
　　人民出版社，1990年）。
134 《巴城日記》，第2冊，頁302、293。
135 《台灣省通志稿》，卷9，〈革命志・驅荷篇〉。
136 中則田徵粟「十六石五斗」，因與《諸羅縣志》卷6記載的鄭氏官租相
　　同。但《重纂福建通志》卷50、《台灣通史》都作「十五石六斗」。
　　而鄭氏文武官的「田租率」正好是官田「租率」的1/5，以此檢算，應
　　爲15石6斗。下則田徵粟「十二石二斗」，應爲「十石二斗」之誤。因
　　爲諸書記載相同，應爲作者筆誤。

內，甚至在開拓土地和經營農業時，爲防止番人的傷害，有一部分防護費用，亦包括在內。」[137]這樣的解釋可以把荷蘭人的1/10稅與中國文獻記載的高稅統一起來，但細加推敲，也有問題。

1. 荷蘭人向中國農民提供資助，包括耕牛、種子、農業貸款等等，並不是對所有人，在任何場合都是如此。如興修水利一項，就有參若埤是「佃民王姓參若者」修建的；荷蘭陂也是「鄉人築堤，蓄雨水以灌田」。這說明興修水利並不是全由荷蘭人出資，而有一部分是由中國移民自己集資修築的。又如提供農業貸款，1637年，准許在新港及其附近的中國人向牧師尤紐斯賃借耕作費用400里耳。如此區區數額，顯然也不可能提供給每個耕作者。既然荷蘭人沒有向所有中國人都提供耕作費用，那麼就不可能把「農業資本的利息」加入賦稅內，作爲普遍稅則向所有人徵收。

2. 荷蘭人提供的各項資助，也是通過不同渠道加以補償，這與農業稅沒有關連。如提供耕牛，有的本身就是營利性買賣，荷蘭人在出售耕牛過程已獲得利潤。提供農業貸款，有的是通過提供商品實現的，這本身亦是一種買賣，而且荷蘭人由此還獲得了對農產物的收購權，他們所提供的商品價值及其利息，也是在收購農產物時加以回收；有些貸款是高利率的，其利息也由提供者自己收取，並沒有也不可能把它們加入賦稅內一起徵收。況且，有不少貸款是資助藍和甘蔗種植的，而這些作物恰恰免稅。

3. 荷蘭人徵收的田賦，表面上看是「分成租（稅）」，實際上

---

137 奧田彧、陳茂詩、三蒲敦史，〈荷領時代之台灣農業〉，《台灣經濟史初集》，頁46。

又把它轉化為定額的貨幣賦稅加以徵收。如1644年，荷蘭
人徵收的稻作稅是1,640里耳。這與中國文獻記載的按田園
等則徵收穀物沒有任何相似之處。

那麼，連橫《台灣通史》裡的「荷蘭王田租率表」是怎麼來
的？我以為可能與《諸羅雜識》及《重纂福建通志》的記載有關。
《台海使槎錄》引《諸羅雜識》云：「蓋自紅夷至台，就中土遺
民令之耕田輸租，以受十畝之地名為一甲，分別上、中、下則徵
粟，其陂塘堤圳修築之費、耕牛農具籽種，皆紅夷資給，故名王
田，亦猶中土之人受田耕種而納租於田主之義，非民自世其業而
按畝輸稅也。及鄭氏攻取其地，向之王田皆為官田，耕田之人皆
為官佃，輸租之法一如其舊，即偽冊所謂官佃田園也。」[138]而《重
纂福建通志》卷50記載了鄭氏「官佃田園」的徵租率，即上則田
每甲徵粟18石、中則田15石6斗，以至下則園每甲徵粟5石4斗。既
然《諸羅雜識》記載鄭氏將荷蘭王田改為官田，「輸租之法一如
其舊」，那麼就很容易使人聯想鄭氏官田的徵租率必然等同於荷
蘭王田的田賦率，從而連橫編製出〈荷蘭王田租率表〉來。

其實，《諸羅雜識》一書早佚，連橫也沒有見過是書[139]。而
從黃叔璥的引文看根本就沒有具體記載荷蘭王田的徵賦情況。《諸
羅雜識》說「分別上、中、下則徵粟，其陂塘堤圳修築之費、耕
牛農具籽種，皆紅夷資給」云云，只能是後人對荷蘭王田制度的
一種追述。這種追述是否可靠，仍需查考。因為《諸羅雜識》成
書於清朝統一台灣之後（雍正以前），距離荷據時期至少在20年以
上，其中口碑相傳，訛談不實之處在所難免。而所謂「輸租之法

---

138 黃叔璥，《台海使槎錄》，卷1，〈赤崁筆談・賦餉〉。
139 連橫《台灣通史》卷24〈藝文志〉沒有記載《諸羅雜識》一書，可見
連橫沒有見過。

一如其舊」，如果理解爲鄭氏官田的徵租與荷蘭王田有某種淵源關係則可，如果理解爲荷蘭人的稻作稅即等同於鄭氏的官租則不可。

荷蘭王田的徵稅率，應以荷蘭人的原始記載爲準，即1644年以前徵收1/20稅，以後提高爲1/10稅。而這1/10稅是承包給中國人徵收的，荷蘭人向承包者主要收取現金。

中國農民除了交納1/10稅外，普通佃農還要向墾主繳納地租。因爲荷蘭人將土地提供給墾主去召佃耕作，這些墾主投資於農業生產，也要從中獲得土地的部分收益，也就是說，佃農耕種王田，他們實際上承擔著雙重的租稅剝削。佃農在每年收成之後，要將農產物按一定比例交給墾主，作爲地租。而墾主再將其中的一部分交給稻作稅承包人，作爲田賦；而稅收承包人又將這些農產物轉變爲現金(有時荷蘭人也兼收穀物[140])交給荷蘭人。

墾主向佃農收取地租(內含稻作稅)，其方式必然要沿襲中國人原有的習慣——按田園等則收取實物。《諸羅雜識》說「分別上、中、下則徵粟」，指的應是墾主向佃農徵收地租的情況，至於徵收標準，現在沒有直接資料。如按連橫《台灣通史》的記載：上則田每甲徵粟18石、中則田15石6斗、……下則園5石4斗。平均每甲徵粟11石7斗[141]，這一比例與清初民田的地租率是基本吻合的，約占當時農田稻穀產量的30%(以每甲產穀40石計)[142]可以作爲參考。

鄭成功收復台灣後，將荷蘭人的王田沒收，改爲官田；墾主

---

140 如1648年10月荷蘭人規定，至12月末日以前，稻作稅承包者應將穀物或現金交給公司，每袋穀折30斯蒂法。《熱蘭遮日記》，1648年。殖民地檔案1067號，f.376.引自中村孝志，〈地場諸稅〉(下)。

141 計算公式，(上則田徵租率＋下則田徵租率)÷2。

142 按清初民田的地租率均占產量的20-30%，見《諸羅縣志》，卷6。

制也隨之取消，原來的土地耕作者皆爲官佃。因此，這些佃農原先須向墾主交納的地租就轉變爲官租，由官府徵收。《諸羅雜識》說：鄭氏官田「輸租之法一如其舊」。十分明顯，鄭氏承襲的是墾主向佃農徵收稻作稅之舊了，而不可能是荷蘭人向墾主徵收稻作稅之舊了。由於這些地租裡面包含著稻作稅，因此鄭氏的官租也是租、賦統一的，這符合官租的特點[143]。

總而言之，荷蘭時期台灣的稻作租稅是雙重的：一層是荷蘭人向墾主徵收的1/10稅（1644年以前爲1/20稅）；另一層是墾主向佃農徵收的地租（這裡僅指墾主剝削的那一部分），這兩者相加，才是王田耕作者所受剝削的總量。以往不少學者都把連橫「荷蘭王田租率表」誤以爲是荷蘭人徵收田賦的情況，爲此特別予以訂正，至於稻作稅徵收的具體情況，這裡不想繼續敘述，待下章討論賦稅問題時再作介紹。

---

143 鄭氏官租正好等於文武官田的租、賦之和，見鄧孔昭，〈鄭氏文武官田租稅考〉。

第六章

經濟掠奪

　　荷蘭人占領台灣，除了以大員為通商貿易據點，大量獲取中國商品之外；再一個目的，就是直接從島內獲得可供出口的商品，並且鼓勵移民，發展生產，向島內人民徵收各種賦稅，以增加公司的殖民地收入。

　　荷蘭人在台灣的經濟掠奪可歸結為三大類：一是對自然資源的掠奪；二是對農產物的掠奪；三是賦稅收入。關於對農產物(主要是砂糖)的掠奪，我們在上面已經談過，這裡不必再論述。本章著重探討荷蘭人對自然資源的掠奪以及各種賦稅收入，最後對荷蘭人在台灣的財政收支問題做一探討。

第一節　對自然資源的掠奪

一、掠奪鹿皮

　　荷蘭人對自然資源的掠奪，主要是鹿皮，除此之外，還有黃金、硫磺、煤炭等物。在荷人據台初期，由於土地未闢，農產物不多，沒有什麼東西可供獲取，因此對自然資源尤其是鹿皮的掠奪就顯得尤為突出。

　　台灣盛產鹿，這一點盡人皆知。1603年陳第〈東番記〉說：

台灣「山最宜鹿，儦儦俟俟，千百爲群」，每年多天原住民上山狩獵，「獲若丘陵，社社無不飽鹿者」[1]。1623年雷約茲派人到蕭壠調查，他們也發現在大員附近有很多的鹿群：「光是在我們從大員海邊橫渡上岸的那一塊陸地上，就有很多鹿從我們面前跳躍而過，還有野豬，其數目之多，我們認爲鮮有國家可與比擬。」[2]

在荷蘭人來到台灣之前，大陸商人已常到台灣與原住民貿易，收購鹿皮。他們用瑪瑙、瓷器、布、鹽、銅簪環之類，「易其鹿脯、皮、角」[3]，輸往大陸或日本。據宋克報告：「聽說每年可得鹿皮二十萬張，乾鹿肉及乾魚也很多。」每年大約有100艘中國帆船到大員捕魚，並購買鹿肉輸往中國，「這些帆船上載有許多進入內地收購鹿皮鹿肉的中國人」[4]。

與此同時，日本人也經常派商船到大員，從原住民那裡購買鹿皮，並與大陸商人進行貿易。1624年1月，巴城總督卡本特向阿姆斯特丹總部報告說：「近來在Tayouan（大員）每年都有日本的戎克船渡來收購鹿皮，據說最近駛來的一艘戎克船曾載去鹿皮約1800張，此外尚有中國貨物。」[5]

荷蘭人來到台灣以後，很快就看中當地的鹿皮資源。他們不僅多次派人去調查鹿皮的出產與貿易情況，而且著手進行收集或狩獵。早在1623年雷約茲還在澎湖的時候，就已派人到大員收購鹿皮了。他在次年初報告說：中國人「不喜歡我們與大員的原住民開始鹿皮貿易，加上不喜歡我國人在該地建造城堡，因此採取種種手段

1　陳第，〈東番記〉，載《閩海贈言》，卷2，〈記〉。

2　江樹生譯，〈蕭壠城記〉，《台灣風物》，第35卷第4期。

3　陳第，〈東番記〉。

4　《巴城日記》，第1冊，頁75；參見《選編》，頁234-235。

5　Originele General Missive van de Gonverneur General Pieter de Carpentier uit het Fort Batavia in dato 3 Jan 1624；引自中村孝志，〈十七世紀台灣鹿皮之出產及其對日貿易〉，《台灣經濟史八集》，頁25。

進行妨礙」[6]。1625年宋克在他的報告書中也談了同樣的情況[7]。1626年，西班牙人繪製大員港口圖，在赤崁西南方亦畫有兩個穿紅衣的荷蘭人在捕鹿，並注明「公司獵場(Campana de Casa)」的字樣[8]。

台灣生產的鹿有多種。蔣毓英《台灣府志》卷四物產提到，鳳山、諸羅二縣出產「鹿、麕、獐、麂皮」，「興販東洋用」。在荷蘭文獻中，輸往日本的皮貨分別是鹿皮、大鹿皮、獐皮和山羊皮等，其中以鹿皮為最大量。

台灣原住民捕鹿有兩種方法：一種是集眾圍捕，這種方法最為常見，所謂：「約百人即之，窮追既及，合圍裹之，鏢發命中。」[9]荷人〈蕭壠城記〉裡對此也有詳細記述。另一種是設陷阱，它不需要很多的人，而且捕獲量較大。《諸羅縣志》引陳小厓〈外記〉云：「昔年地曠人稀，麋鹿蝟聚。開大阱，覆以草，外椓杙，竹箋疏維如柵。鹿性多猜，角觸箋動，不敢出圍，循杙收柵而內入；番自外促之，至阱皆墜矣，有剝之不盡至腐者。」[10]

漢族人民捕鹿的方法與原住民不盡相同。他們除了設陷阱外，還採用設機關或張網捕捉。史載「鹿大抵是以繩和竹制的捕獸機捕捉的」[11]。在荷蘭文獻中，常提到漢人「用罛」捕鹿。「罛」即大網，就是說用張網的辦法將鹿捕獲。

荷蘭殖民者為了大量獲取鹿皮，允許漢族人民入山捕鹿，同時採取強硬措施，不許原住民予以妨礙，否則出兵鎮壓。漢人入山之前，要向荷蘭人交納狩獵稅，以領取捕鹿許可證。按規定，

6　《巴城日記》，第1冊，頁44。

7　《巴城日記》，第1冊，頁74，參見《選編》，頁234。

8　曹永和，〈歐洲古地圖上之台灣〉，《台灣早期歷史研究》，頁344。

9　陳第，〈東番記〉。

10　《諸羅縣志》，卷8，〈風俗志・雜俗〉。

11　里斯，〈台灣島史〉，第八章，《台灣經濟史三集》，頁19。

每張用罠許可證每月須繳納1里耳，每張設陷阱許可證每月繳納15里耳。徵稅與發證都由牧師掌管執行。

　　那些入山捕鹿的漢人，一般都是有組織的，每個頭人大多買有十幾張許可證，有的多達三、四十張。據里斯說：「他們必須為他們所派遣出去的每個獵夫買一張『許可證』。」[12] 但實際情況不一定如此。如Songo在1638年10月18日買有45張許可證，而他才率領30人到諸羅山狩獵。漢人領證入山後，還可以根據實際情況，過一段時間後將多餘的許可證繳還荷蘭人或讓渡給他人。如1638年12月22日，Schitko領得許可證20張，至次年2月8日繳還8張，留下12張繼續使用至3月26日，共繳納稅金40里耳。又如Jauchijm，他於1638年10月21日領證25張，在次年2月21日繳還14張，留下11張繼續使用至4月22日。此外，他還在1月22日得到許可證10張，而這是從Theitiau加里讓渡來的。以下是1638年10月至1639年5月，牧師尤紐斯發放用罠許可證和徵稅的情況：

姓名	出獵時間	地點	領取許可證張數	稅金real	備註
Songo	10.18-11.8	諸羅山	45	30	率30人獵狩，被逐
Songo	12.22-1.22	"	35	35	
Theiting	10.8-11.8	"	30	30	被逐
Theiting	12.22-2.18	"	30	45	2.8繳還12張
Theiting	2.8-2.18	"	18	6	
Jan Soetekauw	10.8-1.18	"	20	67	
Jan Soetekauw	10.15-1.15	"	6	18	

　　12　里斯，〈台灣島史〉，第八章。

Sapsiko	10.8-11.8	"	20	20	被逐
Sapsiko	12.12-2.19	"	20	45	
Schitko	10.11-11.11	"	20	20	被逐
Schitko	12.22-2.8	"	20	30	2.8繳還8張
Schitko	2.8-3.26	"	12	10	
Gwitsick	10.11-3.11	"	10	50	
Gwitsick	12.12-1.12	羅諸山	8	8	
Kokong	10.14-1.14	?	20	60	
Kokong	12.13-3.28	蕭壠	10	35	
Kokong	1.14-3.31	?	1	2又1/2	
Jauchijm	10.21-2.21	?	25	100	2.21繳還14張
Jauchijm	2.22-4.22	?	11	22	許可證由 Theitiau讓渡
Jauchijm	1.22-5.8	?	10	35	
Thaitia	10.21-1.21	諸羅山	25	75	
Zinkik	10.25-1.25	"	25	75	1.25繳還10張
Zinkik	1.25-3.25	"	15	30	
Suia	?	?	4	4	狩獵1個月
Watbang	11.11-1.26	諸羅山	14	35	
Tongo	12.22-4.22	?	5	20	
Tinsiak	12.14-4.14	諸羅山	13	52	
Watbang	12.25-1.25	?	12	12	
Watbang	1.25-2.5	?	8	3	1.25繳還4張
Lakko	1.3-1.18	諸羅山	10	5	
Sinco	2.13-3.2	Takareian	12	6	3.2繳還8張
Sinco	3.2-5.2	"	4	8	
Kastvat	3.19-4.19	蕭壠	5	5	
Saptia	10.25-11.10	Vororollang	25	12又1/2	被逐
"	12.12-2.22	"	25	50	
"	?	"	2	5*	狩獵二個月零幾天
Swantai	10.25-11.10	"	10	5	被逐
"	12.22-1.22	"	10	10	
"	1.22-2.22	"	2	2	
Simkoi	10.26-11.10	"	40	20	被逐

"	12.22-1.22	"	34	34	
Simsiang	10.26-11.10	"	20	10	
"	12.12-1.22	"	20	20	
"	1.22-2.5	"	20	10	
"	2.5-2.22	"	3	1又1/2	
Scheiang	10.26-11.10	"	20	10	被逐
"	12.22-1.27	"	30	45	原作20張，疑誤
Sina	12.22-1.22	"	25	25	
Banwia	12.22-2.22	"	10	20	
總計				1278又1/2**	

註：＊Saptia納稅總額原作為67又1/9里耳，疑誤。據罟獵、陷阱獵稅收總額核計（見
　　《巴城日記》冊2，頁408），此數應為67又1/2里耳。故算出表中5里耳之數。
　　＊＊原作1278里耳，應為1278又1/2里耳之誤。此據罟獵、陷阱獵稅收總額核計。
資料來源：尤紐斯〈鹿罟獵計算書〉，載《巴城日記》，第3冊，附錄二，頁
　　404-409。

　　值得注意的是，這些捕鹿的組織者，有些是從事貿易的商人。
如Jan Soetekauw，此人就是上面屢次提到的Sitsick（又作Sisiq或
Sjangsou，是否是鄭芝龍曾提到的商人曾希止？[13]），他家居大陸，
在淡水從事硫磺生意，還曾置船前往柬埔寨、東京、巴達維亞等
處貿易。又如Lakko，1637年1月3日領證10張在諸羅山捕鹿，他亦
名Lacco、Qualakko，是一名商人；鄭成功收復台灣前夕任大員長
老，出售黃金給荷蘭人，並向他們通報過鄭成功的消息[14]。可見商
人在荷占時期是很活躍的。當然，並不是說每個領證的漢人都具
有商人身分。有些人領證不多，甚至十分窮困，但他們都是捕鹿
活動的組織者，這一點則無疑問。

　　荷蘭人徵收狩獵稅的收入，每年多達一、二千里耳。前已談
到，這些狩獵稅的徵收由牧師掌管。牧師將這筆收入用於對原住

13　鄭芝龍，〈重修水心亭記〉（崇禎十一年正月），《安海志》，卷18，
　　〈樓亭〉。

14　C. E. S.，《被忽視的福摩薩》，《巴城日記》，第三冊，頁234。

民的教化及其他開支，每年還有一些剩餘。現將1638-1640年度台灣狩獵稅收入與開支情況造列一表：

（單位：里耳）

年度	狩獵稅收入			支出	結餘
	陷阱	用罠	總計		
1638	1983	717 $\frac{1}{2}$	2700 $\frac{1}{2}$	1092 $\frac{3}{4}$	1607 $\frac{3}{4}$
1639	720	1278 $\frac{1}{2}$	1998 $\frac{1}{2}$	1004 $\frac{3}{4}$	993 $\frac{3}{4}$
1640	—	—	1941 $\frac{7}{8}$	625 $\frac{1}{4}$	1314 $\frac{5}{8}$

按：1638年度的狩獵稅收入，實指1637年10月至1638年5月，依此類推。
資料來源：中村孝志，《十七世紀台灣鹿皮之出產及其對日貿易》，數字經筆者訂正。

　　里斯〈台灣島史〉說：「在1652年，狩獵許可稅收還有36,000 Realen（里耳）之多，而在1653年，則有26,715Realen。」[15]。里斯的數字常被引用[16]，而且這一記載比表上的數字高出許多倍，但它的可靠性令人懷疑：1.表上資料顯示，1938-1640年度，台灣狩獵稅的收入在1900至2000多里耳之間，而這時期是台灣捕鹿的最高峰，鹿皮的輸出量也最多，1652和1653年並沒有達到這樣的水平（詳後），為什麼狩獵稅收入反而高出十幾倍之多？2.據筆者觀察，里斯的數字是來自彼特·樊·丹姆（Pieter van Dam）《東印度公司誌》的一段記載。丹姆的原話是：1653年，「台灣的村落、農業、漁業等各項包稅額，達2,6715real（里耳）。這比前年足減少10,000 real」[17]。十

15　里斯，〈台灣島史〉，第8章，《台灣經濟史三集》，頁19。

16　如連橫《台灣通史》卷17〈關徵志〉云：狩獵稅「歲入三萬六千盾，少亦二萬餘盾」，這裡將「里耳」改成「盾」。又如東嘉生《台灣經濟史概說》云：狩獵稅「年達二萬數千Real（1653年為26,715 Real, 1652年止，共360,054 Real）」。1652年的語意不明（《台灣經濟史二集》，頁9）。此外，在不少學者的文章裡亦有引用。

17　Pieter van Dam: *Beschrijvinge van de Oostindische Compagnie*, Z de Beoki dl·1, bl, 711，引自中村孝志，〈荷領時代台灣南部之鯔魚漁業〉，《台

分明顯，里斯據此將1652年定爲36,000里耳，1653年爲26,715里耳。但丹姆原意指的是「台灣的村落、農業、漁業等各項包稅」總收入，而不是狩獵稅收入。里斯顯係誤用了，有必要加以更正。

漢族人民所獲的鹿皮，荷蘭人按市場需求以一定的價格收購，當市場需求較旺時，價格較高，反之則低。1633-1641年，荷蘭人制訂的收購價是：每百張上等13兩、中等皮11兩、下等皮5.4兩。但在1642年底，由於日本市場價格下跌，鹿皮滯銷，荷蘭亦降低了收購價，定爲：上等皮每百張10兩、中等8-9兩、下等4兩。至1644年，由於收購價過低，獵人裹足不前，荷蘭人重又改定價格，將收購標準略爲提高：

上等品　　每百張　　15　里耳，即10.95兩

中等品　　每百張　　$12\frac{1}{2}$里耳，即9.125兩

下等品　　每百張　　$6\frac{1}{2}$里耳，即4.5625兩[18]

荷蘭人通過價格的不斷調整，來解決供需之間的矛盾，進而控制並影響著捕鹿活動的進行。

但荷蘭人對鹿皮資源的掠奪絕不僅僅是利用經濟的手段，更爲重要的，還利用了超經濟的強制，即通過行政的，甚至是軍事的干預，來保證所有鹿皮都落入他們手中。1644年台灣長官卡朗報告說：「中國人除在Dorenap和淡水之間獲得的鹿皮外，很少聽見將鹿皮輸出中國和其他地方，上述情況由於大尉波恩的出征，將會得到迅速防止。」[19]這一報告很清楚地說明，在荷人控制的範圍內，鹿皮是必須全由公司收購的，而對於其他有可能使鹿皮外流的地方，荷蘭人則嚴格予以控制。

（續）————————————

　　　　灣經濟史三集》，頁52註7。

18　以上價格見《巴城日記》，第2冊，頁301-302。

19　《巴城日記》，第2冊，頁302。

　　控制鹿皮外流的另一個方式，就是趁漢人經濟窮困的時候，以代墊狩獵稅來換取對鹿皮的收購。1640年10月23日，牧師尤紐斯致信巴城總督說：

> 許多中國人窮得付不出執照費，要求我給他們代墊；他們答應在打獵之後把鹿皮賣給我，無論大小，每一百張十個里耳，而前任長官也答應我們可以這樣做，只要我們自己負責由於中國人逃跑或者是負債不償所造成的一切損失。長官是很同意代墊的方法，因為這麼一來，一切鹿皮均歸我們所有，否則就會像過去那樣偷偷地被運到中國去。[20]

　　需要注意的是，1640年鹿皮收購價，以上、中、下三等品平均計算，每百張為9.8兩，約合13.42里耳（1里耳＝0.73兩），而這裡尤紐斯的收購價僅每百張10里拉。荷蘭人通過代墊的方式，不僅控制鹿皮的收購，而且壓低了價格，使狩獵者蒙受更大的損失。

　　由於荷蘭人採取各種手段壟斷鹿皮，因此從台灣返回大陸的商船中，很少見有鹿皮輸出。唯40年代初期，由於荷蘭人對日本貿易下降，鹿皮過剩，才允許有少量鹿皮由中國人販賣。

　　荷蘭人除了從漢人手中收取鹿皮外，還想盡辦法從原住民那裡獲得鹿皮。因為原住民也從事捕鹿，這也是來源之一。荷蘭人採用的辦法主要有兩種：

　　一是通過原有的漢族商人渠道，讓他們到村社貿易，收集鹿皮再賣給公司。荷蘭人占據台灣後，漢人到村社收購鹿皮的活動仍在進行。《大員商館日記》1638年4月10日載：本日有三艘從烈嶼出發的船隻抵達大員，載來76人，他們的目的是「捕魚及鹿皮

20　甘為霖，《台灣基督教會史》（Wm.Campbell: *An Account of Missionary Success in Formosa*, Vol Ⅰ, p.85-90, London, 1889），引文參見《鄭成功史料選編》（福建教育出版社，1982年），頁221。文字筆者稍作修改。

貿易」[21]，大陸船隻抵達台灣後，須在大員停靠，領取許可證，然後才可到其他地方。返回時亦須在大員停靠，接受荷蘭人的監督和檢查。因此《大員商館日記》留有許多購、運鹿皮的記載，現將零星所見整理一表於下[22]：

時間	從大員出發			返回大員		
	船數	目的地	目的	船數	出發地	載貨內容
1634.3.5	2	淡水、北港	鹿皮、鹿肉貿易			
3.6				2	南方	相當多鹿皮、穀物及少量魚乾
4.3				1	淡水	30捆土藤、穀物及75張鹿皮
4.22				5	淡水	鹿皮
1635.6.27				3	魍港	鹿皮10000張
1637.5.10	1	魍港	要獲鹽魚鹿皮			
8.12				?	北部	鹿皮4000張
1638.2.18	1	北淡水	捕魚及收集鹿皮			
3.30?	1	淡水	捕魚及收集鹿皮			
3.31?	1	淡水	捕魚及收集鹿皮			
5.6	3	魍港、光港	捕魚及鹿皮貿易			
1639.7.1				?	二林	鹿皮若干
7.11				?	放緣	鹿皮300張

上述這些從大員出發的船隻，目的都是要「搜集鹿皮」或從事「鹿皮貿易」，返回時除運載其他貨物外，還有為數不等的皮貨。當然，這些鹿皮並不一定都是從原住民那裡得到的，有些可能是漢人的狩獵物。但可以肯定的是，原住民的鹿皮有相當部分是通過原有的村社貿易而流入荷蘭人手中，這是一條最主要的渠道。

21　曹永和，〈明代台灣漁業志略補說〉，《台灣早期歷史研究》，頁199。
22　引自中村孝志，〈十七世紀台灣鹿皮之出產及其對日貿易〉，曹永和，〈明代台灣漁業志略補說〉。

　　另一條渠道，是荷蘭人通過行政命令的手段，強迫原住民繳納鹿皮，這就是納貢。如1642年2月，特羅登紐斯要法沃蘭人「每戶每年向公司繳納稻穀十擔，鹿皮五張」，以作爲懲罰。同年11月20日，特羅登紐斯發給羅奧廷斯(Johannes Lauotins)的指令，也是要他在鎮壓法沃蘭之後，順路到新Davole等社宣示 ，「每戶每年必須貢納稻穀十把，又鹿皮五張」，以表示服從[23]。1644年3月在赤崁召開的南、北、東部地方會議上，納貢制度被確定下來。此後所有歸服的村社，每年都必須「繳納鹿皮或稻穀」給公司，從而荷蘭人掠取原住民的鹿皮，增加了一條固定的來源[24]。

　　除了行政命令之外，荷蘭人也自己向原住民購買鹿皮，但不是使用現金，而是用物品進行交換。《巴達維亞城日記》1644年12月2日載：6月份，卑南被大火燒毀。「公司的房屋以及爲購買鹿皮藏在該地的物品276盾14斯蒂法12便尼都被燒掉，搶救出的東西很少。所幸的是，前不久戎克船伯拉克(de Bracq)號將納貢的鹿皮和購入品以及稻穀由該地運往大員。」[25]

　　由此可見，荷蘭人爲掠奪鹿皮資源，是不擇手段的。他們對漢人和原住民分別採取了不同的方式。對漢人多採用強行收購的辦法，而對原住民，則除了行政命令之外，主要透過社商進行收集，同時荷蘭人也參與了購買鹿皮的活動。

　　荷蘭人將收集到的鹿皮全部運往日本出售。那麼，每年有多少鹿皮出口呢？據荷蘭文獻記載，在30年代，大約是每年平均10萬張以上，其中1638年高達15萬多張。40年代以後有所下降，但在普通年份，平均亦有五、六萬張至八、九萬張之多；詳見下表(次頁)。

23　殖民地檔案1053號。引自周憲文，〈荷蘭時代台灣之掠奪經濟〉，《台灣經濟史四集》，頁63。

24　關於納貢制度，參見本書第二章第三節。

25　《巴城日記》，第2冊，頁279。

（單位：張）

年份	各種鹿皮	大鹿皮	山羊皮	獐皮
1634	111840	5116(斤)		
1638	151400			
1641	51060			
1642	19140＜	1150	1330	
1643	61580	3212(斤)＜	550	
1644	39020	41547(斤)	1764	
1649	27050＜			
1650	82874			
1651	43530	400		1010
1652	91572	6920		
1653	54700	2000		
1654	27240	4880		
1655	103660	8000	1274	450
1656	73022(內含大鹿及山羊)			
1657	60344	5336	3443(內含 Swart-aespeus laerevellen)	
1658	94474	6380	4937	
1659	73110		15400	
1660	64898 (內含大鹿)			
1661		2180	600	

註：19140＜表示在19140張以上。「各種鹿皮」項內可能也會有大鹿皮、山
　　羊皮、獐皮等。
資料來源：中村孝志，〈十七世紀台灣鹿皮之出產及其對日貿易〉。

　　荷蘭人收集鹿皮有一個發展過程，剛占據台灣的時候，由於
原住民不斷反抗，統治範圍不廣，收獲量不可能很大。因此這時
期荷蘭人加緊鎮壓原住民，目的之一就是要擴大對鹿皮資源的掠
奪。1633年，荷蘭人制訂出收購鹿皮的價格，這似乎表明獲取鹿
皮已逐步走上正軌。1634年，從台灣輸往日本的各種鹿皮達11萬
張以上。1636年以後，隨著原住民的反抗被鎮壓下去，荷蘭人統

治範圍日益擴大，大陸移民增多，加上台灣對日本的貿易正在迅速發展，因此捕鹿活動出現高潮，僅在三、四年間，每年就有數以十萬計的鹿皮出口。

荷蘭人大量收取鹿皮，給鹿皮資源帶來極大破壞。1640年以後，台灣鹿的數量就急劇下降。同年12月6日《巴達維亞城日記》載：「鹿由於三年來的不停捕獲而大爲減少，在六年內不可能達到原來的數量，因此一致決議，禁止掘穴張網捕獲一年。」[26]荷蘭限制狩獵，目的是爲了維護他們長遠的經濟利益。1642年，在台漢人又提出申請捕鹿，這一年只允許用罞，停止使用陷阱，但鹿的數量仍在銳減。1644年，荷蘭人準備發放400張許可證，希望得到5萬張鹿皮。但次年2月5日卡朗報告說：計畫發放的400張許可證只發出364張，即北部331張、南部33張，其原因是鹿在減少。「二十年來，每年捕獲5萬、7萬以至10萬頭鹿，所以明顯減少，僅在少數空地內有生存」，「如果兩年進行狩獵，第三年不停止的話，就會全部絕滅」。是年由於荷蘭人得不到所希望的5萬張鹿皮，不得不從暹羅增加訂購，以應日本之需[27]。

從總體上看，在40年代，台灣輸往日本的鹿皮量大幅度下降。據說1652年以後，台灣鹿的生存數又有所回升，因此50年代輸出的鹿皮再度增加。在荷蘭人竭澤而漁的掠奪政策影響下，台灣鹿皮資源遭到嚴重的破壞。以後，鹿的數量越來越少，濫捕加上墾荒，很多鹿場被田園所代替。《東寧政事集》說：在鄭氏時期，「收皮之數每年不過5萬張，或曰萬餘張(《諸羅縣志》：土番歲貢倭鹿皮3萬張)」[28]。這與荷人據台初期聽說的每年可得鹿皮20萬張，已相去甚遠。陳小厓說：「今鹿場多墾爲田園，獵者眾，

26　《巴城日記》，第2冊，頁34。

27　《巴城日記》，第2冊，頁338。

28　《鳳山縣志》，卷4，〈田賦志〉。

乃禁設阱以孕種矣。」[29]

二、掠奪黃金、硫磺、煤炭

除了鹿皮之外，黃金、硫磺、煤炭也是台灣出產可供直接掠奪的自然資源。

荷蘭人占領台灣之前，就已知道該島產有黃金。1622年，雷約茲在澎湖與中國官員談判，從中得知淡水有黃金出產。1623年3月，雷約茲派遣上席商務員韋霍爾特（Adam Verhult）到大員試行貿易，此時李旦與荷人親善，主動告訴他們雞籠、淡水附近有黃金，不過他力勸荷蘭人不要到那裡去，因為「中國人也都想得到那些金子」，究竟在哪裡是不會說出來的[30]。1624年，荷蘭人從澎湖移占大員。此後由於各種矛盾激化，無暇他顧，因此直至30年代中期，荷蘭人一直沒有機會在島內查找金礦。

1636年4月，牧師尤紐斯聽說琅𤩝附近的山中河床內有金礦，便派一名與他要好的漢人到該地調查，並謀求與原住民結好。同年12月，琅𤩝領主率眾與荷人結和。此後荷蘭人的勢力逐步向東部擴展。1637年，伯格派遣中尉尤里安森（Jeurieansen）到琅𤩝、卑南調查。次年1月，又命令上尉林戈（Johan van Linga）率領士兵130人經琅𤩝前往卑南，此時他們聽說黃金出產於Danau河附近的里漏各村，同時又聽說在距離卑南一天路程的另一個村子裡也有金子。由於這些情況一時難以查清，林戈便委託候補商務員韋塞林繼續在那裡調查，自己先返回大員[31]。

韋塞林成為荷蘭人在台東查找金礦的急先鋒。1639年4、5月

29 　《諸羅縣志》，卷8，〈風俗志・雜俗〉。
30 　Groeneveldt: *De Nederlanders in China, 1601-1624*，見中村孝志，〈十七世紀荷蘭人在台灣的探金事業〉，《台灣經濟史五集》，頁106。
31 　中村孝志，〈十七世紀荷蘭人在台灣的探金事業〉。

間，他多次向大員報告了調查情況。次年5月5日，他又帶領幾名荷兵從卑南出發，前往里漏，但當走到Supera村時，由於腳部受傷，被迫折回。後來他再一次上路，走到中途聽見鳥鳴，卑南覓人認為不吉利，不願前往。12月6日，台灣長官派遣軍曹斯密托（Juriaen Smito）率領10名荷兵前去增援，韋塞林遂帶領15名荷兵編成一隊，重新出發，在傀儡山得到3.1錢的黃金，於1641年初由海路撤返大員。2、3月間，韋塞林又奉命進入台東。他這次的使命是要查明黃金的確切產地，但是一直走到距離雞籠僅四哩的地方，仍然沒有發現什麼金礦。5月間，又從大員前往淡水，試圖從那裡翻山進入台灣東北部，由於原住民與硫磺商人的抵制，也無法通過。5月末，韋塞林最後一次進入台東，他在那裡調戲婦女，被憤怒的大巴六九人和呂家望人殺死[32]。

　　韋塞林死後，荷蘭人的探金計畫受到沉重打擊。1642年初，特羅登紐斯率領大軍前往征伐，並且希望查明金礦。1月22日，荷軍抵達卑南，24日對大巴六九社發動進攻，夷平村子。隨後繼續北上。但當走到水連尾以北地區時，那裡山高水急，且附近的原住民對荷蘭人懷有敵意，遂決定原路返回。在Supera村，荷蘭人發現一間鐵匠店的鐵砧上有黃色的痕跡，詢問當地人，只知道他們的手鐲、耳環等裝飾物都是來自得其黎（Taki lis）。而得其黎、里漏、淡水等地產有黃金，這是荷蘭人經過屢次調查早有所聞的，但是這一次出征，使他們知道要從南部進入上述地區困難重重，因此計畫從北部入手[33]。

　　1642年8月，荷蘭人攻占雞籠。隨後，特羅登紐斯便命令荷軍分兩路前往東海岸，繼續探明金礦。9月份，由康尼利斯（Symen

---

32　《巴城日記》，第2冊，頁32-34、90、115、132-133，142-144。

33　《巴城日記》，第2冊，頁216-222。

Cornelisz)率領的一支部隊從雞籠出發，前往三貂角。同月底，由
拉莫丟斯(Lamotius)率領的另一支荷軍(即巴達維亞派來的增援部
隊)亦從雞籠出發，前往東海岸。但是這兩支軍隊先後抵達三貂角
後，發現那裡山高谷深，道路奇險；又聽說產金地的原住民生性
凶猛，加上氣候惡劣，只好派遣一部分人乘船到噶瑪蘭、蘇澳等
地調查，大軍返回雞籠，於10月初抵達[34]。通過這次探險，使得荷
蘭人知道要從北部進入台東也是十分困難的。不過，攻下雞籠，
畢竟為查找金礦打開了另一條通道。同時荷蘭人知道：台灣黃金
的確切產地在哆囉滿地區；而且在西班牙人占領期間，北部的金
包里(Kimauri)、Tapparij(在淡水附近)等社住民常與哆囉滿人進行
黃金交易[35]。

　　1644年，大員評議會議長麥爾(Le Maire)向巴城總督報告說：
「關於哆囉滿以及那裡的金礦，長官經過再三考慮，認為此事若
操之過急，必將有害無益；相信總有一天，會從山地原住民那裡
發現一條抵達該地的便利通道。目前多數村社已漸次歸服，他們
也遲早會歸順的，只是我們要耐心等待。」[36]由此可見，荷蘭人經
過前後八年的探險，雖然已經查到黃金產地，但要接近仍十分困
難，因此他們計畫先從外圍入手，等待時機，以期最終達到目的。
為此，他們採取了三方面的措施：

　　第一，繼續派兵出征台灣東部和北部，鎮壓原住民，尋找金
礦，同時利用餘威迫使哆囉滿人歸服。1644年底，卡朗就計畫派
遣布恩率軍征台東，征伐Sabien、Tellaroma和馬太鞍人，同時查找
金礦。但是由於風浪太大，軍隊糧食無法運送，只好把這項計畫
取消，改派上述軍隊出征北部。1645年初，布恩又率艦隊前往卑

34　殖民地檔案1049號，f.303；1053號，f.661-666v.見中村孝志，上引文。
35　《巴城日記》，第2冊，頁283-284。
36　《巴城日記》，第2冊，頁251。

南,將糧食事先運抵該地[37]。同年11月,上席商務員卡薩奉命率領443人從大員出發,經琅𤩝喬灣抵達台東。荷軍在那裡鎮壓Tala-roma和馬太鞍人的反抗,然後向花蓮港推進。12月24日,有哆囉滿長老Tarrjeuw等人攜帶禮物,前來與荷人結和,荷蘭人命令他們今後每戶每年要交納一錢黃金,以作為歸服的憑證。25日,卡薩又帶領40名士兵向峽谷方向探尋,但沒有找到金礦,只好命令當地住民交出他們手中的黃金,荷蘭人由此得到砂金2.5里耳、品質低劣的平板金25里耳以及銀塊5里耳,並且命令他們今後每年要交納砂金10里耳[38]。

　　第二,利用北部原住民首領與哆囉滿人的貿易關係,從中獲得黃金。在荷蘭人未占領雞籠之前,北部原住民如金包里、Tapparij等社就經常與哆囉滿人進行黃金交易。荷蘭人占領後,很快就得知這一消息,便通過上述的首領以及一名在雞籠居住30餘年的日本人九左衛門去收集黃金,再交給公司。1645年7、8月間,哆囉滿人到噶瑪蘭貿易,荷人通譯Wilhem Alberti購得黃金1里耳。在此前後,又有金包里首領Theodore和九左衛門受荷蘭人派遣,到得其黎收購,買到住民收藏的砂金6里耳。此外Theodore還與哆囉滿人約定,今後應視其具體情況,每年每戶交來砂金半里耳或1、2里耳[39]。這些砂金都是為荷蘭人收集的,這是他們取得黃金的一個重要來源。

　　第三,荷蘭人自己派人進駐哆囉滿地區,進行收集和購買。隨著荷人勢力在北部的不斷擴展,至1646年,他們已決定派遣人員進入哆囉滿地區,直接查找金礦並收集黃金。同年5月17日,商務員哈帕特(Gabriel Happart)自雞籠發出的備忘錄說:他擬派遣兩名年輕的荷蘭人隨同Theodore、九左衛門等進入哆囉滿,「往訪該

37　《巴城日記》,第2冊,頁330、342、350。

38　殖民地檔案1108號,f.428-451。

39　殖民地檔案1108號,f.520-522。

地的首長Tarrieuw，與之親善增進交誼，要求其提供貢物作爲歸順
的憑證，並搜集多量的黃金」。同時，這些派駐人員還要在那裡
調查黃金的來源、採集方法等有關問題，學習語言，以成爲公司
的「有用之才」[40]。荷蘭人自己派人進入哆囉滿，究竟有多少作爲，
現在還沒有進一步的資料。不過根據有關材料顯示，至1656年，
荷蘭人已停止向該地派駐人員了。同年11月，候補商務員鮑塞倫
（Pieter Van Borselen）在雞籠聽說：公司已沒有派人駐在哆囉滿，
只雇用一名金包里通譯從事黃金交易，「但該通譯只求中飽私囊，
公司方面卻得不到若何利益」[41]。

　　在荷占時期，與哆囉滿人進行黃金交易是用物物交換的方
式，通常使用大鐵鍋、鐵條、西班牙白銀以及其他雜貨進行交換。
白銀與黃金的兌換率是8：1，鐵條每10里耳對換砂金1/4里耳。另
外由於黃金成色以及交換地點的不同，其比例也有所差別。至於
交換的具體情況，1660年到達台灣的赫波特（Albrecht Herport）在其
〈台灣旅行記〉說：產金地的原住民將砂金及未精煉的金子帶到
一個經常交換的地點，放在那裡，然後離去；與他們交換的人也
帶去貨物；這些原住民再去觀看，如果貨物的價值與金子相當，
就取走貨物，否則把金子帶回。「荷蘭人也和他們交易」[42]。

　　從總的看來，荷蘭人從30年代中期以後開始查找金礦，直至
統治末期，所得黃金是不多的。這一方面由於黃金出產於台灣東
海岸的深山之中，荷蘭人進入不易，更無從進行大規模開採；另
一方面，原住民仍採用原始的採集方法，其產量相當有限。在西
班牙人占領期間，金包里人與哆囉滿人交換黃金，每年40里耳[43]，

40　殖民地檔案1108號，f.523-524。
41　殖民地檔案1108號，f.363-365。
42　《台灣經濟史三集》，頁115。
43　《巴城日記》，第2冊，頁283。

按1：8折算，僅相當於白銀320里耳，這一數量是很少的，因此荷蘭人獲得的黃金不可能太多。但是他們卻千方百計四處尋找，從中可以看出荷蘭人渴求黃金的強烈欲望！

與黃金相反，荷蘭人在台灣掠奪硫磺卻較為大量。

硫磺出產於淡水。1642年以前，這一地方被西班牙人占領，但荷蘭人已通過中國商人去採製硫磺。據一名在淡水的西班牙傳教士說：淡水的北投盛產硫磺，漢人冒險進入該地，用毛氈類以及裝飾用的瑪瑙、手釧鈴等物與原住民交換，然後以每百斤5兩甚至17兩的價格銷往中國大陸[44]。荷蘭人也通過這些商人到那裡採製。1640年12月6日《巴達維亞城日記》載：「商人Peco和Campe派遣往淡水的三艘戎克船於10月歸航，載來粗製硫磺10萬斤。其中約2萬斤是透明的大塊，其餘都是粉末。」[45]除了Peco、Campe之外，Sitsick和Samsick也到淡水從事硫磺貿易。

這些商人前往淡水，事先由荷蘭人提供經費。至於經費標準，1640年以前是每百斤硫磺3里耳，後來由於Peco提出費用太少，難以維持，伯格將標準提高到每百斤3.5里耳，但它仍然太低。據1641年1月29日《巴達維亞城日記》載：「商人Peco和其他人提出，每百斤給3里耳半難以維持他們的硫磺業。因為精製硫磺需要大量的油，這種油每百斤值銀8兩；而用戎克船從雞籠、淡水載來的粗硫磺12-13萬斤，精製後僅得5萬斤，剩下的都是土壤。」[46]從前西班牙傳教士的報告，中國商人將硫磺輸往大陸，每百斤價格5-17兩銀，以1里耳等於0.73兩折算，淡水硫磺輸往大陸每百斤是6.8-23.3里耳。而荷蘭人僅給3.5里耳就要得到「精製硫磺」，這樣的標準(實際上是買入價)確實是太低了。

44　《台灣省通志稿》卷4，〈經濟志‧綜說篇〉。

45　《巴城日記》，第2冊，頁38。

46　《巴城日記》，第2冊，頁108-109。

　　中國商人前往淡水，也要冒一定的風險。而荷蘭人爲了取得
硫磺，也向他們提供一些安全方面的保證。如1641年3月17日特羅
登紐斯報告說：「勸商人Peco繼續到淡水從事硫磺貿易，他準備在
四月份派遣大小戎克船兩艘前往該地，但爲了防備西班牙人和其
他敵人，他請求借用數門輕炮以及10-12名荷蘭人，予以同意。」[47]11
月6日又報告說：「中國商人Peco、Samsiacq和Jan Soete Kau到淡
水從事硫磺貿易，遵照他們的請求，用載有荷蘭人和中國人的公
司戎克船淡水號前去護送他們的戎克船。」[48]

　　荷蘭人每年從淡水獲得多少硫磺？沒有系統的統計資料。
1640年10月，商人Peco、Campe用船隻運載10萬斤粗硫磺到大員。
1641年1月29日《巴達維亞城日記》又載：「向中國人買入進一步
精製的硫磺32475斤送往印度沿海後，他們繼續從事精製，至今僅
得到17,000斤，其中10,000斤準備送往東京，2,000斤送往柬埔寨，
剩下的與日本載來的5,000斤一起送往巴達維亞。」[49]至1642年1
月，台灣仍存有粗硫磺達20-25萬斤[50]。

　　這些硫磺除了送往印度沿海外，其餘大部分輸往東京、柬埔
寨和巴達維亞。1637年2月26日，一艘荷船從大員起航，運載硫磺
1,000斤往東京。1641年4月19日，有一艘荷船從日本經大員抵達巴
城，運載精製硫磺10,000斤。1644年12月12日，台灣派出的一艘荷
船抵達巴城，運載硫磺10,864斤。1661年4月17日，荷船烏爾克(Urk)
號從大員抵達巴城，該船運載「淡水承包人交納的硫磺餘額11,826
斤」[51]。

47　《巴城日記》，第2冊，頁128。
48　《巴城日記》，第2冊，頁145。
49　《巴城日記》，第2冊，頁108。
50　《巴城日記》，第2冊，頁204。
51　以上見《巴城日記》有關條目。

台灣硫磺還大量輸往中國大陸。特別是1642年以後，由於荷軍攻占雞籠，到淡水採製硫磺已沒有多少障礙，因此產量大幅度增加。而這時中國大陸戰亂加劇，急需硫磺，這也為荷蘭人加大對硫磺的掠奪提供了外部條件。1644年10月25日卡朗報告說：「在雞籠、淡水發現硫磺和煤炭。硫磺相當豐富。……淡水已出產大量硫磺。由於中國戰爭，向該地大量輸出。今年初有大小戎克船30艘航往淡水運載硫磺。」[52]而在同一年，一名中國官員到淡水購買硫磺，經荷人同意，輸出粗硫磺10萬斤，予以免除關稅。鄭芝龍也提出因戰爭需要，從台灣輸出硫磺10萬斤[53]。1645年，Lampcam（浪白澳？）的一名「大官」派載重7萬斤的戎克船兩艘從大陸直航雞籠、淡水，從事硫磺貿易。荷蘭人予以應允，但限定只能一次，同時要繳納出口關稅，輸出生硫磺每萬斤交納20里耳[54]。而這名「大官」起碼輸出硫磺達10萬斤以上。

煤炭的開採比硫磺遲，它是在荷軍攻占雞籠以後，而且產量似不太高。1644年10月25日卡朗報告說：雞籠、淡水發現硫磺和煤炭。「煤炭因藏於地下，難以發掘。稍為擔心。長官獎勵煤炭的開採，期望今年能有少量輸送。」[55]這一年，卡朗派遣布恩出征台灣北部。荷軍在那裡鎮壓原住民，向他們徵收貢物，同時命令金包里村的住民攜帶大量煤炭到稜保下的海邊，「他們得到我們的援助，有了上山挖煤的勇氣，希望今後能得到大量的優質煤炭」[56]。可見荷蘭人是利用原住民去開採煤炭的。

《巴達維亞城日記》又載：1644年10月間，出征北部的荷軍

52　《巴城日記》，第2冊，頁287-288。

53　《巴城日記》，第2冊，頁250。

54　《巴城日記》，第2冊，頁336。

55　《巴城日記》，第2冊，頁287-288。

56　《巴城日記》，第2冊，頁280。

返抵大員，布恩帶回「相當量的煤炭」，同時報告說今後每年可得到兩船以上的煤炭。「然而」那些在外表，即裸露在山縫中、未達到地下的煤炭，還不知在雞籠的哪個地方，今後應加以適當考慮。無疑，公司採掘煤炭定會成功。而長官切望訂立計畫，知道每年能夠達到怎樣的目標」[57]。1645年2月14日，已有350噸雞籠煤炭被運抵巴城[58]，以後荷蘭人仍在台灣加緊掠奪，至1659年5月2日，仍有一艘荷船抵達巴城，運載煤炭500袋[59]。

第二節　徵收賦稅

　　荷蘭人徵收的賦稅名目甚多，這是他們財政收入的一大來源。在1640年以前，荷蘭人已開始徵收進出口關稅、漁業稅、狩獵稅、人頭稅、稻作稅等等；1640年以後，這些稅種繼續徵收，同時增加了村社貿易稅、宰豬稅、衡量稅等名目，而且稅率明顯提高，對稅收的管理也大為加強。

　　荷蘭人徵收賦稅的主要對象是漢族移民。他們將這些徵自台灣漢族移民的賦稅稱作「地場諸稅」，主要有：人頭稅、村社貿易稅、稻作稅、漁業稅(不含鯔魚稅)、宰豬稅、衡量稅等，現將這些稅收分別介紹於下：

　　人頭稅　人頭稅的徵收早在荷人統治初期就開始。1629年底公司規定：凡是在村落居住的中國人，每三個月都要到熱蘭遮城更換許可證一次，更換新證的同時就要納稅，但稅率不明。1635年，隨著漢人渡往台灣日漸增多，荷蘭人向移民徵收的人頭稅是每月1/2

57　《巴城日記》，第2冊，頁311。
58　《巴城日記》，第2冊，頁333。
59　《巴城日記》，第3冊，頁178。

里耳。1639年則課以每月1/4里耳[60]。1640年以後開始走上正常化。《巴達維亞城日記》載：「向中國人每人徵收1/4里耳的人頭稅從8月1日開始，在遭到少數人反對和抱怨之後，於9月1日起正式實施。發現在大員、新港和平地居住的中國人共3,568人。」[61]此後一直用每月1/4里耳的稅率徵收人頭稅。至1650年，這一稅率改爲每月1/2里耳。據1651年1月20日巴城總督遞交的一般報告書：1650年，在台灣的移民達15,000人，其中有10,811人繳納了每月1/2里耳的人頭稅[62]。而1651年5月10日東印度參事會的決議錄說：台灣人頭稅收入每年差不多20萬盾[63]。按此推算，這一年也似按每月1/2里耳徵收的。但在1652年郭懷一起義之後，人頭稅的徵收又有所降低，恢復到原來的每月1/4里耳。1653年荷蘭人試行人頭稅承包制，是年每月的承包額爲3,100里耳[64]，而當時在台的漢族人數大約1萬人以上。

荷蘭人徵收人頭稅的對象主要是居住在台灣的漢族移民，此外，對於臨時到台灣經商、捕魚的漢人也照樣徵稅。1644年12月27日卡朗報告說：「以前，中國人都在戎克船內居住，爲此請求許可證的人數過大，而稅收減少。因此規定：今後須按船隻大小比例，載重量每百擔只允許留住4人，限定人數發給水上許可證，其餘的(一個也不許例外)按月繳納人頭稅。」[65]與此同時，荷蘭人對於爲公司服務的人(如長老等)予以免稅。爲了鼓勵攜帶家眷渡

60　中村孝志，〈地場諸稅〉（下）。

61　《巴城日記》，第2冊，頁30。

62　殖民地檔案1070號，f.26，引自中村孝志上引文。

63　1651年5月10日，巴城總督和東印度參事會決議錄。殖民地檔案673號，引自Johannes Huber: *Chinese settlers against the Netherlands East India Company*。

64　1653年10月24日，卡薩致巴城總督的信，殖民地檔案1197號，f.788v:Johannes Huber，上引文。

65　《巴城日記》，第2冊，頁329-330。

台，1646年，華特建議對婦女實行免稅，「帶家眷住台的中國人可享受三人免除人頭稅的待遇」[66]。但郭懷一起義之後，這一優待政策被取消[67]。所有婦女、兒童（7歲以上）都需納稅。

人頭稅的徵收長期由荷蘭人親自掌握，屆時荷人挨家挨戶搜查登記，以防漏稅或逃稅。1653年起開始試行由中國人承包徵收，每年4、5月間，承包者通過投標認定承包額，徵收一年的人頭稅。承包時必須有長老或大商人擔保，如無特殊情況，必須按時交納，否則唯擔保人是問，現將1654-1657年的人頭稅承包情況列一表[68]：

（單位：里耳）

年度	月額	年額	承包人	擔保人
1654	3025	36300	Gienko	Juko,Sisia
1655	3300	39600	Hiko	Juko,Sisia
1656	3990	47880	何斌	Boicko
1657	4150	49800	kintia	Juko,kajang

人頭稅是荷蘭人的主要稅種之一。在40年代初期，每年徵收人頭稅大致1萬多里耳。以後隨著移民人口迅速增加，至1650年高達6萬多里耳（約20萬盾）。而1654年至荷蘭人統治末期的承包徵稅期間，每年亦有3萬多里耳到5-6萬里耳的收入。

村社貿易稅　村社貿易稅又稱村社貿易承包稅，即中國文獻所說的「贌社」。贌社制度開始於1644年。這一年荷蘭人召開地方會議，宣布此後不許漢族商人在原住民村社內進行自由貿易，凡要進入村社貿易的商人都必須參加投標，中標者才能進村從事

66　1646年11月13日，華特及大員評議會致巴城總督及東印度參事會的信，Voc169 f.260，參見Johannes Huber，上引文，頁44，註25。

67　1652年10月30日，費爾堡及大員評議會致巴城總督及東印度參事會的信，Voc 1194 f. 129 v，見Johannes Huber，上引文。

68　引自中村孝志，〈地場諸稅〉（下）。

貿易，並且向荷蘭人繳納承包稅金。

到村社貿易的商人主要是爲了購買鹿皮，因此贌社與鹿皮收購緊密聯繫在一起。《諸羅雜識》說：「贌社之稅，在紅夷即有之。其法每年五月初二日，主計諸官集於公所，願贌眾商，亦至其地。將各社港餉銀之數，高呼於上，商人願認則報名承應，不應者減其數而再呼，至有人承應而止。隨即取商人姓名及所認餉額書之於冊，取具街市鋪戶保領。就商徵收，分爲四季。商人既認之後，率其夥伴至社貿易。凡番之所有，與番之所需，皆出於商人之手；此外無敢買，亦無敢賣。雖可裕餉，實未免於累商人。」又說：「台灣南北番社，以捕鹿爲業。贌社之商，以貨物與番民貿易；肉則作脯發賣，皮則交官折餉。日本之人多用皮以需之；紅夷以來，即以鹿皮興販。」[69]其實，贌社的日期不是每年的農曆五月初二日，而是新曆4-5月的某一天。荷蘭人每次都事先張榜公告，到時社商畢聚，在公司的園圃內進行投標，承包額最高者被委予某個村社的貿易壟斷權。同時要有大商人或長老擔保。開始貿易之前先繳納一半的承包稅，另一半待承包期滿後結算。

1644年，荷蘭人先將大武壠、哆囉嘓等社的貿易稅實行承包，共計承包額2140里耳。據《巴達維亞城日記》載，這些村社的具體承包額如下：

大武壠，140里耳；哆囉嘓，140里耳；諸羅山，285里耳；他里霧，115里耳；法沃蘭，300里耳；南部一帶，800里耳；笨港（半年），220里耳；新港仔、Dorenap和北港、淡水之間用4艘戎克船進行貿易，每航海一次，140里耳，計2,140里耳[70]。同年11月，又對

69　黃叔璥，《台海使槎錄》，卷5，〈番俗雜記·社商〉。
70　《巴城日記》，第2冊，頁292-293。

大員附近的新港、大目降、目加溜灣、麻豆、蕭壠等五社實行承
包，從11月12日至次年4月30日承包期結束，承包額695里耳。另
外，二林、小Davole、Dovenap等社555里耳，兩項共計1,250里耳[71]。
這一年度（1644年5月至1645年4月），總共承包額為3,390里耳。

　　1645年4月28日下午，公司又召集社商，對這一年度的村社貿
易稅進行投標，是年承包額為4,532里耳，而且範圍有所擴大，其
中還包括少量的赤崁宰豬稅和內河漁業稅。1646年4月13日再行承
包，是年的承包額上升到9,730里耳，村社貿易範圍已擴展到台灣
中部和最南部。此後，荷蘭人徵收的村社貿易稅增長很快，至1650
年高達61,580里耳。1651年以後有所下降，直至荷人統治末期，一
般每年都在2-3萬里耳之間，詳見下表：

（單位：里耳）

年度	承包數額	年度	承包數額
1644	3390	1651	35385
1645	4532	1653	29445
1646	9730	1654	30970
1647	12985	1655	20880
1648	20900	1656	22155
1649	44885	1657	23675
1650	61580	1659	25000以上

按：表上數字為招標時定下來的承包額，但個別年份在徵收時有所調整。如
　　1648年實際徵收額20,060里耳，1653年為26,715里耳。
資料來源：《熱蘭遮城日記》、《一般報告書》，見中村孝志〈地場諸稅〉（下）。

　　稻作稅　稻作稅即對稻米生產所徵收的田賦。1644年以前徵
收1/20稅，1644年10月起改徵1/10稅，而且把這項稅收實行承包。

71　《巴城日記》第2冊，頁311-329。按：《日記》中，對新港五社的承
　　包額一作65里爾，一作700里爾，實際為695里爾。參見中村孝志〈地
　　場諸稅〉（上）。

　　稻作稅的承包期限與村社貿易稅不同。村社貿易稅從每年的5月開始，至次年4月底爲止，而稻作稅則從10月開始，至次年5月31日爲止。稻作稅投標承包時，按投標額最高的入選。承包者必須先繳納一半稅金，其餘一半待半年後交清。承包時同樣需要有擔保人，對逃避不繳納稻作稅的農民則課以25里耳的罰款。

　　稻作稅的徵收也有實行減免。一般爲公司服務的重要人物(如長老、大商人)予以免稅。在發生嚴重自然災害時，經公司確認批准，亦給予部分減免或全部免稅。一般情況下，每年課稅面積約占實際耕地面積的60-80%左右。

　　每一年份的徵課稅率由於承包額的不同而變化不定。在1647年和1656年，每morgen農田平均僅徵收2里耳的賦稅，而1654年則高達morgen平均5里耳，其餘年份大都在3、4里耳左右。

　　同時，不同地段的徵稅率也不相同，這可能要視田土的好壞而定。以1654年爲例，有些地段平均徵稅率爲每morgen3.9里耳，而有的則高達7里耳，參見下表：

耕地名	農田面積 (morgen)	課稅面積 (morgen)	承包人	擔保人	承包額 (里耳)	稅率 (里耳/morgen)
Amsterdam	25	18	ponckit	Pauw	80	4.4
Middelburch	653.1	399	kingsia	Pauw	1950	4.9
Delft	13.5	13.5	何斌	Boiko	52	3.9
Rotterdam	811.7	776.7	Coutea	Tonckip,keja	4150	5.3
Hoorn	84.5	61	Gouqua	Keijang	265	4.3
Enckhuijsen	51.6	24.6	Tonckip	Boiko	95	3.9
Sonck	93.4	63.4	Tsoeiko	Koiko	260	4.1
Nuijts	127.8	127.8	Tsehoij	Sanckjauw	500	3.9
Putmans	447.9	390.9	Siekoe	Boicko	2030	5.2
van der Burch	91.5	7.5	Hokko	Juko	37	4.9
Traudenius	185.4	185.4	Koiko	Juko	1110	6.0
Le Maire	9.1	9.1	Tsehoij	Seko	50	5.5
Den inham	/	/	/	/	/	/

de Witt	7.5	7.5	Tjoeiko	koiko	47	6.3
koecke backer	282.6	103	Tsaiko	Boiko	720	7.0
未測量地	/	/	/	/	/	/
Versche河以南	38.6	13.6	Lacko	Zancjauw	75	5.5
計	2923.2	2201			10921	5.0

資料來源：中村孝志：〈地場諸稅〉（下）。

　　稻作稅徵收的範圍是赤崁及其附近的農田，赤崁以外的耕地沒有徵收。在開始承包時，1644年僅1,640里耳[72]。1645年的徵稅額亦只1,690里耳。1646年因旱災免稅。而1647年則猛增至6,370里耳，1648年更高達16,000多里耳，此後再大幅度下降。50年代以後，大多數年份是在幾千至1萬多里耳之間，至1657年達到18,000多里耳。

年度	農田面積 （morgen）	課稅面積 （morgen）	課稅面積 所占比率%	稻作稅承 包額(里耳)	稅率(里耳 /morgen)
1644	?	?	?	1640	?
1645	1713	?	?	1690	?
1647	4056.5	3299	81.3	6370	1.93
1648	5155	4175.5	81.0	16590	4.0
1649	?	?	?	2801	?
1650	3481	3842	81.6	9345	3.3
1651	1924	1485.5	77.2	6208	4.2
1652	4539.4	?	?	6949	?
1653	3700	?	?	8901	?
1654	2923.2	2201	75.3	10921	5.0
1655	4978.4	3101.5	62.3	12995	4.2
1656	5846.9	3771.2	64.5	7565	2.0
1657	5409.3	3737.3	69.0	18085	4.8

按：1655-1657年的農田面積均未包括赤崁以外的Tikarangh墾區，若包括進去，1655年的農田面積為5,577.7morgen；1656年為6,516.4morgen；1657年為6,026.5 morgen。本表據中村孝志〈地場諸稅〉（下）所引殖民地檔案編製而成。

72　《巴城日記》，第2冊，頁293。

　　漁業稅　這裡的漁業稅指的是荷蘭人向在台灣近海和內河捕魚的漢族漁民所徵收的一種賦稅，它不包括每年冬季向漁民所徵收的鯔魚稅。

　　漁業稅的徵收開始甚早。1630年7月6日大員評議會決議錄云：「中國人在此地的海峽內外，每日用小舢舨從事捕魚，他們要向公司繳納漁獲物的什一稅；但是他們用各種方法企圖逃避，並且也毫無疑問地，時常有在暗夜或其他時候入舶於碼頭（檢查處）的困難發生。故他們對此曾要求繳納每月稅金以代什一稅。於是普特曼斯長官及評議會經過詳細考慮以後，允准每一隻舢舨船每月可發給一張執照，而每領取一張執照須要繳納一里耳。如是則對於從前的負擔，就完全免除。但是這些訓令，只適用於到碼頭的舢舨船，至在北風期中用戎克船、艋舺船以及其他船舶向大員以南或以北出發捕魚的收入，則仍保留照從前一樣徵收什一稅。」[73]可見荷蘭人這裡所說的漁業稅，不包括每年冬季前往捕撈烏魚的鯔魚稅。而這些在台灣近海捕漁的漁稅，1630年以前爲1/10稅，以後改爲每月每船交納1里耳，由荷蘭人自行徵收。

　　1640年以後，荷蘭人將這種漁業稅交給中國人（或少數荷蘭人）去承包。《巴達維亞城日記》載，1640年9月各種賦稅的承包額，其中「漁場（除鯔魚業外）300里耳」[74]。1644年起，荷蘭人開始實行贌社制度，這時將漁業稅與村社貿易稅合在一起，同時在每年4-5月間招標承包。1645年，村社貿易稅的承包額爲4,771里耳，其中包括Taffel山腳湖泊的捕漁稅50里耳；藍田附近小沼29里耳，共計79里耳[75]。1646年，承包的範圍有所擴大。至1647年，已

73　殖民地檔案1013號。引自曹永和〈明代台灣漁業志略補説〉，《台灣早期歷史研究》，頁236-237。

74　《巴城日記》，第2冊，頁130。

75　《熱蘭遮城日記》，1645年。殖民地檔案1060號，f.675，見中孝村志，

達到台灣中部各地漁場，是年這一地區的承包額共計815里耳，其中：蚊港，二處200里耳；Caya，一處70里耳；Oyny，125里耳；麻豆溪，90里耳；Lamkjoo，90里耳；Cattiaattau，90里耳；Ouwangh（歐汪？），50里耳；鹿耳門及Caya，100里耳[76]。

　　1650年以後，荷蘭人在台灣徵收漁業稅進一步加強，不僅徵收範圍擴大，而且把近海漁業與內河漁業明確區分開來。近海捕獲的鹹水魚供應荷蘭人食用；而內河捕獲的淡水魚要賣給原住民，漁業稅均歸公司收入。從1650至1657年，每一年的漁業稅承包額大多在2,000-3,000里耳，其中1650年高達6,000多里耳。現將荷蘭人歷年的漁業稅收入整理一表於下：

（單位：里耳）

年度	近海漁業稅	內河漁業稅	合計
1640	300	?	300
1645	?	79	79
1646	?	210	210
1647	650	335	985
1648	825	345	1170
1650	4700	1465	6165
1651	2635	1245	3880
1654	1900	1385	3285
1655	1685	1320	3005
1656	1950	1075	3025
1657	700	520	1220

資料來源：《熱蘭遮城日記》，引自中村孝志〈地場諸稅〉（下）。

　　宰豬稅　　宰豬稅實際上是豬肉專賣稅。荷蘭人對豬的宰殺與

（續）──────────

　　　〈地場諸稅〉（上）。

76　《熱蘭遮城日記》，1647年。殖民地檔案1064號，f.581，見中村孝志
　　〈地場諸稅〉（下）。

出售實行專賣制度,對專賣豬肉的人徵收賦稅。1641年4月21日《巴達雅亞城日記》載:從上年9月開始讓幾個人承包各種稅收一年,其中「豬的專賣380里耳」[77]。這裡的「豬的專賣」稅應指宰豬稅。1645年,荷蘭人以160里耳讓人承包赤崁區的宰豬稅。1646年亦是如此。1647年則改爲600里耳實行承包[78]。

　　荷蘭人讓人承包宰豬稅是有條件的。承包者必須按照規定的價格,把豬肉供應給公司或在市場出售,不得高於限價。如1648年,以每斤豬肉或豬油5-6斯蒂法的價格出售給公司爲條件,讓人承包是年的宰豬稅。1654年,規定豬肉、豬油的出售價不得高於每斤5斯蒂法,而且在開市時(每天早晨至傍晚6時)不得到市場以外的地方販賣。1656年,規定豬肉、豬油的售價不得高於每斤6斯蒂法,同時要有一定的數量供應市場。1658年初,由於船舶需要大量豬肉,而豬的存欄數不多,肉價高漲,但荷蘭人仍然限定每斤豬肉售價至多只能從5斯蒂法上調到6斯蒂法[79]。

　　荷蘭人對宰豬稅實行承包同樣要有擔保人。每年在4、5間與村社貿易稅、漁業稅一起招標。承包地區分爲赤崁和大員兩地。在40年代,每年的宰豬稅承包額都在幾百里耳以內。50年代後期明顯增加,大多數年度在2,000-3,000里耳之間。(參見下頁表)

　　衡量稅　衡量稅是貨物經過稅關過稱所必須交納的稅收。台灣最早的衡量稅開始於1650年,而第一次在統計中出現是1653年。是年4月21日,大員衡量稅承包額爲2,000里耳,以後每年4、5月間都實行承包。承包人和擔保人大多是重要商人,其中何斌是主要承包者之一。每年荷蘭人所獲得的衡量稅至少2000里耳,1654年高達5,350里耳。1657年何斌承包3,000里耳,但由於鄭成功

77　《巴城日記》,第2冊,頁130。

78　《熱蘭遮城日記》,1645-1647年,見中村孝志,〈地場諸稅〉(下)。

79　《熱蘭遮城日記》,1654-1658年,見上引文。

（單位：里耳）

年度	赤崁			大員			承包額小計
	承包額	承包人	擔保人	承包額	承包人	擔保人	
1645	160						160
1646	160						160
1647	600						600
1648	720			100			820
1650	2300						2300
1651	1850						1850
1653	1600						1600
1654	2200	Koenho	Tsehoij	1500	Sinckij	't Sehoij	3700
1655	2150	Tsoyqua	Khoiko	1300	't Sauko	Tonckip	3600
1656	1725	Coicko	Hocko	1200	Tonkip	Kejangh	2925
1657	2275	Zakoe	Zako	1075	Auko	Hiko	3350

注：1655年小計3,600里耳之中，有150里耳是其他兩個小地方的承包額，而赤崁、大員的承包額共計3,450里耳。引自中村孝志〈地場諸稅〉（下）第六表。

實行禁海，商船貿易斷絕，後來何斌只繳納一半(1,500里耳)。其餘免除。各年度的衡量稅承包額詳見下表：

（單位：里耳）

年度	承包人	擔保人	承包額
1653			2000
1654	Gienko	Juko, Sisia	5350
1655	何斌	／	4491
1656	Oeijqua	Sisia	3000
1657	何斌	Konckua	3000

資源來源：中村孝志〈地場諸稅〉（下），第七表。

　　荷蘭人徵收的賦稅除了上述六種外，還有釀酒稅、市場稅、出售牛奶稅、房屋稅、航運稅以及1659年開徵的薪炭稅、家畜稅等等。釀酒稅和市場稅在1640年開始實行承包，是年度的承包額為420里耳[80]。以後釀酒稅逐步增加。1641年底從原來的每口酒鍋

80　《巴城日記》，第2冊，頁130。

繳納2斯蒂法提高至10斯蒂法[81]。1644年10月據卡朗報告，釀酒稅按鍋的尺寸和重量，每月徵收2或3里耳[82]。至50年代初期，又提高為每口鍋每月徵收3.5里耳。據估計，荷蘭人每年徵收的釀酒稅至少達5、6千里耳[83]。

出售牛奶稅在1640年實行承包，是年承包額為200里耳[84]。而房屋稅在50年代初是按照房屋價值來徵收的。在熱蘭遮市內，每100里耳的房屋評估價徵收1/4里耳，據說估計每年可收入9,000里耳[85]。

航運稅則附在漁業稅內一起徵收。從1644年起，荷蘭人就採取措施「取締不時的乘船航海」，對需要航行的船隻每船徵收1里耳[86]。1648年，從鹽水溪到淡水溪之間的航運稅加上漁業稅，共計180里耳，1650年為300里耳，1656年250里耳，1657年則90里耳[87]。

除此之外，荷蘭人還向在大員、赤崁居住的漢族漁民臨時徵收各種附加稅。如1644年7月30日台灣暴風雨成災，熱蘭遮城附近海岸被海水沖塌，荷蘭人趕快組織加固，而「這項工程一部分費用由市民捐助」[88]。1645年10月28日卡朗報告說：計畫在熱蘭遮城與住宅區之間修造一條道路，同時修築堤防、平整土地。「因此，中國人除普通人頭稅外，每月應繳納2斯蒂法。另外，在福摩薩內地和附近航海的多數舢舨船，在結束上述經費的收取之前，即明

81　《巴城日記》，第2冊，頁152。
82　《巴城日記》，第2冊，頁293。
83　中村孝志，《地場諸稅》（下）。
84　《巴城日記》，第2冊，頁130。
85　中村孝志，〈地場諸稅〉（下）。
86　《巴城日記》，第2冊，頁293、302。
87　中村孝志，〈地場諸稅〉（下）。
88　《巴城日記》，第2冊，頁295。

年一、二月間，每月應繳納10斯蒂法。」[89]

通過以上敘述我們可以看出，荷蘭人在台灣徵收的賦稅是十分繁雜的，其名目之多，令人眼花撩亂。而這些稅收都是向居住在台灣的漢族移民徵收的，因此它們統稱為地場諸稅，或稱為一般收入，即荷蘭人在台灣的殖民地賦稅收入，它有別於商業貿易的利潤，成為公司財政收入的一個重要組成部分。

同時，通過以上敘述我們還可以看出兩點：

1. 荷蘭人在台灣徵收賦稅是有一個發展過程的。1640年以前稅種較少，收入也不多，此後卻增長很快。《巴達維亞城日記》載：「在1633年至1641年，福摩薩島的課稅很少。」而現在增加了各種賦稅，「稻作稅也由1/20提高到1/10」。1640年以前，台灣的賦稅由荷蘭人自己徵收，在此之後，則開始陸續實行承包，由中國人或部分荷蘭自由民（非公司職員）去代替徵收。如1640年開始承包漁業稅、宰豬稅、釀酒稅、市場稅、出售牛奶稅等等；1644年在提高稻作稅的同時實行承包，並且開始徵收村社貿易稅，建立起有名的贌社制度；1650年開始徵收衡量稅；1653年人頭稅和衡量稅都實行承包。將各種賦稅改為讓人承包，這是荷蘭人稅收管理制度的一大變化，從而可以看出40年代以後荷蘭人在台灣加強殖民地掠奪的重要趨向。

2. 從各種稅收所占的比重看，它們之間也是不平衡的。在六種主要賦稅中，人頭稅最為重要，50年代以後，它每年收入在3萬—5萬里耳之間；其次是村社貿易稅，每年收入約2、3萬里耳；再次是稻作稅，每年大約1萬多里耳；其餘依

89　《巴城日記》，第2冊，頁354。

次爲衡量稅、宰豬稅、漁業稅，年分別收入幾千里耳。
1654-1657年，據荷蘭東印度公司的一般報告統計，這時期
台灣每年的賦稅收入大都是8萬多里耳，1657年達10萬多里
耳。而人頭稅、村社貿易稅、稻作稅三項合計，1654-1656
年爲每年7萬多里耳，1657年達9萬多里耳，它們大約占總
賦稅收入的86％以上。

（單位：里耳）

年度	人頭稅	村社貿易稅	稻作稅	衡量稅	宰豬稅	漁業稅	賦稅總收入
1654	36300	30970	10921	5350	3700	3285	89141
1655	39600	20880	12995	4491	3600	3005	84571
1656	47880	23155	7565	3000	2925	3275	87800
1657	49800	23675	18085	3000	3350	1220	105585

從上表可以看出，人頭稅、村社貿易稅、稻作稅在台灣殖民
地收入中所占的重要地位，因而也容易理解爲什麼荷蘭人占領大
員後，就積極採取措施鼓勵大陸移民前往台灣！

第三節　財政收入與支出

荷蘭人在台灣的財政收入主要有兩大項：一是賦稅收入，另
一是商業利潤。賦稅收入已如上述。商業利潤主要來自於台灣商
館自身的贏利。如每年向各地商館訂購胡椒、蘇木、丁香等香料
以及鉛、銅等軍事用品輸往大陸。這些商品出售所得利潤記在台
灣商館的帳上。又如台灣盛產的鹿皮、砂糖、硫磺等物出口，儘
管這些物品有不少是爲其他商館代辦的，但由於台灣是產地，荷
蘭人可以通過各種手段獲得，因此它們的出口也有一部分贏利。

台灣商館獲得利潤的另一個來源是海上搶劫。荷蘭人占領台

灣後，經常派遣船隻到各地巡航，阻止中國商船前往澳門、馬尼拉等地貿易，同時捕捉敵船，以破壞葡萄牙和西班牙人的商業通道。荷蘭人在海上所劫奪的貨物，就作為公司商品出售，所得利潤記在商業利潤項下。如1634年3月27日《巴達維亞城日記》載：「從……日到……日，由貿易和其他方面，大員的收入金額……盾。加上今年在中國沿海與數艘商船一起捕獲的174,889盾17斯蒂法14便尼，大員帳簿上的本年度利潤總額為……盾。」[90]儘管這條史料多處闕漏，但它清楚表明海上搶劫所得是作為商業利潤的一部分。又如1644年5月，荷蘭人從大員派遣4艘船隻到呂宋沿岸巡航，其間捕獲兩艘廈門航往馬尼拉的大型商船，搶奪各項貨物「估評價值29,974盾4斯蒂法8便尼，記入該地（指台灣——引者）一般會計的貸方」[91]。

台灣商館商業利潤的第三個來源是關稅收入。進出關稅作為賦稅的一種，在1644年以前是與人頭稅、稻作稅等一起記在一般收入裡面。但1644年底荷蘭人取消了對貨物進出口所徵的1/10關稅[92]，只保留向大陸商、漁船隻徵收的鹿肉、烏魚出口稅，為了把它們與地場諸稅（徵收對象是居住在台灣的漢族移民）區別開來，因此把鹿肉、烏魚出口稅記入商業收入方面，而不作為殖民地賦稅收入（即地場諸稅或稱一般收入）的組成部分。

荷蘭人在台灣徵收鹿肉、烏魚出口稅是很大量的。據中村孝志先生研究，每年從台灣輸往大陸的鹿肉，大約為8,000-10,000擔（百斤），以每擔課稅4里耳計算，鹿肉的出口稅每年可得3.2-4萬里耳[93]。至於烏魚（即鯔魚）稅，每年冬季，都有數以百計的大陸漁船

---

90 《巴城日記》，第1冊，頁179。
91 《巴城日記》，第2冊，頁289。
92 1644年10月25日卡朗報告，見《巴城日記》，第2冊，頁293。
93 中村孝志，《地場諸稅》（上）。

前往台灣捕撈烏魚，在50年代，一般每年捕獲量爲30-40萬條，以每條烏魚按通例繳納1斯蒂法出口稅計算，這項收入就達1.5-2萬盾，約合6,000-8,000里耳[94]。兩項合計，鹿肉、烏魚的出口稅每年收入3.8-4.8萬里耳。此外還有大鹿皮、山羊皮和少量鹿皮，及各種水產品、大量的烏魚卵出口，加上這些，其收入就更爲可觀[95]。

荷蘭人在台灣的財政支出主要有兩大項：一是陸上經費，另一是海上經費。海上經費指船隻出海航行所必需的費用。陸上經費包括：駐守部隊伙食津貼、公司職員工資、船隻裝卸費用、築城經費以及征伐費用等等。從總的看，一般陸上經費的支出額要比海上經費大得多。如1628年，據台灣長官訥茨開列的財政支出表如下[96]：

	（盾：斯蒂法：便尼）
軍隊伙食費	15,348：0：12
軍隊雜用費	4,392：11：1
長官伙食費	1,758：11：14
房屋費用	537：17：5
醫院	1,465：8：7
購物費	12,462：6：2
特別費用	1,187：13：7
築城費	18,074：16：11
陸上經費小計	55,227：5：11
各種船隻海上經費	27,595：15：2
合計	82,823：0：13

94　《巴城日記》，第2冊，頁136，註15。

95　1654年3月10日前台灣長官費爾堡遞交的報告說：鹿肉、烏魚及其他水產品等出口，每年可獲30萬盾的收入。這一數字似乎過大，僅供參考，見中村孝志〈地場諸稅〉（上）。

96　引自中村孝志，〈荷蘭人在台灣的經營〉，《天理大學學報》，第43輯。

各年度的陸上、海上經費對比　（單位：盾）

年度	陸上經費	海上經費	合計
1641	181,205：15：9	35,356：9：5	216,562：4：14
1650	310,905：11：14	49,771：9：2	360,677：1：0
1651	297,645：17：13	46,648：11：12	344,294：9：11
1652	338,412：11：0	51,713：17：8	390,126：8：8
1653	300,935：8：5	27,848：14：2	328,784：2：7
1654	344,400：3：7	30,649：13：14	375,049：17：5
1655	419,991：13：11	33,376：1：9	453,367：15：4
1656	338,945：15：7	33,796：0：12	372,741：16：3
1658	474,419：12：0	54,447：5：14	528,866：17：14
1659	351,443：12：0	41,647：16：4	393,091：8：4
1660	370,827：19：14	47,181：15：9	418,009：15：7

資料來源：中村孝志：〈荷蘭人在台灣的經營〉。

　　在荷蘭人統治初期，台灣駐軍不多，但他們卻加緊建造城堡。
從1624年至1640年，共建築和擴建熱蘭遮城，以及附近的熱堡、
烏特列支圓堡、蚊港的韋利辛根堡等城堡要塞，因此築城的費用
十分驚人。僅熱蘭遮城一項，1638年花費12萬多盾，1639年又耗
資13萬多盾[97]。1640年台灣長官特羅登紐斯報告：「建造倉庫和其
他工事的經費從1635年1月1日至1640年9月末日，達437,102盾。今
後仍須建造城內長官住宅和兩間兵營，以及在海岸中堤加上一層
一片煉瓦厚的粘土，需要2萬盾經費，合計達457,102盾。」[98]僅從
這些不完全的資料，就可以看出熱蘭遮城建造費用的巨大。1652
年郭懷一起義之後，荷蘭人爲了防止中國人的反抗，又在赤崁建
造普羅文查城。該城的建築費用據1654年報告需要近8.5萬盾，1655

97　1638年10月30日，巴城總督遞交的一般報告書，殖民地檔案1036號，
　　f.219；1639年10月18日，巴城總督遞交的一般報告書，殖民地檔案1039
　　號，f.118。

98　《巴城日記》，第2冊，頁40。

年增加至11萬多盾[99]。

荷蘭人的財政支出還有相當一部分用於鎮壓原住民的反抗。如1635年11月至1636年1月，荷蘭人先後出兵征伐麻豆、Taccareiangh、蕭壟、大武壠等社，爲穩固其殖民地統治打下基礎，而這次征伐，共用遠征費達129,439盾[100]。

（單位：盾）

年度	收入	收入內容			支出	差額
		貿易	賦稅	其他		
1629	11614				48028	-36413
1631						-50024
1632	89897				70959	12938
1633	193391	58195			96980	96411
1635	137163	137163			230655	-93492
1636	223807				132601	91209
1637	119122	112844	6277		168626	-49504
1638	203321				287645	-84324
1639	132622	107406	24494	722	302869	-170247
1640	268933	187607	21324	60001	255343	13589
1641	233095				216562	16533
1642	162350	109463	52886		223666	-61315
1643	346484	258006	88477		150481	196003
1644	318037		約98500		234186	83851
1645	194933	（77713）	117219	232562	-37629	
1646	238283	（122870）	115413	264254	-25970	
1647	402342	224246	135049	43047	246686	155635
1648	806239	561188	207843	37206	236340	569898
1649	1070000	708000	321000	41000	603000	467000
1650	882611	494299	388311		360677	521934

99　見中村孝志，〈荷蘭人在台灣的經營〉。
100　1636年12月28日，巴城總督遞交的一般報告書，殖民地檔案1031號，f.162。引自中村孝志，上引文。

1651	713704	435910	277794		344294	369410
1652	731562	429381	302180		390126	341435
1653	667701	381930	285770		328784	338917
1654	593624				375049	218574
1655	567289	276007	291282		453367	113922
1656	536255				372741	163513
1657						-74691
1658	930153				528866	401287
1659	598799				393091	205708
1660	425352				418009	7342
1661	257048				386596	-129547

注： 本表數字，盾以下的小數都略去。

「賦稅」一項指的是地場諸稅。

「其他」一項，包括沒收貨物、從其他商館轉來的收入等。

會計年度：1629-1635，每年都是1月1日至12月31日；1636年改為1月1日至9月30日；1637年度為1636年10月1日至1637年9月30日，以下類推；至1656年度改為1655年9月1日至1656年8月31日，以下類推。

資料來源：《一般報告書》、《台灣長官報告書》、《巴達維亞城日記》。

有關殖民地檔案，引自中村孝志：〈荷蘭人在台灣的經營〉。

　　1640年以後，荷蘭人在台灣的駐軍逐漸增多，爲維持這支軍隊的各項費用以及公司職員的日常開支，公司的財政支出也越來越大，而這個支出都是來源於他們在台灣的財政收入。反過來，財政的收入的增長也有賴於他們在台灣殖民統治的加強。這兩者是相輔相成的，財政收入與支出往往是同步增長。上表反映的即是荷蘭人在台灣各年度的收支情況。

　　從上表可以看出，在荷蘭人占領台灣初期直至1646年，他們的財政收支是很不平衡的，有大多數年份出現赤字。1647年以後始有大的好轉，以後幾乎年年贏利，直至荷蘭人統治末期，僅有1657和1661年出現赤字，而1657年是鄭成功實行海禁，1661年鄭成功收復台灣，這兩個重要事件都對荷蘭人產生嚴重影響，在贏利的年份中以1648年爲最高，達到將近57萬盾，1658年次之，亦

將近53萬盾;1650年第三位爲52萬多盾。其餘年份大都30-40萬盾的規模。

從收入方面看,也是以1647年爲重要轉折點。在荷人統治初期,年收入只有幾萬盾,1633年以後上升至一、二十萬盾,而1647年一躍爲40萬餘盾,以後發展很快。至荷蘭人統治末期,大多數年份都在60萬左右至70-80萬盾之間,其中1649年高達100多萬盾,1659年93萬多盾,而1648和1650年都在80萬盾以上。爲什麼1647年會成爲重要轉折點?顯然與這時期移民出現高潮有很大關係,同時這也是荷蘭人在台灣普遍提高稅率、加強殖民地掠奪的結果。在荷蘭人的財政收入中,商業利潤與地場諸稅最爲重要,而這兩者相比較,商業利潤又占據較主要的地位。這是因爲商業利潤當中包括每年向中國商、漁船隻徵收的烏魚、鹿肉等產品出口稅,這項收入是很大量的。另外隨著台灣土地的開發、農產物出口的增加以及大陸戰亂需要大量硫磺、鉛等軍事用品,因此台灣商館的贏利反而大幅度增長。1649年高達70萬餘盾,1648年56萬多盾,而50年代大約是每年30-40萬盾。地場諸稅隨著移民人口的增長也日趨重要。在40年代初期每年僅收入2萬多盾,而40年代末期至50年代,每年則高達20-30多萬盾。

從財政支出方面看,在1648年以前,大都每年20多萬盾,50年代以後,多數年份是30多萬盾,其中1649年爲60萬餘盾,1658年52萬餘盾。財政開支的增長反映了荷蘭人殖民統治的加強。如果說1640年以前,荷蘭人將主要財政支出用於建造城堡,那麼1640年以後則主要用於維持日益龐大的軍費與行政支出。特別是50年代以後,由於荷蘭人在台灣的統治危機日深,他們自己爲了固穩地位,就必然要進一步加強軍事的和行政的防備與控制。

第七章

統治危機

　　1650年以後，荷蘭人在台灣的殖民統治日漸出現危機。這一方面是由於島內局勢不穩，特別是1652年發生郭懷一起義，台灣人民反抗荷人統治的情緒日益高漲；另一方面，鄭成功自1646年海上起兵之後，對荷蘭人形成了嚴重的威脅，他們幾乎無時不刻都在擔心鄭成功將要出兵攻打台灣。而在這種內外交困的情勢下，荷蘭人為了穩固自己的統治，除了加強戰備，加緊對台灣人民的控制之外，還千方百計謀求與清朝通商，以抵消鄭成功的影響。但是鄭成功與荷蘭人的關係並不見好轉。1657年鄭成功實行海禁；1660年又發生何斌逃回大陸事件；1661年鄭成功率軍收復台灣，從而荷蘭人在台灣的統治歸於失敗。

　　以下我們著重就上述幾個重要事件展開敘述，以說明荷蘭人從統治危機到失敗的發展過程。

第一節　郭懷一起義

　　荷蘭人在台灣統治出現危機的顯著標誌，是1652年爆發了郭懷一領導的大規模武裝起義。這是荷占時期台灣漢族人民最重要的一次反抗事件。

　　郭懷一是居住在赤崁以北2哩一個叫「士美村」（Smeer Dorp，

又譯爲「油村」)的農民首領,中國文獻稱之爲「甲螺」[1]。

郭懷一發動起義的原因,從根本上說是不滿於荷蘭人的橫徵暴斂與殘酷統治。史載:「紅毛肆虐,居民不堪,漢人郭懷一率漢民反叛。」[2]《被忽視的福摩薩》也說:「島上中國居民認爲受公司壓迫過甚,渴望自由,他們受到國姓爺方面的鼓勵,認爲可以得到國姓爺的支持,於是舉行了一次危險的暴動。」[3]連橫《台灣通史》亦云:「懷在台開墾,家富尚義,多結納,因憤荷人之虐,思殲滅之。」[4]由此可見,郭懷一領導漢族人民起義,是荷蘭人殘酷殖民統治與經濟剝削造成的結果,也是殖民地社會民族矛盾與階級矛盾激化的產物。

但另一方面,郭懷一起義爲什麼會發生於1652年?這與當時的形勢是密切相關的,如做具體分析,則主要有如下幾點:

1. 1651年以後,台灣甘蔗生產大幅度減少。由於1650年,台灣甘蔗種植過多,以致收成時缺乏勞力與資金,甚至有一些甘蔗被迫留在園內無法收取。第二年,甘蔗種植面積就大幅度下降。而甘蔗生產的減少,必然導致很多移民失去就業機會。他們衣食無著,四處流浪,過著極其困苦的生活。1651年巡視台灣的巴城特使說:「普通的中國人十分貧困。……這些貧苦的砂糖種植者赤手空拳,無事可幹。」有的只能從他們主人那裡每月領得10-12%的工資,至收成時無任何補償;有的甚至打著赤腳進入教堂;有的四處謀生,或上山拾

1　見達帕爾著,施博爾、黃典權合譯,〈郭懷一事件〉,《台灣風物》,第26卷,第3期;蔣毓英,《台灣府志》,卷1,〈沿革〉。

2　蔣毓英,《台灣府志》,卷10,〈災祥〉。

3　C.E.S.,《被忽視的福摩薩》,卷上,見《選編》,頁124。

4　連橫,《台灣通史》,卷1,〈開闢記〉。

柴煮粥,或被迫幹一些雜活,「一無所有」[5]。因此台灣社會普遍滋長著不安與怨恨的情緒。

2. 1650年,荷蘭人又提高人頭稅率,從原來每人每月交納1/4里耳提高到每人每月1/2里耳。人頭稅的大幅度提高,對於已相當貧困的移民來說,無疑是雪上加霜。同時荷蘭人為了保證這項收入,還經常派遣收稅吏和士兵利用夜間去挨戶搜尋,並趁機敲榨勒索,這也引起相當的不滿。1650年10月31日費爾堡寫信給巴城總督說:「中國人經常抱怨士兵們在晚上去檢查人頭稅據,這確實給他們帶來了不小麻煩:他們不得不在夜晚的任何時候為士兵們打開家門,讓這些貪婪之徒進去,使其有機會進行欺詐和搶奪。」[6]而早在1640年荷蘭人牧師尤紐斯就說中國人難以承受1/4里耳的人頭稅。他在信中寫道:「然而,住在鄉村裡的中國人是非常窮苦的,或許不能夠每月付出四分之一里耳。」[7]現在人頭稅增加至每月1/2里耳,這當然更加難以忍受。因此人頭稅的提高是激起反抗的重要因素之一。

3. 1651年,台灣不僅甘蔗生產減少,糧食生產也大幅度下降。據荷蘭人的土地開墾調查表,1650年稻田耕種面積為3,481 morgen,而1651年則只有1924morgen,減少了45%,當時台灣的移民人口至少1.5萬人(1650年)。以每人每年耗穀7石計

---

5 1651年10月24日,巴城特使弗斯特根(Verstegen)及大員評議會致巴城總督及東印度參事會的信。殖民地檔案1183號,f.853v-854r。引自 Johannes Huber: *Chinese settlers against the Netherlands East India Company: The rebellion led by Kuo Huai-i on Taiwan in 1652*(以下殖民地檔案皆引自此文,不再註)。

6 殖民地檔案,1176號f.937v-938v。

7 1640年10月23日,尤紐斯致巴城總督的信,見福建師大歷史系鄭成功史料編輯組,《鄭成功史料選編》,頁221。

算，這些移民一年需要穀物10.5萬石。而1,924morgen大約只能產穀7.7萬石(以每morgen產穀40石計算)，糧食缺口很大。糧荒加上失業以及人頭稅負擔的提高，引起社會動盪就難以避免。

4. 另一方面，這時鄭成功海上勢力興起，並且已經發展成為一支足以與荷蘭人抗衡的軍事力量。這對於海峽彼岸的台灣人民來說，無疑是一種有力的支持與鼓舞。C.E.S.說：在台灣的中國人「受到國姓爺方面的鼓勵，認為可以得到國姓爺的支持」。事後荷蘭人審訊起義軍首領，也得知當時郭懷一等人曾用鄭成功將派軍隊前來增援以激勵群眾。1652年10月30日費爾堡致信巴城總督說：「郭懷一、Blackbeard和龍官(Laueckò)用如下謊言激勵他們：當荷蘭人被殺死後，他們也將享受到所獲金錢的一部分，並且可以免除人頭稅。進而使他們確信：在中秋節，即我們的9月17日，有三百艘戎克船將載三萬人以及滿載的武器、火炮航抵打狗，前來援助。」[8]由此可見，鄭成功的強大實力確實給台灣人民增加了勇氣和必勝信心。

郭懷一起義發生於1652年9月7日晚上[9]，而事先籌劃當在此之前。據1671年荷人達帕爾(Dopper)所著的《荷蘭東印度公司中國事跡誌》，當時郭懷一等人計畫在中秋之夜宴請荷蘭人，然後乘酒酣之機將他們殺死，發動起義。不料這項計畫被一個叫郭苞(pau)

8　殖民地檔案，1194號，f.128r-129v。

9　關於起義的時間，中國文獻記載混亂：連橫《台灣通史》云永曆十一年(1657年)，蔣毓英《台灣府志》云1650(庚寅)和1658年(戊戌)；《諸羅縣志》云1640年(庚辰)，其他府縣志皆載1650或1658年，均誤。根據荷蘭檔案記載應為1652年。

的漢人首領洩漏出去，因此起義不得不提前[10]。而據費爾堡在事後
10月30日的報告：荷蘭人得知將要起義的消息在9月7日下午。當
時有7名中國人長老來到熱蘭遮城，主動告訴荷蘭人：「有一個叫
郭懷一的農夫住在阿姆斯特丹區赤崁村，他和他的追隨者們非常
秘密地決定發動起義反對我們。」[11]這一消息使得荷蘭人非常震
驚。因為在此之前3小時，他們剛剛收到一封來信，得知外邊在風
傳鄭成功將要攻打台灣。

　　費爾堡聽到這個消息後，立即派遣一名警官帶領四名士兵前
去察看動靜。他們首先來到普羅文查，發現那裡一切正常；又連
夜騎馬趕到阿姆斯特丹區，看見原野上已經集中許多武裝的漢
人，個個手持長矛、火把、大刀，有些人還拿著利劍和火槍，正
準備發動起義。起義者發現有荷蘭人潛至，立即向他們發起攻擊，
而這幾個荷蘭人不敢逗留，連忙返身馳回大員，向費爾堡報告了
所見的一切，這時已臨近午夜。

　　當晚，費爾堡下令大員地區加強戒備，市區內實行宵禁，不
許中國人在夜間互相串訪；同時將婦女、兒童遷入熱蘭遮城內；
並且在街市的各個拐角處都布置崗哨，以防止起義軍襲擊大員。

　　9月8日黎明，起義隊伍進攻普羅文查。人們高喊「殺死荷蘭
狗！」的口號，群情激憤，當場打死8名荷蘭人和一些傭人，同時
放火燒毀了公司的房屋。26名荷蘭人躲進公司的馬廄拚命抵抗，有
3名荷蘭人騎馬從重圍中脫逃而出，到大員報告了赤崁被圍的情
況。大員評議會立即決定派遣海軍上尉斯切弗利（Schiffely）和上席
商務員丹克爾（Johannes Danckers）帶領120名士兵前去增援。荷蘭援
軍大約在上午11時渡過大員灣抵達赤崁。這時潮水已退，船隻無法

10　見《台灣風物》，第26卷，第3期。按：這一說法可能來自當時的民間
　　傳說，與事實或有一些出入。
11　殖民地檔案，1194號，f.128r-129v。

靠岸，荷蘭人下船一邊射擊一邊試圖登陸。在岸上，起義群眾多達
4,000餘人，他們用石塊、弓箭等武器英勇抗擊。後來由於郭懷一與
起義軍副司令龍官發生意見分歧，舉棋不定，起義隊伍遂向後撤
退。荷蘭人上岸後，一路猛烈追殺，直至傍晚才返回普羅文查駐地。

9月9日，荷蘭人又從新港、麻豆、蕭壠、大目降、目加溜灣
等社集中了數百名原住民，讓他們參與鎮壓漢族人民的起義。同
時命令他們配合荷軍，在赤崁附近到處搜尋，一經發現有小股起
義隊伍，就立即把他們殺掉，每殺死一人獎賞給坎甘布1塊。如此
連續兩天，到9月10日，共殺死起義群眾大約500人。

11日，荷蘭人又得知起義隊伍再次集結起來，他們在離赤崁
大約5哩的一個山坳內建立了據點，人數達四、五千人。為了迅速
撲滅這股反抗的烈火，大員評議會決定派遣公司軍隊連同大約600
名原住民前去進攻。同時命令在赤崁以南Table山（岡山？）附近的
原住民也參加戰鬥。

起義軍駐紮在一個大山坳內，這裡地形十分險要。山坳的入口
處有一條河流阻隔，難以越過；山坳裡面地勢平坦，四面環山。據
方位與地形分析，這一地點可能就是中國文獻提到的鳳山歐汪[12]。
荷蘭人率軍於12日抵達那裡。這時他們發現山坳入口處沒有設兵
把守，便長驅直入。起義軍駐紮在一個高地上，與荷蘭人展開了
激烈的戰鬥。荷蘭人用滑膛槍密集射擊，起義軍用石塊、弓箭抵
抗，頓時槍聲大作，箭頭滿天疾飛。荷蘭人久攻不下，又命令原
住民參與進攻。在激戰中，郭懷一不幸中箭犧牲。而起義隊伍由
於缺乏訓練，加上武器簡陋，漸漸難以支持，開始向後撤離。荷

---

12 歐汪地名有兩處，一在清代諸羅縣，一在鳳山縣仁壽里。據分析當時
　　起義軍是往南撤，應在鳳山仁壽里。而台灣學者辛徑農、日本學者伊
　　能嘉矩都認為可能在鳳山的後紅，參見辛徑農，〈郭懷一抗荷事跡考
　　略〉，《台灣風物》，第1卷，第1期。

蘭人乘機大肆屠殺。是役,共殺死中國人約2,000人,並放火燒毀了起義軍的營寨,搶奪被遺棄的各種物品。

往後幾天,荷蘭人繼續在各地搜尋逃散的起義軍首領與群眾。龍官在小山裡躲藏8天,後來回到打狗(Tankoya,今高雄)的家中被捕,他被押往大員,經過嚴刑拷打之後被斬首示眾。其他起義軍領導人也相繼被捕,都受到極其殘酷的刑罰,有的人甚至被車裂致死。至9月19日,這場轟轟烈烈的武裝起義終於被鎮壓下去。

郭懷一領導的起義從9月7日晚上開始,歷時近半個月。參加起義的人數據費爾堡估計多達四、五千人,其中有大約3,000人被殺害或餓死,約占當時在台漢人總數的1/5[13],在這些傷亡人數中,以歐汪之役最爲慘重。直至清代,台灣地方志仍有如下記載:「庚寅(1650年,按:此時間有誤),甲螺郭懷一謀逐紅夷,事覺,召土番追殺之,盡戮從者於歐汪(歐汪地名,即今鳳山縣仁壽里)。……商民在台者,被土番殲滅不可勝數,而商賈視台爲畏途矣。」[14]又《諸羅縣志》將歐汪誤以爲是諸羅縣的歐汪溪,並載:「此地至今多鬼,昏黑則人不敢渡。」[15]從而可見,荷蘭人的殘酷鎮壓,在台灣漢人的心中留下了多麼慘痛的烙印!

郭懷一起義之所以失敗,其原因是多方面的,主要有以下幾點:

1. 起義發動倉卒,未能與鄭成功很好配合,取得大陸人民的有

---

13 1652年10月30日和11月24日,費爾堡的報告,殖民地檔案,1194號。關於起義人數以及被殺人數,各種文獻記載不一。Dapper〈中華帝國輶軒錄〉云:參加起義的漢人達16,000人,其中死亡男子4,000人,女子5,000人,而孺子嬰兒不計其數(《台灣風物》,第26卷,第3期),似乎不夠準確。

14 周元文,《重修台灣府志》,卷1,〈封域志‧沿革〉。

15 周鍾瑄,《諸羅縣志》,卷1,〈封域志‧疆界〉。

力支援。在起義過程中，雖然郭懷一曾經宣布，鄭成功將要派軍前來增援。但事實上當時鄭成功在圍攻漳州，難以分兵；而且據荷蘭人事後調查，他們也沒有發現在台漢人與鄭成功聯繫的任何證據[16]。台灣人民孤軍奮戰，最後難免要失敗。

2. 起義軍領導人缺乏軍事經驗，未能抓住戰機，打擊敵人。如赤崁之役，本來可以狙擊敵軍上岸，殲敵於水中，但由於領導人意見分歧，坐失良機。又如歐汪之役，也可以在山坳入口處憑險以守，阻止敵軍長驅直入。但事實上都沒有在那裡設防。可見在軍事部署方面是有疏漏的地方。

3. 起義隊伍人數眾多，但缺乏訓練，素質較差，加上武器簡陋，在實力上敵強我弱。而荷蘭人擁有一支近代化軍隊，同時又命令原住民參與戰鬥，這對於起義軍來說，顯然是處於劣勢地位。

　　郭懷一領導的武裝起義儘管失敗了，但它在台灣歷史上留下了極其光輝的一頁。它充分顯示了中國人不畏強敵、英勇抗爭、為爭取自由而不怕犧牲的大無畏精神和英雄氣概，給荷蘭殖民者以沉重打擊。此後，荷蘭人在台灣的統治開始衰落，正如費爾堡所說：每當他想起自己的處境，就「毛髮悚然」，難以安睡。一方面島內的原住民已經逐漸不聽使喚，「他們能夠出動十萬個戰鬥人員」；另一方面，「又有各種各樣的中國人聚居島上，他們經常從各方面窺伺這塊土地，並能不費氣力地發動叛變」[17]。荷蘭

16　1652年10月30日費爾堡及大員評議會致巴城總督及東印度參事會的信，殖民地檔案1194號，f.128r-129v。

17　1654年3月10日，費爾堡致巴城評議會的信，見《被忽視的福摩薩》卷上，可靠證據第四號。載《選編》，頁187。

人的處境如同坐在一座火山口上。

　　郭懷一起義進一步用血的事實喚起人民，使得海峽兩岸同胞緊密團結在一起，爲鄭成功收復台灣打下了基礎。在廈門，當人們聽到郭懷一起義失敗的消息之後，群情激憤，人人痛罵「紅毛狗」，甚至在路上遇見幾個遭風的荷蘭人，也用石塊擲打他們[18]。在台灣島內，由於「死者相繼，而積怨日深，內訌不息」，人們的反抗情緒日益高漲，因而「鄭師一至，而荷蘭人且敗走矣」[19]。後來鄭成功率軍攻打台灣，他選擇的第一個登陸地點就是郭懷一發動起義的士美村，並且得到了當地人民的有力支持[20]。從這一點看問題，郭懷一起義與鄭成功驅逐荷蘭人的偉大創舉，這兩者則是有機聯繫在一起的。

第二節　謀求與清人通商

　　郭懷一起義之後，荷蘭人在台灣的統治日見危機。爲了穩固自己的統治，他們一方面加緊戰備，在赤崁建造普羅文查城，同時從巴達維亞增派軍隊，以加強該地區的防禦力量。另一方面，他們還積極謀求與清朝人通商，以期通過這一努力，打開對中國貿易的大門，從而抵消鄭成功的影響。

　　荷蘭人試圖與清政府通商，據說是來源於一個神父的建議。《台灣島之歷史與地志》說：1653年，一個在中國大陸傳教十餘年的耶穌會神父馬丁若・馬蒂尼(Wartin Wartini，按：即衛匡國)在返回歐洲途中經過巴達維亞，他向荷蘭人提議：滿清人已經在大陸建立政權，並且宣布願意同一切外國人自由貿易，因此「這

18　《巴城日記》，第3冊，頁118。
19　連橫，《台灣通史》，卷12，〈刑法志〉。
20　《巴城日記》，第3冊，頁278-279，《選編》，頁260。

是從事新的努力的良好機會」。此後，荷蘭人便開始派人到廣東
謀求通商[21]。

　　然而根據《巴達維亞城日記》的記載，早在這個神父的建議
之前，台灣長官就已經派人前往廣東了。

　　1653年1月24日，費爾堡派遣商務員斯切德爾（Frederick
Schedel，中國文獻作「初璘」）攜帶禮物前往廣州，試圖進行貿易。
開始時，一切較爲順利。2月7日，斯切德爾一行抵達廣州。次日
受到平南王尚可喜的接見，隨後又見到靖南王耿繼茂及其母親，
並在王府內大受宴請。2月11日，尚可喜正式通知荷蘭人，同意他
們進行貿易。斯切德爾立即將帶去的25,541盾貨物以77,817盾的價
格賣給了廣東當局，得利約200％，扣除一切費用，還得到28,612
盾的純利[22]。

　　但此後不久情況發生了變化。一方面，葡萄牙人從中作梗，
他們極力散布言論詆毀荷蘭人；另一方面，官府內部也有不少人
反對與荷蘭人通商；而這時據說從北京來了一名御史，也堅持認
爲對外通商必須得到皇帝的批准，方可進行。尚可喜、耿繼茂的
態度立即發生變化。他們要求荷蘭人全部撤離，同時反覆說明必
須向北京派遣使節，稱臣納貢，在沒有得到朝廷的批准前的情況
下，他們無權擅自行動。3月12日和14日，尚可喜、耿繼茂又分別
給費爾堡寫信，說明一切。3月19日，荷蘭人全部乘船離開廣州[23]。
現將尚可喜覆信全文轉錄於下：

　　平南王諭荷蘭國台灣虞文礁律（即Gouverneur的譯音，意爲
　　長官）管理北港地方等處事尼高月勞氏攀直武祿（Nicolaas

21　《台灣島之歷史與地志》，頁21。
22　《巴城日記》，第3冊，頁122-124。
23　《巴城日記》，第3冊，頁125-127。

Verburgh，費爾堡）知道：

> 兩藩奉命徂征，南懷三楚，東綏百粵，總體朝廷好生之德，威惠兼施，俾厥兆姓稽角輸誠，以及海外列國，莫不舉踵向化，伏質稱臣。茲辱執事，遣使航海，申之珍遺，遠來悃款，實用嘉悅。但稽外域來賓，必奉國王之命，循朝貢之期，進金冊以崇體，具符節以徵信，然後達之朝廷，優以禮數，此荒服之制而柔遠之經也。今執事以貿易私請，我朝功令森嚴，可否定奪，出自睿斷，非兩藩所敢擅便。執事若曉新朝德意，其轉達吧主，遵三年或二年一朝之制，任土修貢，則夾板船無過三隻，自洋入境，即預行啟報，以便引入廣省，漸達京師，永著為例可也。若僅以貿易為言，我大清敦詩說禮，貴五穀而賤珠玉，又何利焉？所說捕道仇素與爾搆隙，此直刁逞於明季耳，頃已歸心，隸為屬國，便當宣諭，言歸於好。來使悉令返國，不必留質。不腆土物，藉手附覆，以志遠懷。[24]

　　靖南王耿繼茂的覆信與尚可喜幾乎相同[25]。再細閱這兩封覆信，從內容到語氣，完全是封建宗主國地方要員對海外異邦官員的「諭令」，他們要荷蘭人向大清國臣服納貢，作為清朝的一個藩屬；同時在遵守朝貢制度的前提下，以廣東作為進出口岸，進行有限制的通貢貿易。而荷蘭人似乎沒有真正理解朝貢的涵義。他們只是認為尚可喜等人要他們派遣使節前往北京，以求得皇帝批准，以後就可以每隔二、三年到廣州貿易一次，船隻限在三艘

24　順治十年五月初三日〈廣東巡撫李棲鳳揭帖〉，《明清史料》，丙編，第四本，頁337-338。
25　同前註。

之內[26]——這完全是經濟意義上的通商。

　　7月29日，巴城總督又派遣斯切德爾和另一名商務員率船前往廣東，希望能開始通商。但這一次努力卻完全失敗了。8月31日，斯切德爾等人抵達虎門，即受到嚴密監視。10月7日他們被引入廣州，這時全城戒嚴，尚可喜等人避而不見。荷蘭人帶去11萬多盾的貨物一點也售不出去，最後不得不於10月20日離開廣州，於是年底從東京返抵巴城[27]。

　　1655年，巴城總督正式派遣使節哥頁（Pieter de Goijer）和開澤（Jacob de Keijser）前往北京，試圖與清朝政府建立通商關係。哥頁和開澤連同共16人，於7月19日乘坐兩船從巴達維亞出發。8月18日抵達虎門，9月4日被引入廣州市內。他們先向海道徐炟等人呈遞了巴城總督致廣東兩王的信件[28]以及貢物清單等等，以說明這次是作為使臣要前往北京的。10月11日，平南王尚可喜向清廷提報了荷使入境事，其揭帖原文如下：

> 平南王揭為恭報彝船入境事。案照順治十年，外海荷蘭國通貢，奉旨不准進貢，欽遵在案。今八月初五日，據報荷蘭國彝船二隻入境，督撫兩臣邀爵同靖南王耿至公館會議，海道徐炟啓稱，有表文並抄進貢方物冊到爵。該爵看得，外海入貢，乃朝廷德威遠被，仁澤覃敷，是以梯山航海，願觀光天化日，實興朝之盛事也。先年荷蘭國遣使通貢，未有表章方物，尚不足昭其誠敬。茲不憚波濤艱險而來，且使臣言詞諄懇，具有表文方物，向慕之誠似未可堅

26　參見《巴城日記》轉譯的尚可喜、耿繼茂兩封覆信以及有關條目，第3冊，頁127。

27　《巴城日記》，第3冊，頁143、166-149。

28　載《明清史料》，丙編，第4本，頁378。

阻，以塞遠彝景仰上國之風。但遵成命，爵不敢擅專。除
檄水師官兵巡防外，除具題外，理合具揭。須至揭帖者。
順治十二年九月十二日。[29]

　　平南王的揭報於11月19日（十月二十二日）抵達北京，又經研
究決定，直至次年2月間，廣東方面才收到朝廷諭旨，同意荷蘭使
節入京進貢。2月22日，兩位荷蘭使節到平南王府第商量前往北京
事宜（此時靖南王耿繼茂已離開廣州到廣西作戰）。3月17日，正式
從廣州出發，揚帆北上。

　　這次荷蘭人為了謀求與清政府通商，攜帶了大量的貢物。據
梁廷枏《粵國貢道圖說》記載，以荷蘭國王名義進貢的禮物有：
鑲金鐵甲1副、鑲金馬鞍1副、鑲金刀、鑲銀劍各6把、鳥銃13隻、
鑲金鳥銃4隻、短銃7隻、細銃兩隻、銃藥帶3個；玻璃鏡4面、鑲
銀千鏡、八角大鏡各1面；琥珀50觔、珊瑚琥珀珠各2觔、珊瑚樹
20枝；哆囉絨5匹、嘩嘰緞4匹、西洋布100匹、被12床、花被面6
床、大氈1床、中氈2床、毛纓6頭；丁香五箱共200觔、番木蔻一
箱重360觔、五色番花三包共350觔、桂皮兩包共210觔、檀香十石
共1,000觔。另外，還有恭進皇后的禮物[30]，以及以荷蘭使臣名義
進貢的禮物[31]。

　　3月17日，荷蘭使團連同廣東派出的隨員、人伕以及眾多的貢
物，共裝載大約50條船從廣州啟程。他們先從廣州航抵三水，再
溯北江而上，至南雄州下船。然後人挑肩扛，過大庾嶺。在江西
南安府城重新上船，經吳城鎮，入都陽湖；又從都陽湖入長江，
到揚州後沿運河北上；過山東，入河北，在張家灣下船。爾後由

29　〈平南王揭帖〉，《明清史料》，丙編，第4本，頁382。

30　梁廷枏，《粵國貢道圖說》，卷3，〈荷蘭國〉。

31　詳見《欽定大清會典事例》，卷393。

陸路進京。一路風塵，抵達時已是7月17日，剛好歷時4個月。

7月19日，荷蘭使臣前往禮部呈遞表文[32]，同時讓禮部官員查看帶來的貢物。8月14日，禮部官員又召見詢問朝貢的目的。10月1日，他們接到通知，明日將晉謁皇帝，要先期到皇宮候見，10月2日，荷蘭使節團與喀爾喀、厄魯特、吐魯番的使臣一起，在太和殿觀見順治皇帝。觀見的禮儀既隆重而又繁縟，這對於荷蘭人來說是第一次遇到的。荷人尼霍夫(Johan Nieuhofs)在他著名的《荷使初訪中國記》中有一段詳細記載：

> 他們(指喀爾喀、厄魯特的使臣)行禮完畢之後，就輪到我們和那些吐魯番人走到皇座前面。那個副中堂(禮部侍郎？)在左邊指示二位使臣閣下要到標著第十等的界石旁站立。這時司儀就像以前那樣開始唱禮，我們就跟著號令統統跪下，把頭彎向地面三次，然後很快地退到一旁，回到原來的地方。二位使臣閣下和上述使節被帶到一個高高的台上，但我們卻留在下面了，有侍者在那裡給我們喝加牛乳的韃靼茶。然後我們再次聽見那小樂鐘和皮鞭的響聲，於是所有的人就統統跪下。
>
> 我們一直東張西望要看看皇帝，但他被遮住了。依照中國人的禮節，當皇帝坐在他的寶座時，任何人都不許看他。當使臣閣下從台上下來時，所有的侍者也統統離開了。士兵們就把旗幟扛在肩上，雜亂無序地在走過來要看看我們。雖然有侍衛長率領著六個士兵在為我們前後左右地開路護送，但我們還是費盡力氣才擠出那堵塞的人群。[33]

32　荷蘭國表文載《明清史料》，丙編，第4本，頁377。

33　約翰‧尼霍夫，《荷使初訪中國記》，載包樂史、莊國土，《荷使初訪中國記研究》(廈門大學出版社，1989年)，頁88。

觀見結束後，荷蘭人受到禮部的隆重宴請，以後又有兩次宴會。直至10月16日，他們才接到順治皇帝一道諭旨，諭令他們今後每八年前來朝貢一次。當天中午，就啓程回國了。

順治帝的諭旨是荷蘭人此行的唯一結果，也是他們在京得到的最後答覆。其原文如下：

> 敕諭曰，惟爾荷蘭國墨投為也（Batavis）甲必丹物馬綏掘（Joan Maetsuycker），僻在西陲，海洋險遠。歷代以來，聲教不及，乃能緬懷德化，效慕尊親。擇爾貢使杯突高嚙（Pieter de Goijer）、若諾皆色（Jocab de Keijser）等赴闕來朝，虔修職貢，地逾萬里，懷忠抱義，朕甚嘉之。用是優加錫賚大蟒緞二匹、粧緞二匹、倭緞二匹、閃緞四匹、藍花緞四匹、青花緞四匹、藍素緞四匹、帽緞四匹、衣素緞四匹、綾十匹、紡織十匹、羅十匹、銀三百兩，以報孚忱。至所請朝貢出入，貿易有無，雖灌輸貨貝，利益商民。但念道里悠長，風波險阻，舟車跋涉，閱歷星霜，勞費可憫。若期頻數，猥煩多人，朕皆不忍。著八年一次來朝，員役不過百人，止令二十人到京。所攜貨物，在館交易，不得於廣東海上，私自貸賣。爾其體朕懷保之仁，恪恭藩服，慎乃常職，祇承寵命。[34]

荷蘭人這次遣使入京，原希望能夠打開對中國貿易的大門，以後便可以經常派船隻前往廣東通商。沒想到清朝人允許的通商只是隨朝貢而來的官方貿易。而且順治帝認為荷蘭人路途遙遠，風波險阻，舟車勞累，「朕皆不忍」。因而特意將禮部上奏的五

---

34 《世祖章皇帝實錄》，卷103。

年入貢一次[35]改為「著八年一次來朝，員役不過百人，止令二十人到京」。如此一來，荷蘭人原來希望的與清朝人自由貿易就成為泡影。

而另一方面，荷蘭人也沒有真正理解朝貢——即通貢貿易的含意。他們把順治帝所說的「朝貢出入，貿易有無」，理解為允許荷蘭人「進行貿易，互通有無，大家得利」[36]。進而，把順治帝所說的「在館交易」，理解為允許荷蘭人可以在廣州設立寓所或商館。因此他們的譯文是「如果你們願意來，就每八年來一次，每次不過百人，其中二十人到皇宮，你可將貨物帶到你的寓所，不要在廣州海面上交易。我的誠意你將會理解，而且相信你會滿意」等等[37]。這樣，荷蘭人得到的仍是模糊不清、甚至是完全錯誤的結論。

1657年3月31日，荷蘭使節團返抵巴城。6月22日，巴城總督和東印度參事會在閱讀使節的報告之後，決定再次派遣一船前往廣東，以進一步查明情況[38]。7月6日，公司商務員巴龍(Baron)率領一艘小帆船熱利德爾(Zeeliddel)號從巴達維亞出發，這次他攜帶了17,714盾的貨物，以及巴城總督寫給尚可喜、耿繼茂和廣東都堂(巡撫？)的信。並接受指示：要盡量弄清楚可否派遣數船前往該地貿易，同時努力販賣運去的商品[39]。但由於清朝政府功令森嚴，荷蘭人要與廣東當局貿易談何容易，巴龍此行沒有結果。

1659年6月，巴城總督又派遣兩船前往廣州，運載了鋁、胡椒、

35　參見《世祖章皇帝實錄》，卷103。
36　荷蘭人譯順治帝諭旨的譯文見莊國土，〈早期的中荷交通與荷使來華〉，載《荷使初訪中國記研究》，頁40。
37　荷蘭人譯順治帝諭旨的譯文見莊國土，〈早期的中荷交通與荷使來華〉，載《荷使初訪中國記研究》，頁40。
38　《巴城日記》，第3冊，頁169-170。
39　《巴城日記》，第3冊，頁171-172。

肉豆蔻等74,205盾的貨物，同時指示商務員蘭斯曼（Frtancois Lansman）和勒弗雷（Hendrick Levreij）：如果廣東不許貿易，就將兩船開往大員；如果能成功，則派遣一船前往馬六甲，另一船航往大員，以運載廣東所需的商品[40]。但荷蘭人這次努力仍然遭到失敗。

荷蘭人從1653年開始，就千方百計謀求與清朝人通商，以期打開對中國貿易的大門。但幾經努力，都未能如願，最終僅取得一個允許八年一貢的待遇。但儘管如此，荷蘭人畢竟是與清朝政府取得了聯繫，並且成為一個允許朝貢的「藩屬」。這在經濟上是沒有什麼價值的，但在政治上和軍事上，卻給後來荷、清聯合共同對付鄭成功打下了基礎。

第三節　鄭成功實行海禁

荷蘭人與鄭成功的矛盾早已有之，而進入50年代以後則日益尖銳起來。

鄭成功原名森，字大木，福建南安人。1624年出生於日本平戶。1630年從日本回國，先後在南安、南京等地讀書。1645年南明隆武帝（唐王朱聿鍵）在福州建都後，他與父親鄭芝龍一起扶明抗清，受到隆武帝的賞識，賜國姓，改名成功。1646年清軍入閩，鄭芝龍降於清朝，鄭成功不從，在南澳起兵，此後成為東南沿海的主要抗清力量。

鄭成功抗清的軍費開支，主要來自於海外貿易收入。據筆者估算：在1650-1662年，鄭成功海外貿易收入每年約達250萬銀兩左右，約占他軍事、行政支出的62%強[41]。1653年，鄭成功寫信給鄭

40　《巴城日記》，第3冊，頁184。

41　拙作，〈一六五〇至一六六二年鄭成功海外貿易的貿易額和利潤額估算〉，《鄭成功研究論文選（續集）》（福建人民出版社，1984年）。

芝龍說：「夫沿海地方，我所固有者也；東西洋餉，我所自生自殖者也；進戰退守，綽綽餘裕。」[42]同年10月21日，他在寫給台灣長官費爾堡的信中也說：「數年來，我竭力與韃靼人作戰，耗費甚巨，我以為有必要派遣各類船隻前往巴達維亞、暹羅、日本、東京、大員以及其他地方貿易，將所得收入充作兵餉。」[43]

　　鄭成功的海外貿易有一個發展過程。剛起兵的時候規模尚小，而進入50年代後發展很快，至少在1654年以前，鄭成功已在杭州和廈門等地設立山、海五大商，專門從事國內、外貿易[44]。其中設在廈門及其附近的海路五商，負責從事海外貿易，「以仁、義、禮、智、信五字為號，建置海船，每一字號下各設有船隻十二隻」[45]。因此在鄭成功強盛時期，他所擁有的海船總數達60艘。

　　鄭成功經常派遣他的船隻前往日本和東南亞各地貿易。以日本為例。1649年7月17日《長崎荷蘭商館日記》載：「一官的兒子(鄭成功)所屬的一艘戎克船從安海入港，裝載白生絲5,000斤，絹絲5,000斤以及大量的其他絲織物等。據說近日內還有三、四艘屬於同一船主的船隻將要到來。」[46]7月23日，又有4艘鄭氏的商船駛抵長

42　楊英，《先王實錄》(陳碧笙校注本，福建人民出版社，1981年)，頁63。

43　1653年10月21日，鄭成功致台灣長官的信。voc 1207, ff.537-538，引自 Johannes Huber: *The Correspondence between Zheng Chenggong and the Netherlands East India Company in the 1650's*，(中譯文載於《鄭成功研究國際學術會議論文集》)，以下荷蘭檔案凡引自此文的，不再註。

44　據黃梧揭發的曾定老等「五商領袖」案，第一個實例是順治十一年(1654)正月，曾定老領本往蘇杭置買絲、縷(《明清史料》，己編，第6冊，頁575-528)，因而似可斷定在1654年以前已有五商之設。

45　康熙七年七月初七日，〈史偉琦密題台灣鄭氏通洋情形並陳剿撫機宜事本〉。《康熙統一台灣檔案史料選輯》(福建人民出版社，1983年)，頁82。

46　《荷蘭長崎商館日記》，第2輯，頁245。

崎港[47]。1650年10月19日《長崎荷蘭商館日記》再載:「一官兒子所屬的戎克船從漳州入港,裝載了生絲120,100多斤、綸子1,800匹、紗綾1,800匹,此外還有相當數量的縮緬、藥材,據說還有四艘滿載貨物的船隻即將入港。」[48]1651年8月4日傍晚,又有一艘鄭成功的商船從廣州航抵長崎,裝載紗綾、綸子等貨,估計價值高達40箱銀[49]。據日本學者岩生成一先生研究:從1647年至1662年,到日本貿易的中國商船大都是來自鄭成功勢力範圍內的地區。比如1650年前往日本的70艘中國商船中,來自鄭氏控制下的福州、漳州、安海等地的共有59艘,約占80%,而且幾乎年年如此[50]。

鄭成功還經常派遣船隻前往東南亞各地,其活動範圍相當廣泛。如1655年3月9日《熱蘭遮城日記》載:是年鄭成功共派遣24艘商船從中國大陸出發,航向東南亞各地。其中:航向巴達維亞7艘、東京2艘、暹羅10艘、廣南4艘、馬尼拉1艘[51]。這些船隻有的在貿易結束後就直接返回中國,有的則從那裡又航向日本,從事中國→東南亞→日本→中國的三角貿易。據1656年東印度公司的一般報告:從1654年11月3日至1655年9月16日,從各地抵達長崎貿易的中國商船共有57艘,其中來自安海的41艘、泉州4艘、北大年3艘、福州5艘、南京1艘、漳州1艘、廣南2艘,「幾乎全屬於國姓爺」[52]。而從北大年和廣南航往日本的這5艘商船,就是從事三角貿易。1656-1657年底,又有47艘中國商船駛入長崎港,「全部

---

47 《荷蘭長崎商館日記》,第2輯,頁246。

48 《荷蘭長崎商館日記》,第2輯,頁320。

49 《荷蘭長崎商館日記》,第3輯,頁70。

50 岩生成一,〈關於近世日支貿易數量的考察〉,《史學雜誌》,第62編,第11號。

51 殖民地檔案1103號,f. 57lv,引自《巴城日記》,第3冊,〈序說〉。

52 1656年2月1日瑪茲克總督的一般政務報告,殖民地檔案1102號,引見岩生成一,上引文,頁15。

屬於國姓爺及其一夥」。其中來自安海的28艘、柬埔寨11艘、暹羅3艘、廣南2艘、北大年2艘、東京1艘,範圍幾乎遍及整個東南亞。它們運載各種生絲112,000斤、白砂糖和黑砂糖636,000斤,此外,還有其他種類繁多的絲織品、皮革、藥材、雜貨等等[53]。鄭成功的海外貿易在日本和東南亞各地都占有支配地位。

隨著鄭成功海外貿易的發展,荷蘭人與鄭成功的關係也日趨緊張起來。特別是1653年以後,一方面,鄭成功海外貿易勢力已有長足的發展,這對於荷蘭人的威脅日益增大;另一方面巴城總督易人,新總督約翰・瑪茲克(Joan Maetsuycker)上台後,立即採取措施,千方百計要削弱鄭成功的影響。因此從1653年起,荷蘭人與鄭成功的關係逐漸緊張起來,而至1655年,則達到公開對抗的程度。

1653年,荷蘭人開始謀求與清朝人通商。同年7月,再派遣商務員斯切德爾和華根納爾(Wagenaer)率領兩船前往廣東,試行貿易。當這兩艘荷船航抵澳門附近海面時,發現有一艘鄭成功商船正從廣南航返廈門,就加以攻擊,並搶奪了船上的所有貨物。這次行動是奉巴城總督的命令幹的。10月21日,鄭成功寫信給台灣長官和巴城總督,對此事提出強烈抗議,並要求歸還所有貨物。荷蘭人對此則極力辯解,聲稱:當時荷蘭人正在對廣南人作戰,因此誤以為是敵船,加以劫奪了[54]。但次年2月26日,台灣長官卡薩寫信給巴城總督卻透露了事實的真相,卡薩在信中說:

> 他(指鄭成功)握有一切權力,完全能夠禁止商人與大員
> 貿易。據說他已與韃靼人達成和平協議,因此,我們曾
> 盡力掩飾預謀搶劫他船隻的真相,而說成是,我們不知

---

53 引自《巴城日記》,第3冊,〈序說〉。
54 參見《鄭成功研究國際學術會議論文集》(江西人民出版社,1989年),頁297-300。

道總督閣下曾下過那個命令，假如再發生此類事情，係
屬廣東長官(指華根納爾及其評議會)的誤會所致。我們
已將此事寫信報告總督閣下，請他等到船隊到巴達維亞
時再做商議。[55]

　　6月29日，巴城總督致信鄭成功，表示願意歸還搶去的貨物，
但同時又聲稱，他們所搶奪的貨物並不像鄭成功開列在清單裡的
那麼多，這可能有相當一部分是鄭氏部下誇大事實所致[56]。因而只
歸還了其中的一小部分。現將荷蘭人歸還的貨物清單與鄭成功開列
的損失清單抄錄於下：

荷蘭人歸還貨物清單

沉香	6796斤	鯊魚翅	105斤	長木材	120根
長胡椒	300斤	胡椒	4385斤*		

*1654年6月29日，巴城總督致鄭成功的信。

鄭成功開列的損失清單

銀錠	640.13兩	西班牙貨幣	700里耳	胡椒	17572斤
白胡椒	90斤	花胡椒	428斤	上等沉香	687斤
下等沉香	9979.5斤	鯊魚翅	770斤	精製牛皮	80張
未製牛皮	66張	Sagba	440斤	亞麻	1421斤
中草藥	533斤	牛肉乾	194斤	魚乾	362斤
harten hachiens	32斤	白綾	4匹	刺繡	1包
孔雀	2隻	?	657斤	檳榔子	4箱*

*1653年10月21日，鄭成功寫給台灣長官的信，殖民地檔案，1207號，f.537-538。

55　1654年2月26日，台灣長官卡薩和大員評議會寫給巴城總督及東印度參
　　事會的信，殖民地檔案1206號，f. 156。
56　1654年6月29日，巴城總督致鄭成功的信，殖民地檔案878號，f.193-195。

在鄭成功與荷蘭人的關係惡化的同時，鄭成功的商船前往馬尼拉貿易，也受到西班牙人的肆意虐待，百般刁難。鄭成功說：「數年以前，馬尼拉人殺我臣民，奪我船貨，如今當我商船到彼，仍然如此對待，貿易時為所欲為，或強奪貨物不付款，或不按價格隨意付款……其用心之醜惡，猶如獵犬覓食一般。」[57]因此，鄭成功於1654年底發布一道命令，禁止所有商船前往馬尼拉貿易，並將此事通知台灣當局。1655年7月，鄭成功又給卡薩寫信，要求他採取行動，不許在大員或從他處到大員的商人前往馬尼拉貿易，以保證禁令的施行[58]。但荷蘭人對此任意敷衍，不予配合。10月17日，台灣長官卡薩寫信給鄭成功說：數年前荷蘭人與西班牙人已經簽訂了永久和平條約，如果忠實履行這個條約，西班牙人也應是荷蘭人的朋友。在台灣的中國人很久以來就沒有申請到馬尼拉去貿易，因而「我們感到閣下對我們的請求幾乎是多餘的」[59]。荷蘭人根本就不願意幫助鄭成功實行禁令。

另一方面，這時鄭成功的商船前往馬六甲、巴林邦（Palembangh）等處貿易，也受到巴達維亞當局的蓄意干涉和阻擾，甚至搶奪貨物。1654年，有一艘鄭氏商船在巴林邦被搶去胡椒4萬斤。荷蘭人視馬六甲、巴林邦等地為他們的控制區域，要極力禁止鄭成功的商船進入。1655年6月17日，巴城總督和東印度參事會寫信給鄭成功說：我們上司曾有命令，在馬六甲及其附近地區不准帆船進入，商人只能在巴達維亞貿易；至於巴林邦，當地統治者已與公司訂立協議，那裡的「各種胡椒及其他商品，必須運來

57　1655年7月，鄭成功寫給台灣長官的信。殖民地檔案1213號，f.554-555。

58　1655年7月，鄭成功寫給台灣長官的信。殖民地檔案1213號，f.554-555。

59　1655年10月17日，卡薩寫給鄭成功的信，殖民地檔案1213號，f.560-561。

巴達維亞，除非這些商品被准予售給別人」。因此他要求鄭成功不要再派遣船隻前往上述地區[60]。

　　鄭成功對荷蘭人的禁令不予理會，大約在8月13日，他寫信給台灣漢人長老何斌等人，要他們轉告荷蘭人：如果巴達維亞的這位新總督不收回命令，仍然堅持禁止我國商船前往馬六甲、六坤（Lochon）、彭亨（Pahan）及許多地方貿易，那麼我也將發布一道命令「無論在何種情況下，無論大小船隻皆不准開往巴達維亞、大員及其附近地方去貿易任何貨物」，以示以牙還牙，其後果如何，請荷蘭人考慮[61]。

　　據C.E.S.《被忽視的福摩薩》記載：「1654-1655年間，很少商船從中國開來。這件事，加上許多關於國姓爺的謠言，使人們增加不少疑慮。」[62]1655年3月6日卡薩寫信給巴城總督也說：「使我們很驚訝的是，好久沒有帆船從中國海岸開來。我們曾經向華人長老和當地商人查詢這種非常情況的原因。據他們說，這是因為中國大官國姓爺跟韃靼人又爆發了戰爭，所有在華船隻都被扣留，禁止通商。」[63]卡薩對此仍不放心，他一方面在大員加緊備戰，另一方面派遣兩名荷蘭人前往澎湖調查，但一無所獲。

　　1656年，鄭成功果然採取行動。6月27日，他正式發布命令：禁止一切船隻前往大員進行貿易，在命令發布之後100天內為過渡期，100天以後即全行禁絕。鄭成功的命令譯文如下：

60　1655年6月17日，巴城總督寫給鄭成功的信，殖民地檔案879號，f. 296-298。

61　1655年9月21日《熱蘭遮日記》，殖民地檔案1213號，f.735-737。

62　C.E.S.《被忽視的福摩薩》，卷上，《選編》，頁125。

63　C.E.S.《被忽視的福摩薩》，卷上，可信證據第五號，《選編》，頁188。

以往，中國貨船經常前往海外各地通商，備嘗貿易之利。
然而前往馬尼拉之商民常向本藩申訴：馬尼拉西班牙人視
之為魚肉，肆意欺壓，而不當人看待。或幾乎強奪商民運
來之貨物，或隨意付款，常低於進貨價格，並要久候，延
誤時間。

大員荷蘭人之所為，與馬尼拉西班牙人如出一轍，亦視
商民為可供人食之魚肉。本藩聞知此情，心血翻騰，極
為憤怒。大員位於近鄰，本藩望其今後改弦易轍，實行
公平交易。

在此之前，本藩曾發一道命令，斷絕與馬尼拉貿易來往。
此道命令，人人遵守，到處執行。唯有大員拒不執行，
甚至不予張貼。本藩雖不全信，也不憂慮。然而，有一
隻帆船久離此地赴馬尼拉貿易，近返廈門，該船商民向
本藩盡陳大員帆船赴馬尼拉貿易之所見實情。正值本藩
嚴禁與馬尼拉通商之際，大員為何置若罔聞？

聞此實情，本藩亦決定與大員斷絕貿易來往，任何船隻，
甚至連片板皆不准赴大員。然而鑒於有中國人居住彼
處，為避免損害其利益，且有眾多大小船隻如今尚在各
處，未能及時得悉此令，為此，本藩准其在一百日以內
來回航行。在此時間之後，禁止大小船隻來往。百日期
滿後，本藩欲另發一道命令。在此勸告所有商民，包括
業已到彼及尚未到彼之貨船，在期限內盡快返回。

在百日期限之內，准許所有大小船隻，運載下列貨物返
回。即：鹿肉、鹹魚、大麻(mo-a[64])、花生(Cadjang)，
糖水，不准攜帶其他貨物。誰若運來其他貨物，即將其

---

64 mo-a原譯文為蠔，似應為「麻仔」的閩南音，即大麻。

船隻及貨物沒收、並將船上所有之人處死,無一赦免。
特此警告。

為嚴厲執行此道命令,本藩業已到處分派檢查人員,檢
查所有來船隻。並向檢查人員許諾,在此事結束時,適
當分給部分所沒收之船隻及貨物。住在此處船主及商民
如發現上述禁品,也要被捕,並沒收所有貨物。

以上命令,望嚴格遵守。本藩既已作此決定,決不讓步,
亦不作任何改變。百日後,此項禁令並不影響本藩常遣
船隻到沿海各地巡查,或採取某種行動。特此告知商民:
大員與馬尼拉係一丘之貉,既醜惡又傲慢。本藩言詞及
命令,猶如金科玉律,堅定不移。

中國農曆閏五月初六日

荷蘭曆1656年6月27日[65]

與此同時,鄭成功又於11月15日(九月二十九日)寫信給巴城
華人甲必丹潘明儼、顏二官,通過他們告知巴城總督:他這次禁
海並不是要攻取台灣,只要荷蘭人善待居台的中國人,日後將再
派船隻前往貿易[66]。

鄭成功的海禁命令宣布後,大陸前往台灣的船隻頓然減少,
而在台灣的移民卻紛紛返回大陸。1656年10月以後,兩岸之間的
船隻往來完全斷絕。荷蘭人購買不到任何中國商品,在台灣的各
項收入也急劇下降。1657年3月5日,大員評議會作出決議,擬派
遣通事何斌作為公司特使,攜帶禮物前往廈門,與鄭成功交涉開

65　殖民地檔案1218號,f.419-420,以上中譯文引自《鄭成功研究國際學
　　術會議論文集》,頁316-317,吳玫譯。

66　《巴城日記》,第3冊,頁160-161。

放海禁，重新通商。荷蘭人提出的條件是，不再妨礙鄭氏船隻前往暹羅、占碑、巴林邦等南方地區貿易，並且分別送給鄭成功價值荷幣2,012盾、鄭泰（爵爺）868盾、鄭鴻達（Sikokong四國公）250盾的猩紅色呢絨、琥珀、青色綿布、蠟等禮物，以及送給其他官員800里耳的貨幣及其他商品，價值2,945盾，連上共計6,075盾[67]。7月6日，何斌抵達廈門，22日與鄭成功及其他官員開始談判，終於達成協議，於8月23日攜帶鄭成功（永曆十一年六月二十八日，8月7日）和鄭泰的覆信（這時鄭鴻達已去世），回到台灣[68]。此後，停航一年的海禁於1657年8月重新開放，一度枯竭的公司倉庫又裝滿了貨物。1658年公司的收入出現了前所未有的巨額順差[69]。

　　荷蘭人派何斌前往廈門交涉通商，中國文獻也有記載。楊英《先王實錄》說：永曆十一年六月（1657年7月）「藩駕駐思明州。台灣紅夷酋長揆一遣通事何廷斌至思明啟藩：年願納貢，和港通商，並陳外國寶物。許之，因先年我洋船到彼，紅夷每多留難，本藩遂刻示傳令各港澳並東西夷國州府，不准到台灣通商。由是禁絕兩年，船隻不通，貨物湧貴，夷多病疫。至是令廷斌求通，年輸銀五千兩，箭桮十萬枝，硫磺千擔，遂許通商」。又云：時常六察（壽寧）因指控他人無據，「本藩深怒，……遂令幽置台灣，令何廷斌供給衣食開銷」[70]。由此可見，何斌前往廈門交涉，除了

67　1657年5月19日〈熱蘭遮決議錄〉，殖民地檔案1112號，f.48，又據1657年5月19日《熱蘭遮城日記》載，送給鄭鴻達（Siko kong）的禮物為3130盾，較鄭成功為多。總計達8,955盾，參見〈關於B.K.V.I.譯國姓爺攻略台灣記〉。

68　1657年《熱蘭遮城日記》，殖民地檔案1112號、f.220-222, 223-227，參見《巴城日記》，第3冊，〈序說〉。

69　C.E.S.，《被忽視的福摩薩》，卷上，《選編》，頁126。

70　楊英，《先王實錄》（校注本），頁153。

攜帶禮物和允許鄭氏船隻前往巴林邦等地之外，還有一個條件就是「年願納貢」，每年輸銀5,000兩、箭杆10萬枝、硫礦千擔。同時何斌接受任務，由他代管流放到台灣的常壽寧的生活。

關於「年願納貢」，似指何斌在台灣替鄭成功徵收關稅。據C.E.S.《被忽視的福摩薩》記載：這一計畫是在廈門交涉時達成的，由鄭泰首先提出並出面擔保，讓何斌在台灣承包徵收，每年擔保金為上好白銀18,000兩[71]。但問題的關鍵是，「年願納貢」是鄭方提出的談判條件，荷蘭人事先沒有準備，何斌也無權作主，因此必須回到台灣得到揆一的默許後，才有可能實行，當時的實際情況也是如此。

1661年何斌寫信給荷人司令官樊特朗(Jan Van der Laan)說：「吾任大員通事十餘年，不辭辛勞，為公司盡力。數年前，國姓爺禁止大陸帆船渡台，大員長官及評議會命吾赴廈，向國姓爺探詢禁航原因，國姓爺答欲在台徵收關稅。吾旋即回台，向長官明確傳達此意。長官命吾再次前往傳述，關稅如不涉及公司，或不至損害公司利益，對國姓爺自向中國人課稅並無異議。對此國姓爺表示滿意，旋即允許帆船赴台。」[72]由此可見，何斌前往廈門交涉共有兩次，第二次的任務是傳達揆一同意徵稅的意見。

但揆一對此事一直諱莫如深，不願作公開承諾[73]，以致何斌在

71　C.E.S.，《被忽視的福摩薩》，卷上，及可靠證據第八號。《選編》，頁126、190。

72　《巴城日記》，第3冊，頁209-210。參見《選編》，頁240。

73　事實上，荷蘭人也認為何斌徵稅是得到揆一默許的。1662年巴城司法委員會對揆一的判決書說：「此項不法徵稅，維持甚久，以致中國人認為，非若長官預聞其事，絕不能一徑徵收至今。」而事情暴露後，揆一又對知情者嚴刑拷打，不讓他們講出事情真相；但對何斌，則僅科以300里耳的罰款(《被忽視的福摩薩》，卷下，可靠證據第二十號，《選編》，頁218)。

台徵稅變成了「不法」行為，而且使得這次荷、鄭交涉通商的過
程含糊不清。兩年後，何斌在台灣徵稅的事情被人揭發，最終又
導致何斌潛回大陸事件。

第四節　何斌事件

　　何斌與鄭氏家族的關係十分密切。據《台灣外記》載：他早
年曾跟隨鄭芝龍在台灣活動，後來鄭芝龍受明朝招撫，他與李英
等人仍留居台島[74]。大約在40年代中期前後，何斌已充任荷人通事
[75]。而在此之前，他還曾向鄭泰「貸以巨資」，前往廣南貿易[76]，
並娶廣南人為妻。1648年何斌的父親Kimtingh在赤崁去世後，他繼
承父業，經常派船前往日本、東南亞各地貿易。1650年何斌船隻
前往巴達維亞，1651年航往馬尼拉，1653年1月，與鄭成功的商船
一起由長崎港出發駛往東京，1655年又往柬埔寨。與此同時，他
還充當漢人長老，在赤崁附近種植水稻，並經常出面承包稻作稅、
衡量稅等等[77]，成為聯繫荷蘭人與鄭成功的重要人物。

　　1657年何斌前往廈門交涉通商，返台後就在那裡代替鄭成功
徵收關稅。1659年2月這件事被人告發出來，何斌遂受到囚禁與審
訊。據1659年3月1日大員評議會決議錄：荷蘭人在2月底以前已了

74　江日昇，《台灣外記》（福建人民出版社，1983年），頁30。按，這一
　　記載沒有其他佐證，是否可信，待考。

75　1661年何斌致信樊特朗說：「吾任大員通事十餘年。」故可推測其任
　　公司通事在40年代中期前後。《巴城日記》，第3冊，頁209；《選編》，
　　頁240。

76　1661年鄭泰寫給樊特朗的信。《巴城日記》，第3冊，頁207；《選編》，
　　頁239。

77　《巴城日記》，第3冊，頁213註16。《長崎荷蘭商館日記》，第3輯，
　　頁225。

解到徵稅的一些情況，2月28日決定重新作徹底調查。

> 我們成功地傳訊了幾個行動可疑的中國人首領，我們有
> 理由相信他們熟知國姓爺的計畫。經過嚴厲的審問，他
> 們終於供認，現在住在這裡的何斌曾經以國姓爺名義徵
> 收一切開往中國的商船的出港稅。他們還聽說他已經獲
> 得了承包這些捐稅的權利，由廈門官員爵爺（Sanja）出面
> 代作每年一萬八千兩上好白銀的擔保，從他開始充任我
> 們和中國的使者以來（即從1657年8月到現在）他徵收過
> 一切出口的獵物稅、魚稅、蝦稅、糖稅及其他貨物稅。
> 如果有誰無力繳稅，在交上一份將來付款的保證書之
> 後，他就代他們墊付。有幾個熟人被准許免稅出港。關
> 於此事，他們舉出了兩隻中國帆船帶回兩封以國姓爺名
> 義要求徵收上述港稅的特別印刷的文件作為證明；付稅
> 以後，他們從船長那裡收到蓋有何斌簽印的收據，大約
> 是在十三個月以前發給的。[78]

何斌本人也出具「供詞」，當然他要盡力為自己辯白。後來
經過荷蘭人長達1個多月的調查，4月21日公司大員法院會議作出
判決：「撤銷被告通事何斌的職務和待遇，剝奪他作為華人長老
和本市市民的資格；免去他充任本公司通事的職務；……通事薪
金自被拘禁在城堡之日起（即從二月底起）停發，並處以三百里耳
的罰金，三分之一歸公司，三分之二歸埃斯赫爾（Eyss Cher）先生
和充作訴訟費。」[79]何斌徵稅事件宣告結束。

78　C.E.S.，《被忽視的福摩薩》，卷上。可靠證據第八號，《選編》，
　　頁190。
79　1659年4月21日熱蘭遮城記事錄，《被忽視的福摩薩》卷上，可靠證據

　　何斌遭受荷人迫害後，他在台灣的處境日益艱難。一方面，荷蘭人對他失去信任，甚至有人告發他與鄭成功相通，阻止大陸商船前來台灣，如果屬實，「那他的罪就更重了」[80]。因此荷蘭人對何斌已處處提防，嚴加控制。另一方面，何斌在台灣也經營收、貸款業務，他出事後，債主們紛紛前來要債，以致他面臨著越來越嚴重的債務危機。為了擺脫這些困擾，唯一的辦法就是尋找機會從台灣逃出，返回大陸。

　　關於何斌回大陸的過程，中國文獻有些記載。江日昇《台灣外記》云：在何斌出事之後，他就與小通事郭平密謀，令他去探測鹿耳門水道。「平即尋小船，蓑衣斗笠、魚餌釣竿順流蕩漾。至潮漲，又順流而入，暗將竹篙打探，果於淤泥中沖流一條港路，自赤崁城直入鹿耳門，水深有四尺餘。歸來，密報何斌。」何斌聞之大喜，又將台灣的地形繪製一圖，「歷歷如指諸掌」。待一切準備就緒之後，才尋機從大員逃出，馳抵廈門，向鄭成功獻上了一份珍貴的台灣地圖[81]。

　　何斌何時才逃離台灣，現在史學界有各種說法，集中起來主要有三種意見：(1)1659年2月；(3)1659年4月以後；(3)1661年正月[82]。這三種意見，第一種顯然是錯誤的，因為1659年2月28日，何斌才被囚禁起來，至4月21日被判決，並被處以罰款，這時他顯然還在台灣。第三種意見來自於江日昇的記載，但也不可靠，因為在此之前的1660年五月(農曆)，已經有人在廈門見到何斌了[83]。

(續)————————————
　　　第九號；《選編》，頁191。
80　C.E.S.，《被忽視的福摩薩》，卷上。可靠證據第八號，《選編》，頁190。
81　江日昇，《台灣外記》〈福建人民出版社，1983年〉，頁136、156。
82　請參閱以下文章，顏興，〈何斌考〉，《台南文化》，第2卷。第2期；陳碧笙，〈何斌事跡考略〉，《廈門大學學報》，1963年第4期；廖漢臣，〈何斌考〉，《台南文化》，第7卷，第2期。
83　C.E.S，《被忽視的福摩薩》，卷上；《選編》，頁134。

因此何斌出逃肯定在1659年4月21日以後至1660年五月之間，我以
爲最有可能的是在1660年初，理由如次：

1. 楊英《先王實錄》載：永曆十五年(1661年)正月，鄭成功在
   廈門召開軍事會議，他說：「前年何廷斌所進台灣一圖，田
   園萬頃，沃野千里，餉稅數十萬。」[84]這裡所說的「前年」，
   據楊英的其他記載分析，當指現代漢語中的「去年」。如永
   曆十四年(1660年)四月三十日右武衛進言：「前年南京之失，
   總係天數，非戰之罪。」[85]南京之役發生於1659年，已盡人
   皆知。因而根據《先王實錄》的記載，何斌逃回大陸在1660
   年。

2. 何斌於1661年致信樊特朗說：鄭成功開放海禁的「二、三年
   後，若干在台中國人控告吾陰謀暗害長官，並致函國姓爺停
   止帆船開台云云，引起長官責備交加，吾驚恐之餘，逃往中
   國」[86]鄭成功開放海禁在1657年8月，從那時算起至1660年
   初，剛好是兩年零幾個月，亦符合「二、三年後」之說。

3. 1660年1、2月間，鄭成功已在廈門議派軍隊「往平台灣，安
   頓將領官兵家眷」。3月7日(正月二十六日)又有「吊仁武鎮
   康邦彥出征」的舉動[87]。而在台灣，荷蘭人亦於3月6日風聞
   鄭成功即將來襲，加緊戰備，十分慌亂[88]。這些舉動是與何
   斌潛回大陸直接關聯的。據巴城司法委員會後來對揆一的判
   決書說：「何斌逃亡之訊甫傳。」台灣就一片恐慌，「杯弓
   蛇影」，「致使服役期滿之兵士，不許退伍，延長服役；福

84　楊英，《先王實錄》，頁244。

85　楊英，《先生實錄》，頁231。

86　《巴城日記》，第3冊，頁210；《選編》，頁240。

87　楊英，《先王實錄》，頁223。

88　C.E.S.，《被忽視的福摩薩》，卷上；《選編》，頁128-130，191-194。

摩薩人年齡(Land tadag)亦行延期」等等[89]。由此可見，何斌逃回大陸曾引起兩岸形勢一度緊張，他逃離的時間當在1660年3月之前。

4. 阮旻錫《海上見聞錄》(定本)云：「庚子(1660年)春，復遣通事何斌及其酋長再來議貢，何斌密進地圖，勸賜姓取之。」[90]所謂「復遣通事何斌及其酋長再來議貢」不可靠，因為這時何斌已失去荷蘭人的信任，根本不可能再與使節一起前來「議貢」；而且荷使前往廈門事在1660年11月初(10月31日從台灣出發)[91]，也與上述時間不符。如果把這一記載排除出去，那麼1660年春正是「何斌密進地圖，勸賜姓取之(台灣)」的時間，這與當時鄭軍調動以及台灣加緊備戰是相吻合的，可以作為重要佐證。

何斌逃往大陸後，對荷蘭人是一個沈重打擊。因為何斌長期居台，相當了解內情，他的出走等於給鄭成功送去了一份重要情報。《台灣外記》說：何斌「飛到廈門，叩見成功。功問其來意，斌曰：『台灣沃野數千里，實霸王之區，若得此地，可以雄其國；使人耕種，可以足其食。上至雞籠、淡水，硝磺有焉。且橫絕大海，肆通外國，置船興販，桅舵、銅鐵不憂乏用。移諸鎮兵士眷口其間，十年生聚，十年教養，而國可富、兵可強，進攻退守，真足與中國抗衡也。』遂出袖中地圖以獻，歷歷如指諸掌；並陳土番受紅毛之苦，水路變易情形，若天威一指，唾手可得。成功聞其言，觀其圖，卻如六月中暑，得服涼劑，沁人心脾，滿心豁

89　C.E.S.，《被忽視的福摩薩》，卷下，可靠證據第二十號；《選編》頁219。

90　阮旻錫，《海上見聞錄》(定本)(福建人民出版社，1982年)，頁44。

91　C.E.S.，《被忽視的福摩薩》，卷上；《選編》，頁138。

然」[92]。鄭成功出兵收復台灣，何斌功不可沒。

另一方面，通過何斌事件也可以看出，當時鄭成功的勢力已經向台灣發展，何斌出走後，荷蘭人立即查封了鄭泰設在台灣的一座商館（共有房屋數間）。據鄭泰1661年的信件：這座商館是由鄭泰出資，讓他的外甥Phenqua（平官、郭平？）在那裡代爲經營的，Phenqua曾是何斌的保證人，同時他還雇傭後來與何斌一起逃離的Koukhouqua充當書記。更爲重要的是，該商館被查封時，裡面還藏有未出售的「錫、稻穀、米及其他中國貨物」[93]。當時鄭泰是掌管鄭成功軍糧轉運和海外貿易的重要官員，這座商館顯然是鄭成功在那裡開設的。而且鄭成功軍隊自1655年以後就經常出現糧食危機[94]，但台灣卻盛產大米，因此這些糧食很可能就是在台灣購買爲提供內地之需而準備的。

鄭成功自己也說：他「經常派遣帆船赴台貿易」[95]。又據日人木宮泰彥所著的《日中文化交流史》，在1651年以後，鄭泰「曾年年從台灣派商船來到長崎，從事貿易」[96]。由此可見，在鄭成功收復台灣以前，台灣已成爲鄭氏的一個商業據點。他不僅掌握著對荷人貿易的主動權，而且在那裡設立商館，購買糧食，經常派遣船隻從台灣航向日本貿易。這些情況，作爲深入了解鄭成功收復台灣的背景，是相當重要的。

另一方面，鄭成功勢力隨著商業貿易的發展也滲入台灣。何斌

92　江日昇，《台灣外記》，頁156。

93　《巴城日記》，第3冊，頁205-208；《選編》，頁238-239。

94　參見拙作，〈鄭成功兵額與軍糧問題〉，《學術月刊》，1982年第8期。

95　1654年2月28日，鄭成功寫給台灣長官卡薩的信，殖民地檔案1209號，f.539。

96　木宮泰彥著、胡錫年譯，《日中文化交流史》（商務印書館，1980年），頁633。

是一個典型人物。除他而外，還有很多人也相續加入了鄭成功的陣營。C.E.S.(一般認為是揆一)在後來辯解說：何斌的潛逃使公司遭受打擊，「其實許多中國居民對公司的情況同何斌一樣熟悉」[97]。這是不無道理的。如受荷蘭人器重的公司通事胡興(Ouhinko)，他「早在兩年前(1659年？)就起誓服從了國姓爺」[98]。另一名承包商Samkoe，在鄭成功收復台灣的時候，他起而幫助抓拿荷蘭人[99]。1655年曾任雞籠漢人長老的Sinco，他與胡興一起直至鄭氏據台末期仍在台灣活動，而且作為鄭氏的重要商人與英國人貿易[100]。

除此之外，有的商人早期在台灣活動，後來成了鄭成功的軍隊將領。如Ghamphea(又作Gamphea, Gampea)，他在1634年前後經常到台灣貿易，是鄭芝龍手下的一名大商人[101]；而後來又成為鄭成功軍隊內的重要將領。1660年4月曾以他的名義寫信給荷蘭人，聲明鄭成功不會去攻打台灣，以讓荷人放心[102]。這個重要人物很可能是洪旭[103]。當然，在鄭成功陣營內了解台灣的人不止這些。但他們已足以說明，在鄭成功收復台灣以前，他的勢力實際上已滲透到台灣島內，鄭成功率兵收復台灣僅是時間的問題而已。

97　C.E.S.，《被忽視的福摩薩》卷上；《選編》，頁127。

98　《巴城日記》，第3冊，頁303；《選編》，頁277。

99　《巴城日記》，第3冊，頁305；《選編》，頁278。

100　參見《十七世紀台灣英國貿易史料》，頁51，Ouhinko被拼為Hinquo，Sinco被拼為Sinkoe，當是同屬一人。

101　《巴城日記》，第1冊，頁120、132、137、161。

102　C.E.S.，《被忽視的福摩薩》，卷上；《選編》，頁132。

103　Ghamphea(即Gampea)從發音看很像是「洪旭」的閩南音，而且洪旭以海外貿易起家，他自置商船外出貿易在鄭氏將領中相當著名；「事賜姓父子，盡效誠悃。」(《海紀輯要》，卷2)從這些經歷看也與Ghamphea相似。

第五節　鄭成功驅逐荷蘭人

　　自1646年鄭成功海上起兵後，荷蘭人幾乎每年都在擔心鄭成功將要出兵攻打台灣。特別是1652年郭懷一起義和1660年初何斌出逃以後，有關這方面的擔心就日益加劇。僅在1660年，荷蘭人先後兩次在台灣加強戒備：一次在3月，另一次在9月。而從當時的清鄭關係、荷鄭關係以及後來荷蘭人的調查來看，這種擔心並不全是捕風捉影。事實上，鄭成功決定出兵台灣已經提到議事日程上來，所要等待的只是選擇時機而已。

　　1660年初，鑒於鄭成功即將來襲的風傳甚緊，台灣長官揆一一方面加緊戰備，另方面向巴城總督報告，要求增派軍隊。7月16日，巴城總督派遣司令官燕・樊特朗率領一支由12艘船隻組成的艦隊，運載1,453人（其中士兵600人）航向台灣。同時給樊特朗和大員評議會分別下達指令：這支艦隊抵達台灣後，用以加強該地區的兵力；如果有關鄭成功的謠傳如以前幾次那樣已經消失，那麼為了彌補損失，這支艦隊必須去進攻澳門。9月20日，樊特朗率領的艦隊抵達大員[104]。

　　樊特朗對台灣局勢的看法並不像揆一那樣悲觀。他認為鄭成功絕不會出兵，以往的所有謠傳和各種跡象都只不過是庸人自擾、無稽之談，因此他抵達後不久就堅持要率艦隊去進攻澳門。在經過幾次激烈爭執之後，10月22日大員評議會作出決議：派遣一名使節前往廈門晤見鄭成功，以探清其真正意圖。10月31日，這名使節從台灣出發，在廈門受到鄭成功的接見。《海上見聞錄》（定本)云：「賜姓陳兵自鎮南關至院東，依山布陣，幾十餘里，

---

104 C.E.S.：《被忽視的福摩薩》，卷上。

甲兵數萬,周全斌統轄戎旗兵七千,皆衣金龍甲,軍威甚盛,夷人震懾。」[105] 11月下旬,這名使節攜帶鄭成功11月21日(十月十九日)的覆信返回台灣。大員評議會立即開會研究,最後以多數票決議,鄭成功即將來襲的威脅並沒有消除,這支援軍必須留下,以資保衛。但樊特朗對此極為不滿。至1661年2月,他率領兩艘船隻和所有軍官返回巴達維亞,其他船隻也分赴各地,留在台灣的僅是不足600名沒有軍官率領的士兵[106]。

在樊特朗撤離台灣的同時,鄭成功正在加緊籌備出征事宜。1660年10月,鄭成功已下令「各鎮修葺船隻,輪番出征」。12月,調派大批軍隊南下取糧。1661年2月,各路取糧隊伍已返抵廈門,鄭成功又「傳令大修船隻,聽令出征」。同時召集眾將領密議進攻台灣的計畫,提出「我欲平克台灣,以為根本之地,安頓將領家眷,然後東征西討,無內顧之憂,並可生聚教訓」的意見,眾將領無有表示反對[107]。

3月間,鄭成功移師金門,並委派兵官洪旭、前提督黃廷留守廈門,戶官鄭泰駐守金門,傳令各種船隻及所有官兵到金門料羅灣集中,等候出征命令。4月8日(三月初十日),鄭成功親自移駐料羅灣。20日(三月二十二日),命令全體官兵上船。21日中午,由鄭成功率領的25,000名復台大軍從料羅灣啟航,直趨澎湖。

鄭成功這次選擇出征的時機十分有利。一方面,巴達維亞的援軍已經撤離,台灣留下的守軍不多;另一方面,此時北季風已過,巴城總督無法獲悉台灣被攻的消息,因而也不可能立即派兵救援。

4月22日,鄭成功船隊齊抵澎湖,分駐在各嶼澳等候風信。25日,又從澎湖起航,但行至柑桔嶼時中途遇風,被迫返回澎湖嶼內

---

105 阮旻錫,《海上見聞錄》(定本),頁44。
106 C.E.S.:《被忽視的福摩薩》,卷上。
107 楊英,《先王實錄》,頁244。

嶼等候。這時鄭軍內部出現軍糧危機，由於在出發前何斌曾說：台灣數日就到，那裡糧米不缺，因而官兵攜帶的糧食有限。鄭成功命令楊英等人到各嶼澳派取，但取得也只是「升斗湊解，合有百餘石，不足當大師一餐之用」[108]。在這軍糧危機的嚴峻形勢下，鄭成功毅然下令不等天晴就頂風出航，率軍直指鹿耳門。

4月30日（四月初二）[109]黎明，鄭成功率領的數百艘船隻已出現在鹿耳門口外。此時鹿耳門一片大霧，荷蘭人見鄭軍船隻鋪天蓋地而來，頓時驚慌失措。鹿耳門位於北線尾與北方沙灘之間，這裡原有一片鐵板砂，而且在北線尾建有一座「熱堡」，守衛港道，但該堡於1656年毀於風災，此後未再修建。鄭成功船隊由洪暄（洪旭之弟）引航，時值大潮，海水高漲，各船魚貫而入，大約在上午10點左右，第一批船隻已進入大員港內，在赤崁西北部的士美村（禾寮港？）[110]靠岸，士兵開始登陸。

荷蘭人見鄭軍前來，立即採取措施。揆一命令代司令描難實叮（Valentijn）火速從大員趕回普羅文查城，在那裡布置防守。同時向普羅文查派去援軍400名，又召集分駐在各地的荷蘭人返回城內躲避，釋放所有荷蘭人囚犯，有當過兵的令他們拿起武器。但是荷蘭人留在台灣的船隻十分有限，僅有大船兩艘，小船兩艘，

---

108 楊英，《先王實錄》，頁245。

109 關於鄭軍抵達鹿耳門的日期，史學界有多種看法。筆者以為荷蘭文獻的記載最多，而且都是4月30日，當較可靠。又有的論者認為，4月30日即是中國農曆的四月初一日，這種看法值得推敲。因為永曆十五年四月二十六日，鄭成功曾寫一封信給揆一，荷蘭人於當天5月24日收到。如果4月30日等於四月初一日，那麼5月24日則是四月二十五日，這時鄭成功還沒寫信，怎麼荷蘭人有可能收到來信？（此事見甘為霖，《台灣島基督教會史》，卷1，《熱蘭遮城日記》摘條）。

110 荷蘭文獻記載鄭軍在士美村（smeer drop）登陸，而楊英《先王實錄》記載在禾寮港登陸。這兩個地方都在赤崁西北處，當屬同一地點的不同名稱。

根本沒有辦法阻止鄭軍順利登陸。至下午1時半，鄭成功軍隊在幾
千名中國人的幫助下，已完成登陸任務，並開始由此向南推進。
據公司政務員梅伊(philips Meij)日記：

> 敵人以全面攻勢繼續向前推進。從新港附近的劍松(Jan
> Son)莊園開來的軍隊敲打大鼓，吹著笛子，盛大而傲慢地
> 前進，馬車拖著輜重越過高地，隊伍中大部分是步兵，也
> 有一些騎兵。他們的軍隊和騎兵舉著無數漂亮的絲綢軍
> 旗、隊旗以及三角旗。士兵們頭戴發亮的鋼盔，手拿關刀。
> 他們很快就安置好隊伍。從英丁(Inding)路到哈根拉
> (Hagenaer)，直至卡內基(Cliej)樹林，沿著海灘和北普羅
> 文查公司花園山的後面，整個鄉村都覆蓋著成千上萬白色
> 帳篷。這時正是下午一時半。[111]

　　與此同時，在北線尾的北面盡頭處，鄭成功軍隊也蓋起了許
多帳篷[112]。大部分船隻駛入大員港內，停泊在熱蘭遮城與普羅文
查城之間，從而對它們形成分隔包圍之勢[113]。
　　當天下午，大員評議會再次開會，討論如何盡力阻止中國軍
隊的登陸問題。決定派遣上尉阿爾多普(Aldorp)率領200名士兵乘
船前往邊遠地區，然後向士美村推進，以阻擋鄭軍船隻靠岸。但
阿爾多普此次行動沒有成功[114]。下午5點鐘，他又奉命前去增援普

---

111 《梅伊日記》，殖民地檔案1182號，f.848-849v，引自J. Huber（胡月涵），
　　〈有關台灣歷史之荷蘭文獻的種類、性質及其利用價值〉，《台灣風
　　物》第28卷，第1期。中譯文載《台灣研究集刊》，1988年第2期，以
　　下不再詳註。
112 《熱蘭遮城日記》，殖民地檔案1125號，f.516。
113 C.E.S.，《被忽視的福摩薩》卷下。
114 C.E.S.，《被忽視的福摩薩》卷下及可靠證據第一號。

羅文查。當船隻在赤崁靠岸時，立即遭到千餘名中國士兵的猛烈襲擊，根本難以上岸，最終僅有五、六十名荷兵衝入普羅文查城內，其餘折回大員[115]。當天晚上，描難實叮下令「發炮擊我營盤，並焚馬廄粟倉」。而在赤崁街的中國人民房和糧粟，則受到了鄭軍的有力保護[116]。

第二天，5月2日上午，荷蘭人經過事先準備後，對鄭成功軍隊發動了一場反攻。這次反攻同時在海上和陸地進行。

在海上，荷方共有船艦四艘，其中主力艦隻赫克托(Hector)號和斯·格拉弗蘭('S Gravelande)號憑借著炮火優勢，首先向中國船隊開火，很快，它們就受到大約60艘中國帆船的包圍。這些帆船上各裝有兩門大炮，十分英勇頑強。「在戰鬥狂熱中，有五、六艘最勇敢的帆船從各個方向向赫克托號圍攻」。赫克托號火藥艙爆炸，人船俱毀。此後，數十艘中國帆船猛烈攻擊其餘三艘荷船。斯·格拉弗蘭號邊打邊逃。中國士兵曾一度跳過船去，與荷蘭人展開搏鬥。有數艘中國火船輪番向它發起進攻，斯·格拉弗蘭號船體著火。帆船向鷺(de Vink)號和通訊船馬利亞(Maria)號戰鬥力不強，更不敢靠近，馬利亞號最終逃向巴達維亞報信去了[117]。阮旻錫說：「時夷人尚有甲板船在港，令陳澤、陳廣等攻之，沉其一隻，焚其一隻，走回一隻。」[118]荷蘭人在海戰中遭到慘敗。

在陸地上，荷蘭人的失敗更為慘重。上尉貝德爾(Thomas pedel，中國文獻作「拔鬼仔」)輕視中國人的戰鬥力。他認為「中國人受不了火藥的氣味和槍炮的聲音，只要放一陣排槍，打中其

---

115 《熱蘭遮城日記》，殖民地檔案1125號，f.515v-516；《梅伊日記》，殖民地檔案1128號，f.849v-851。

116 楊英，《先王實錄》，頁248。

117 C.E.S.，《被忽視的福摩薩》，卷下。《巴城日記》，第3冊，頁224-226。

118 阮旻錫，《海上見聞錄》(定本)，頁45。

中幾個人,他們便會嚇得四散逃跑,全部瓦解」[119]。當他率領250
名士兵在北線尾登陸時,卻遭到了4,000名中國士兵的猛烈攻擊。
有七、八百名中國士兵憑借著有利地形,向敵人後方迂迴包抄,
對荷軍形成兩面夾攻之勢。戰鬥打響不久,荷軍就潰散不堪,「許
多人甚至還沒向敵人開火便把槍丟掉了。他們抱頭鼠竄,落荒而
跑」。貝德爾仍想拚死抵抗,但士兵們根本就不聽從使喚,中國
軍隊越戰越勇,共殲滅包括貝德爾在內的118名荷軍,取得了入台
初戰的重大勝利[120]。

　　荷蘭人遭受慘重失敗後,當天晚上,大員評議會再次開會,
決定向鄭成功要求停戰數日,雙方進行談判。而在此之前,鄭成
功已於5月1日上午發布告示,並將他於4月27日(三月二十九日)在
澎湖寫的信送入熱蘭遮城內。鄭成功說:台灣、澎湖應屬中國政
府管轄,這裡的居民自古以來占有並耕種這一土地,此次率艦隊
前來,就是要收回並改善這塊故土。如果荷蘭人肯交還此地,生
命和財產得以保全。如敢違抗,將殺戮無赦[121]。5月2日,鄭成功
同意進行談判。

　　5月3日,荷蘭人派遣評議會議員湯馬斯・樊・伊伯倫(Thomas
van Iperen)和檢察官勒奧那杜斯(Leonardus)前往赤崁,與鄭成功談
判。鄭成功坐在一張太師椅上,態度十分強硬。他說:我是為向公
司索回原屬泉州,現應歸我領有的台灣土地和城堡而來,你們荷蘭
人必須立即交出城堡,否則我將指派精銳部隊,當面將普羅文查攻

---

119 C.E.S.,《被忽視的福摩薩》卷下。
120 C.E.S.,《被忽視的福摩薩》卷下。《巴城日記》,第3冊,頁281。
　　按:C.E.S.記載,貝德爾率領的士兵為240人。
121 見《巴城日記》,第3冊,頁280;《熱蘭遮城日記》,殖民地檔案1125
　　號,f.88-885。

下，再轉攻熱蘭遮城。你們受寬宥的時機已過，如肯悔悟，尚有機會，如果還想抵抗，那就不必再派委員，明日即可掛旗宣戰[122]。荷蘭人見鄭成功態度如此堅決，已沒有商量餘地，便告辭離去。

在交涉談判的同時，鄭成功還派遣楊朝棟前往普羅文查，勸諭描難實叮交城投降。此時描難實叮已受到鄭軍的重重圍攻，孤立無援。他向揆一和大員評議會告急說：城內的水源已被鄭軍切斷，飲水十分困難。糧食只能維持五、六天，彈藥也極其有限。城中守軍數百人，勢必難以堅守城堡。5月4日上午，描難實叮在鄭軍的強大攻勢下，決定交出城堡，與鄭成功簽訂了投降協議。兩天後，荷軍全部撤離普羅文查城（此時僅剩士兵230人），鄭成功軍隊完全占領了赤崁地區[123]。

普羅文查城陷落後，鄭成功立即將主力部隊開往大員，同時派人給揆一送去一信，再次勸諭他與描難實叮一樣，交出城堡。此時荷蘭人在熱蘭遮城內共有1,733人，其中士兵870人，炮手35人，其餘大部分是婦女、兒童和奴隸。但是他們憑借著堅固的城堡和充足的糧食、儲備，決心頑抗到底。5月5-6日，鄭成功軍隊進入大員市區，荷蘭人也派兵出城去燒毀倉庫、木材場和市場，雙方發生小規模戰鬥，藏在公司倉庫裡的20萬袋稻穀最終成了鄭軍的戰利品。5月25日，鄭成功調集大軍和數十門大炮，築造炮台，對熱蘭遮城發起猛攻。雙方戰鬥異常激烈，熱蘭遮城牆和稜堡的胸牆有數處被打壞，但由於敵人的火力很強，攻城部隊仍無法接近，只好放棄[124]。阮旻錫說：「賜姓督師移紮昆身，築土台架炮攻台灣城。揆一等於附城、銃城齊放大銃。頃刻土台崩壞，官兵

---

122 《巴城日記》，第3冊，頁284-287。

123 《巴城日記》，第3冊，頁283-284、287-290。

124 《巴城日記》第3冊，頁294-297。又，C.E.S.《被忽視的福摩薩》云：這場戰鬥發生在5月26日。

退回。夷人出城奪炮，馬信、劉國軒率弓箭手射之，乃退。」[125]這次攻堅戰失利後，鄭成功立即改變戰略，「派馬信等紮台灣街，固守不攻，俟其自降。派各鎮分紮汛地屯墾」[126]。

鄭成功驅逐荷蘭人的軍事行動，獲得台灣居民的積極支持。在4月30日登陸那天，士美村附近的幾千名群眾就組織起來，用貨車和其他工具幫助鄭軍登陸[127]。5月間，鄭成功到蚊港視察，當地「四社土民男婦壺漿，迎著塞道」[128]。在台灣各地的漢人和原住民聽說鄭軍到來，紛紛拿起武器反抗荷蘭人。「好些居住山區和平原的居民及其長老，還有幾乎所有住在南部的居民，都投降了國姓爺……他們聽到國姓爺來了的消息，就殺了一個我們荷蘭人，像往日處理被打敗的敵人一樣，把頭顱割下，大家圍繞著跳舞、狂歡」[129]。在荷蘭人的統治中心，如麻豆、蕭壠、哆囉嘓等地，也都發生了住民反抗事件，以致那些未及逃離的荷蘭人膽戰心驚，無處躲藏。有不少人被抓獲解交鄭軍，還有些人被當場處死。駐在雞籠的荷蘭人聽說鄭軍已經到來，趕快乘船逃往日本去了。

鄭成功率軍在台灣登陸後，一方面下令攻城，另方面派人去收繳荷人所積的粟石及糖、麥等物，「發給兵糧」[130]。同時鄭成功還前往各地相度地勢，發布墾田令，號召在台軍民不失農時地開墾土地，發展生產。6、7月間，鄭成功調派的第二批軍隊及將領家眷抵達台灣，又將他們分遣到各地，駐紮屯墾。

再說巴達維亞方面。2月27日，樊特朗率領兩船離開台灣，返

---

125 阮旻錫，《海上見聞錄》，頁45。

126 阮旻錫，《海上見聞錄》，頁46。

127 C.E.S，《被忽視的福摩薩》卷下。

128 楊英，《先王實錄》，頁252。

129 《熱蘭遮城日記》，1661年5月17日，載甘為霖，《台灣島基督教會史》，卷1。

130 楊英，《先王實錄》，頁252。

回巴達維亞。3月22日抵達巴城後，即向總督和東印度參事會控告揆一在台灣的無能和膽怯畏敵，以說明他此次出征徒勞無功的原因所在。而巴達維亞方面早就對揆一有看法。6月7日，東印度參事會決定任命克倫克（Herman Klenkt）為台灣新任長官，取代揆一。22日，克倫克攜帶著任命書，率領兩船從巴達維亞出發，航向大員[131]。

在克倫克出發後的第二天即6月24日，通訊船馬利亞號經過50天的逆風航行返抵巴達維亞，向巴城總督報告了鄭成功攻擊大員的噩耗。這一消息使得巴城大小官員瞠目結舌，立即派遣一艘船隻前去追趕克倫克，以期收回成命。6月25日，巴城總督決定派出援軍增援台灣，同時任命樊特朗為援軍司令。但樊特朗堅決不幹，27日遂改由雅科布·考烏（Jocob Caeuw）為艦隊司令。7月5日，考烏率領9艘荷船，運載725名士兵從巴達維亞出發，航向台灣[132]。

克倫克乘坐的荷蘭地亞（Hoogelande）號於7月30日抵達大員口外。此時他看到的不是鮮花和前來歡迎的大小官員，而是熱蘭遮上空飄揚著一面大血旗。克倫克萬萬沒想到會有這種情況。7月31日他在船上接獲揆一有關戰況的報告後，即藉口遭風，率船逃往日本，後來又從日本返回巴達維亞去了[133]。

再說由考烏率領的巴城援軍亦於8月12日抵達大員港外，這時他共率有11艘船艦（有2艘是在中途加入的）以及捕獲的2艘船隻。13日卸下一批糧食、彈藥，並有50名士兵上岸。往後海上又颳起大風，考烏遂率領艦隊航向澎湖躲避、裝水，四處漂散。直至9月

---

131 《巴城日記》，第3冊，頁218，222。按，克倫克從巴城出發的時間，C.E.S.作6月21日。

132 《巴城日記》第3冊，頁223、229-230、234-235。

133 《巴城日記》，第3冊，頁244-245。

9日，這支艦隊才重返大員，考烏於當天入城[134]。

巴達維亞援軍的到來，對鄭成功是一種新的威脅。8月中旬，即考烏率艦隊剛抵達大員不久，鄭成功就調遣右武衛前協裴德幫助協守大員，同時命令各部隊加強戒備。9月14日，大員評議會作出決定，準備對鄭軍再發動一次攻擊，以扭轉他們受圍困的被動局面。9月16日，荷蘭艦隊運載712名士兵首先向鄭軍發起進攻。他們用猛烈的炮火轟擊大員市區，企圖配合士兵登陸。而鄭軍早已做好準備，即從海、陸兩方面用炮還擊，同時派出許多帆船和火船，去圍攻荷蘭艦隊。在激烈戰鬥中，荷艦科克倫（Kou Keren）號被潮水沖上淺灘，被鄭軍的密集炮火打碎。另一艘荷艦科登霍夫（Cortenhoef）號亦沖灘擱淺，被一艘中國火船燒毀。此外還有三艘小艇被俘。荷方共死傷二、三百人[135]。楊英《先王實錄》說：「八月……甲板船來犯，被藩令宣毅前鎮陳澤並戎旗左右協、水師陳繼美、朱堯、羅蘊章等擊敗之，奪獲甲板二隻，小艇三隻。宣毅前鎮副將林進紳戰死，自是甲板永不敢犯。」[136]

荷蘭人經過這次重創後，再也沒有力量對鄭軍發起進攻。11月6日，揆一收到靖南王耿繼茂的信（此時耿繼茂已調駐福州），說他已知道鄭成功進攻台灣的消息，表示願意盡力支援，同時也要荷蘭人派出兩艘戰艦去聯合清軍行動，消滅鄭氏在大陸的軍隊，11月26日，大員評議會在研究了這封信之後，感到這是一個良好機會，因此決定派遣考烏率領大船3艘、小船2艘以及士兵、軍用物資等前去聯合清軍作戰，以期通過進攻金、廈來牽制鄭成功在台灣的兵力。但考烏並沒有執行命令。12月3日，他率艦隊離開大員後，先藉口在澎湖避風，後來就率領兩船直接返回巴達維亞去

---

134 《巴城日記》，第3冊，頁308-311。

135 C.E.S.,《被忽視的福爾摩薩》，卷下，《巴城日記》，第3冊，頁312-317。

136 楊英，《先王實錄》，頁257。

了。這次荷、清聯盟終於破產[137]。

1662年1月，鄭成功決定對熱蘭遮城採取最後行動。這時有一個荷蘭降將向鄭成功建議說：熱蘭遮附近高地上建有烏特列支圓堡，只要攻下圓堡，就可以居高臨下。鄭成功很快採納這個意見，命令士兵們在烏特列支圓堡附近建造三座炮台，一座在南，兩座在東，架設28門巨炮，同時挖掘了許多戰壕。1月15日清晨，鄭軍開始用巨炮從東、南兩個方向對烏特列支圓堡猛烈轟擊，直至晚上，整座圓堡被徹底摧毀，鄭軍占領了這個據點[138]。

烏特列支圓堡失陷後，荷蘭人已全部暴露在鄭軍的炮火之下，鄭成功軍隊可以隨時發起進攻，而荷蘭人難以抵禦了。1月26日起，大員評議會連續開會，討論面臨的嚴重局勢，27日，評議會最終作出決議，放棄一切抵抗，要求停火，「在優惠的條件下交出城堡」[139]，2月1日，荷、鄭雙方實行停火，開始談判[140]。荷蘭人接受了投降條件。2月10日，揆一在投降協議書上簽字[141]。該協議書全文如下：

> 本條經雙方訂定並經雙方同意，一方為自1661年5月1日至1662年2月1日包圍福摩薩島熱蘭遮城堡的大明招討大將軍國姓殿下，另一方為代表荷蘭政府的熱蘭遮城堡長官弗里德里克・揆一及其評議會，本條約包括下列十八條款：

---

137 C.E.S.，《被忽視的福摩薩》，卷下。

138 同上。

139 C.E.S.，《被忽視的福摩薩》，可靠證據第十九號。

140 台灣學者張菼先生考證：2月1日應是雙方開始停火、談判的日期，而不是簽約的日期，這一觀點是正確的。參見張菼，〈鄭荷和約訂日期之考訂及鄭成功復台之戰概述〉，《台灣文獻》第18卷，第3期。

141 阿布列特・赫波特(Altbrecht Herport)，《爪哇、福摩薩、前印度及錫蘭旅行記》。

一、雙方停止一切敵對行動，從此不記前仇。

二、荷方應將熱蘭遮城堡、外堡、大炮、剩餘的軍用物資、商品、現金以及其他屬於公司的財產全部交與國姓殿下。

三、大米、麵粉、酒、燒酒、肉類、豬肉、油、醋、繩索、帆布、瀝青、柏油、錨、火藥、槍彈、亞麻布以及被圍者返回巴達維亞途中必需的其他物品，得由上述長官及評議會運上公司船隻。

四、城堡內以及他處屬於荷蘭政府官員之私人動產應先經過國姓代表檢查，然後運上公司船隻。

五、除攜帶上述物件外，二十八名評議員每人准予隨身攜帶二百銀元（rijksdaalder），另二十名特定公民准予一共攜帶一千銀元。

六、經檢查後，荷蘭士兵得以在長官指揮下，揚旗、鳴炮、荷槍、擊鼓、列隊上船。

七、所有在福摩薩之中國債務人及中國租地人之名單以及他們所欠債務應從公司帳簿中抄出，呈交國姓殿下。

八、所有荷蘭政府之檔案文件可以運往巴達維亞。

九、公司人員現為中國人拘禁在福摩薩者，應於八日至十日內釋放，拘禁在中國者，應盡早予以釋放。公司人員在福摩薩未受拘禁者，應發給通行證，以便安全到達公司船上。

十、國姓將捕獲之四艘小艇及其附屬物品發還公司。

十一、國姓負責撥出需要的船隻運載公司人員及其財貨上船。

十二、公司人員在停留期間，國姓屬下臣民應按日供應以

合理價格之蔬茶、肉類以及其他維持日常生活之物品。

十三、公司人員未上船前留在岸上期間，除為公司服務外，國姓屬下之士兵臣民一律不得進入城堡，不得越過工事網之堡籃，亦不得進至由國姓殿下下令所立之木柵。

十四、在公司所屬人員全部撤出城堡以前，城堡上除白旗外，不許懸掛別種旗幟。

十五、公司人員及財貨上船後，倉庫管理人員應留在城堡內兩三日，然後上船。

十六、本條約一經簽字、蓋章、宣誓後，雙方各依本國習慣，國姓爺即派其官員Moor Ougkun及政治顧問Pimpau Jamoosje到荷蘭船上，公司方面亦派一職位僅次於長官之官吏燕‧奧根斯‧樊‧華弗倫(Jan Oetgens van Waveren)及福摩薩評議員大衛‧哈曹爾(David Harthouwer)到國姓處作為人質。雙方人質應留在指定地點，直至本條約所規定之事項均已執行完畢為止。

十七、目前在城堡內或公司船上之中國俘虜應予釋放，以交換荷方為國姓部屬所俘虜之軍民。

十八、本條約中如有發生疑義或重要未盡事項，經任何一方提出後，應立即由雙方協商解決之。[142]

2月12日，荷蘭人撤出熱蘭遮城，該城堡上面升起了中國軍隊

---

142 C.E.S.，《被忽視的福摩薩》卷下。

的旗幟[143]。荷蘭人在台灣38年的殖民統治徹底失敗了。他們撤離前留下的貨物及財產價值如下[144]：

金塊	約600荷盾
珊瑚珠（已有一部分毀損）	900荷盾
琥珀	約50000荷盾
現金	120000荷盾
各種粗賤品及商品	約300000荷盾
共計	471500荷盾

鄭成功驅逐荷蘭人這一偉大行動，第一次沉重打擊了西方殖民者的侵略勢力。當時中國正值明清鼎革之際，國內階級矛盾和民族矛盾激烈交織在一起，各派政治力量都沒有能力去收取台灣。而鄭成功雄師海上，他在抗清的同時，毅然排除異議，肩負起這一歷史重任，客觀上代表了中華民族的根本利益，在中國人反殖民抗爭史上，寫下了極其光輝的篇章。

另一方面，鄭成功這一創舉也沉重打擊了荷蘭殖民者在亞洲的擴張勢力。台灣失去後，荷蘭人喪失了繼續向日本發展的基地，同時也失去了對中國、日本、東南亞各地進行貿易的有利據點，東印度公司在亞洲的發展受到制約。自此以後，荷蘭人不得不重新尋找出路，以彌補在台灣的損失，而他們日益衰落的命運則是難以避免了。

---

143 《台灣島之歷史與地志》，頁33。
144 C.E.S.，《被忽視的福摩薩》卷下。

第八章

最後失敗

荷蘭人失去台灣後，仍不甘心於自己的失敗。1662年6月以後，他們連續三次派出大規模艦隊前往中國沿海，企圖通過聯合清政府對鄭氏作戰，以重新奪回台灣，並在中國沿海尋找新的貿易據點。1664-1668年，荷蘭人乘鄭氏內亂之機，再次占領雞籠長達四年之久。這是荷蘭人在台灣徹底失敗後的「迴光返照」，也是荷據台灣的最後一抹「餘暉」。

第一節　荷、清聯合進攻鄭氏

荷蘭人為了挽回敗局，同時又為了維護公司的「聲譽」，防止其他殖民地人民群起反抗，決定派出大規模艦隊前往中國沿海，進攻鄭氏。但是荷蘭人要與鄭成功軍隊作戰顯然是十分困難的，唯一的辦法是聯繫清朝，以幫助清軍「剿逆」為名，共同採取行動，從而達到自己的目的。

1662年6月29日，荷蘭海軍提督巴爾塔沙・波特（Baltasar Bort，中國文獻稱「出海王」）率領一支遠征艦隊從巴達維亞出發，航向中國。這支遠征艦隊共有艦船12艘，運載大炮139門，士兵1284人。8月14日（七月初一日）抵達福州五虎門外，船上各豎大纛旗，上書「支援大清國」字樣。8月16日，又有一艘荷船前來，這樣停

泊在五虎門的荷船共有13艘。18日，荷蘭人派遣一名代表連同隨從、通事、書役共計8人前往福州，向清朝福建當局遞交了一份給靖南王、總督、巡撫的照會，內稱：此次荷蘭艦隊前來，願幫助清軍「剿除逆賊」，「而船上載有胡椒、丁香、豆蔻、檀香、水銀等物，難以征戰。……懇請多加憐憫，准於府、州貿易。若不得銷售，則可從十三艘船中酌留一二艘，以貯存貨物，餘者全聽調遣」[1]。

這時靖南王耿繼茂、總督李率泰正在漳州。9月19日，波特又給李率泰寫信，聲明對「鄭軍以及一切清廷之敵人作戰有萬全之準備，惟應以准許自由貿易、恢復台灣為條件」[2]。10月間（農曆九月），耿繼茂自漳州回省，波特又前來求見，聲稱他奉巴城總督瑪茲克的命令，「前來協助大清國剿滅鄭逆」云云[3]。

耿繼茂等人對於聯合荷軍共同對付鄭氏早有打算，但此事關係重大，遂在10月20日（九月初九日），上疏清廷，請旨定奪。同時將荷蘭人安頓於閩省，設宴款待，「無所不周」[4]。

荷蘭人在福州住至次年3月1日，仍不見北京諭旨下來，而這時北季風即將過去，波特遂決定留下商務員康士坦丁・諾貝爾（Constantine Nobel，中國文獻稱「戶部官老磨軍士丹鎮」）和8名荷蘭人繼續等候朝廷回音，自己先率艦隊返回巴達維亞。臨行前，還與閩安鎮總兵韓尚亮約定：「待入夏後，率領舟師前來助剿。」[5]

1　滿文密本檔，〈明安達里等題為荷船來閩請求助攻鄭軍事本〉（康熙元年十二月二十五日批），見《鄭成功檔案史料選輯》（福建人民出版社，1985年），頁454。

2　賴永祥，〈清荷征鄭始末〉，《台灣風物》，第4卷第2期。

3　滿文密本檔，康熙二年十一月二十日，〈耿繼茂等題報荷蘭助攻出力並窺伺台灣事本〉，見《康熙統一台灣檔案史料選輯》（以下簡稱《統一檔案》，福建人民出版社，1983年），頁20。

4　滿文密本檔，康熙二年十一月二十日，頁20。

5　滿文密本檔，康熙二年九月二十二日，〈沙澄題報荷蘭國夾板船抵閩助攻事本〉，《統一檔案》，頁19。

再說耿、李等人的題本直至1663年1月7日（康熙元年十二月十九日）才送抵北京。先經兵部擬議，再由皇帝批示，歷時四個多月。兵部對是否聯合荷軍進攻台灣沒有把握，他們認為：荷蘭人此次前來，「本意實因鄭逆圍攻台灣，故欲借機報復。據此，或趁機截殺，或賞賜遣回之處，伏乞敕下該督撫酌情施行」，可見兵部傾向於不與荷軍聯合。「再，其所帶海上貿易貨物，雖係違法，但與我軍民出海貿易相比，則似應有別。故應委員銷售，以此鼓勵遐方番人向化之心。」2月2日，康熙帝很審慎地批道：「彼紅毛人來船出力剿賊，殊甚可嘉。可否助戰，著該王、總督、提督等核議具題。所帶貨物，著委員監督貿易。」[6]

康熙帝諭旨抵達福建後，耿繼茂、李率泰等人即遵旨核議「可否助戰」事宜，同時把荷蘭人隨船前來朝貢貿易的情況報告清廷。5月1日（三月二十四日），康熙《實錄》載：「荷蘭國遣出海王統領兵船至福建閩安鎮助剿海逆，又遣其戶部官老磨軍士丹鎮（Constantine Nobel）、總兵官巴連衛林（L. van Campen？）等朝貢，上嘉之，各賜銀幣有差。」[7]至此，清朝政府已經決定借助荷人的軍事力量進攻鄭氏了。同時為了獎勵他們，還特意破例允許荷蘭人每兩年前來貿易一次[8]。

清政府為什麼會決定借助荷軍攻擊鄭氏？主要原因有兩點：一、清朝的水師力量不強，其主要精銳是陸師，水師大部分由鄭氏的投誠官兵組成，而依靠這支力量無法「剿除海逆」。二、這時鄭氏集團發生內亂。1662年6月23日（五月初八日）鄭成功在台灣去世後，鄭氏內部為了爭奪王位，互相廝殺，軍力大損。這正是

---

6 滿文密本檔，〈明安達里等題為荷船來閩請求助攻鄭軍事本〉，《鄭成功檔案史料選輯》，頁455-456。
7 《聖祖仁皇帝實錄》，卷12。
8 《欽定大清會典事例》，卷510。

清朝出兵進攻的大好機會。

　　1663年7月1日，波特再次率領艦隊航向福州。這次他率領的艦隊共有船艦16艘，運載大炮443門、兵員2,713人。此外還配有中將1名、少將1名充當波特副手，並攜帶了16萬多盾的貨物。8月底，荷蘭艦隊抵達閩江口。9月5日駛入閩安鎮，受到清方的熱情款待。耿繼茂和巡撫特別委託官員為荷蘭人準備房屋，以便「卸存貨物」，並邀荷艦駛往泉州會齊[9]。

　　10月16日，荷蘭艦隊駛入泉州灣。21日，波特向住在泉州城內的耿繼茂、李率泰遞交一信，內容是荷、清聯軍的協議書草案。波特自己已在上面簽名、蓋章，同時要求耿、李兩人也要簽名、蓋章，「以昭信守」[10]。該協議書是荷蘭人起草的，他們進一步指出要占領中國沿海基地為據點，並要清政府答應在攻取台灣後將該島轉交給荷蘭人。其具體內容如下：

　　一、清荷兩國民間，應有不得破壞之同盟關係存在。

　　二、為對抗共同敵人鄭軍，兩國應緊密合作，至敵人投降為止。

　　三、雙方應通知各方旗幟，以便得與敵人鑒別。

　　四、攻敵遠征隊，由雙方出兵組織之。

　　五、清方帆船及小船應由荷軍指揮，荷軍分三船隊前進。抵廈門金門時，荷艦吃水太深無法靠近海岸，需帆船進港，因此需用華籍領港人。

　　六、雙方應同時登陸攻擊敵人。

9　滿文密本檔，康熙二年九月初三日，〈耿繼茂等題為暫緩進兵廈門事本〉，《統一檔案》，頁18。

10　張書生，〈荷蘭東印度公司、台灣鄭氏與清帝國關係——介紹《胡椒、槍炮及戰場談判》一書〉，《中國史研究動態》，1980年第4期。

七、荷蘭東印度公司在中國與一切華人得享有貿易之自
　　由，不受任何干涉。但聯軍未克服金廈兩地以前，對
　　於荷人所帶來之貨物，暫不討論。

八、克服金廈兩島後，荷人必要時，得在兩者之間，擇取
　　其一或其他地點，以駐艦隊，以防海賊攻擊。

九、克服金廈兩島後，聯軍應駛往台灣。攻取此島後，清
　　軍應將該島以及一切城堡物件交與荷人，以供荷人居
　　住。

十、清方總督應提供優秀船隻，以便荷人遣使至巴達維亞
　　報告。

十一、此約應得清廷之批准，並將其批准書送交荷蘭
　　　人。[11]

　　耿繼茂、李率泰對上述第七、八兩條持有保留意見，對第九
條也認為要上疏朝廷，自己無權作主。但為了促使荷蘭人聯合行
動，他們還是在協議書上簽字蓋章，同時於10月27日分別給波特
寫信，表明他們只能按朝廷授權的範圍來考慮荷蘭人的要求；對
於貯存在福州的貨物，耿繼茂說等攻克金廈後再作處理，如要先
行出售，也可以應允[12]。

　　協議簽訂後，雙方就準備對金、廈發動進攻。清軍陸路提督
馬德功督鄭鳴駿以船數百號出泉州港、水師提督施琅同黃梧出海
澄港，耿繼茂與荷軍紮營於同安港劉五店。11月18日、19兩日，
荷清聯軍與鄭軍進行海戰，荷蘭船隻從外海衝入，憑借著船高大
且炮銃多，「橫截中流，為清船藩蔽」，「炮聲如擂鼓，從辰至

11　引自賴永祥，〈清荷征鄭始末〉。
12　見賴永祥上文引徵的英文信件。

酉相續不絕」[13]。20日，荷蘭船隻仍在海上牽制鄭軍，清軍則水師各路並進，進取廈門，這時鄭軍因實力單薄，退往銅山。23和25日，又先後克復了浯嶼、金門兩島。

金、廈攻克後，清、荷雙方在下一步行動上發生了分歧。清方提出要去進攻銅山，「邀荷蘭船助剿」，但荷蘭人推辭不允，並反請清派船兵進取台灣。同時荷蘭人又稱「可行文招降台灣兵民，伊等可派船協助運回閩省」。耿繼茂等人考慮到「台灣賊眾早有思念故土之情，故依所請，派船二隻，差官持諭，同往招撫」[14]。1664年2月1日，荷蘭艦隊開往澎潮，3日抵達馬公港。7日派兵登陸攻擊守島的小股部隊，隨後又在島上掃蕩、搜尋糧食，至13日始離去，艦隊停泊在熱蘭遮城東北四分之一浬的地方待命。這時聽說清、鄭雙方的談判略有進展，而荷蘭人的攻城兵力又不足，因此期待清方能履約將台灣移交給荷方。21日，波特先率領艦隊返回巴達維亞去了。

其實荷蘭人早在進攻金廈之前，就已單方面同鄭氏代表接觸了。當時鄭氏提出不要與清軍結盟，如有什麼要求，可直接找鄭氏談判。但荷蘭人已與清方簽訂協議，因而拒絕[15]。攻克金廈之後，荷蘭人又派代表前往鄭氏陣營，12月27日，向鄭氏提出了6點要求：

一、放棄並移交整個台灣島給荷蘭人，讓他們像從前那樣占有並實行統治。

二、特別是大員的熱蘭遮城、赤崁的普羅文查城以及武器、彈藥和雞籠等等，須移交給荷蘭人。

13　阮旻錫，《海上見聞錄》（定本），頁51。
14　滿文密本檔，康熙二年十一月二十二日，〈耿繼茂等題報荷蘭船助攻出力並窺伺台灣事本〉，《統一檔案》，頁21。
15　《巴城日記》，第3冊，頁337-338。

三、歸還公司放棄大員時被占有的商品、金錢以及其他物
　　品，並賠償兩年來因派艦隊到中國沿岸所花的費用，
　　共計約黃金60噸。

四、所有公司的債務人，不管是僕人還是自由民，都須償
　　還他們的欠款。

五、荷蘭俘虜必須立即釋放，並送他們連同貨物到荷船。

六、同意並批准上述條款，彼此之間將永久和平，以往一
　　切事情應被遺忘和寬恕。[16]

　　但鄭方當然不能接受這些條件。經過數次信使往返後，鄭方只
同意放回荷蘭俘虜，並要求荷蘭人解除與清朝的聯盟。同時鄭方也
不同意荷蘭人提出的在台灣設立商館，雙方交涉沒有什麼結果。此
後，荷蘭人又建議清方出面「差官招撫」，希望能從中得到一點好
處。但荷蘭人對於清方是否能夠移交台灣也是懷有疑慮的。

　　1664年6月6日，巴城總督和東印度參事會決定重新占領雞籠。
12日，任命大尉赫曼‧比特(Herman de Bitter)為雞籠城司令官，並
選派5名中尉和1名宣教師到該地任職，配備守兵200名[17]。7月7日，
波特率領一支由12艘船隻組成的龐大艦隊，第三次航向中國。巴城
總督給波特的訓令說：該艦隊應直接前往澎湖，然後從澎湖航向雞
籠，竭盡全力占領該地。任命大尉比特為臨時司令官。占領雞籠後，
在該地留下兩艘船隻，其餘全部開往中國沿海[18]。

　　8月18和20日，波特率領的艦隊先後抵達澎湖，打敗了鄭氏的
守島部隊。23日又前往雞籠，27日抵達後，立即加以占領。當時
鄭氏還沒有在雞籠設防，因此荷軍登陸十分順利。9月28日，波特

16　見賴永祥〈清荷征鄭始末〉引徵的英文史料。
17　《巴城日記》，第3冊，頁339。
18　《巴城日記》，第3冊，頁340-341。

又率領10艘船艦，載兵千人從雞籠出發，航向福建。10月5日抵達閩安鎮，與耿繼茂等人約定「九月二十日(11月7日)到圍頭取齊，於十月初旬往澎湖攻賊巢，候風便進取台灣」[19]。

為什麼這時清政府轉而希望聯合荷軍攻取澎湖、台灣？主要原因有兩個方面：一是金廈之戰後，清朝政府感到荷蘭艦隊還有點實力，特別是在海上進攻方面可以助一臂之力；二是金廈兩島被攻克後，鄭氏軍隊實力大減，軍心不穩，鄭經已經放棄銅山退往台灣去了，這時正是乘勝追擊，攻克台、澎的大好時機。1664年9月7日，清廷任命施琅為靖海將軍，「征台灣」[20]。在此前後，康熙帝又親自頒發兩道諭旨，嘉獎荷蘭人助攻金廈之功[21]，並分別賞給荷蘭國王銀2,000兩、出征官員銀1,000兩，以及各種絲綢織物[22]，以資鼓勵。

11月，荷、清艦隊在金門集中。12月24日啟椗開航，但行至中途，由於洋面「驟起颶風」，施琅率領的清朝艦隊被迫折回[23]。這次聯合行動沒有結果。往後，荷蘭人就沒有再派遠征艦隊前往中國。1665年1月荷蘭人通知雞籠守軍，「傳達停止進攻台灣的命令」[24]。而在這一年的三、四月間(農曆)，施琅還有兩次進攻台灣的行動，都沒有荷蘭艦隊參加。

荷蘭人之所以放棄進攻台灣的計畫，並不是因為他們對台灣已經沒有興趣。《巴達維亞城日記》載：1665年5月7日下午，東印度

19　《聖祖仁皇帝實錄》，卷13。

20　《清史稿》，卷6，〈聖祖本紀〉一。

21　《欽定大清會典事例》，卷520。又康熙帝諭旨之一，載於武新立，《明清稀見史籍敘錄》(金陵書畫社，1983年)，頁272。

22　《欽定大清會典事例》，卷506。

23　滿文密本檔，康熙四年五月初六日，〈施琅為舟師進攻台灣途次被風飄散擬克期復征事本〉，《統一檔案》，頁50。按施琅在此疏中沒有談到與荷人同征，不知何故。

24　《巴城日記》，第3冊，頁346。

參事會再次開會並研究決定:「如果韃靼人成為大員和福摩薩的主人並讓我們占有其地,就由商務員諾貝爾接收。」[25] 可見荷蘭人還是希望能夠占領台灣。他們所放棄的,只是與清方的聯合軍事行動。荷蘭人之所以不願意再派艦隊前往中國,主要有兩方面的因素:

第一、經過連續三年的大規模出征後,東印度公司感到財政緊張,難以支持。據《巴達維亞城日記》載:從1662年到1664年,共派出41艘船艦前往中國,「為了裝備這些船隻,公司一共耗費了黃金36噸,值白銀100萬兩」[26]。而公司每年的財政支出僅30萬兩銀子[27],這筆軍費開支實際上等於財政支出的三、四年。而且荷蘭人失去台灣後,現金來源枯竭,公司在亞洲各地貿易需要大量資金,荷蘭本國又供應不足,因此他們已無力負擔如此沉重的軍事費用。

第二,荷蘭人對與清方聯盟已經不感興趣。他們三次派艦隊前往中國,花費巨大,但收穫卻甚微。荷蘭人原來有兩個意圖:一是要在中國沿海自由貿易,另一是占領台灣。但關於第一條,荷蘭人得到的僅是清廷破例允許兩年貿易一次,儘管福建地方官員暗中作些手腳,荷蘭人每次載去的貨物都能夠出售,但這種貿易畢竟是在官方控制下進行的,根本談不上「自由」,而且貿易額和利潤額也極其有限;關於占領台灣,荷蘭人所能得到的僅是地方官員的口頭承諾,沒有任何的文件根據。因此荷蘭人認為與清方合作相當不上算[28]。

往後,荷蘭人便集中精力在雞籠和福州等地開展貿易,希望

25 《巴城日記》,第3冊,頁347。

26 引自黃文鷹等,《荷屬東印度公司統治時期吧城華僑人口分析》(廈門大學南洋研究所,1981年),頁89。

27 Van Leur,《印尼貿易與社會》,頁339,見黃文鷹等上引文,頁89。

28 關於清政府對荷蘭人的態度,參閱鄧孔昭,〈試論清荷聯合進攻鄭氏〉,《清代台灣史研究》(廈門大學出版社,1986年)。

雞籠「成為實現公司目標的有利場所」[29]。

第二節　荷蘭人重占雞籠及其失敗

1664年8月27日，荷蘭殖民者重新占領了雞籠。他們上岸後，馬上動手修復以前廢棄的城堡和建設物。鏟除荊棘，營建哨所，「建造警長住宅，設立鍛冶工場，在受到破壞的兩座西班牙城的稜堡之間建造石構的角面堡和半月堡」。同時在占領區內配置了240人的陸上兵力，其中士兵194人，由大尉赫曼・比特充任臨時指揮。在稜堡和其他防禦工事內安置了24門大炮，包括諾爾登・荷蘭稜堡16門，半月堡3門，炮台2門，弗古托利亞圓堡3門。除此之外，還命令周圍村社的原住民必須服從公司統治，向荷蘭人提供所需的食品和其他物品。留下一名宣教師在那裡主持禮拜[30]。

1665年5月，東印度參事會決定，由赫曼・比特繼續擔任雞籠的臨時指揮，但他必須在商務員諾貝爾的指揮之下，由諾貝爾全面負責中國和雞籠的貿易事務。在防衛方面，「為守衛航道，應該營造石構堡壘」[31]。同年10月31日，諾貝爾和福州評議會向巴城總督報告說：在雞籠營造的「城防工程進展很快，用不著對中國的敵人擔憂」[32]。1666年，巴城總督又向雞籠增派了40名士兵。至1667年底，在籠擔任防守的荷蘭人共計387名[33]。

荷蘭人占領雞籠後，立即在那裡收集各種可供販運的物品，以讓南來北往的船隻運往各地出售。1664年11月28日《巴達維亞

29　《巴城日記》，第3冊，頁348。

30　《巴城日記》，第3冊，頁234-344。

31　《巴城日記》，第3冊，頁338-349。

32　《巴城日記》，第3冊，頁350。

33　《巴城日記》，第3冊，頁355、359。

城日記》載：「我們已經購買了大鹿皮1,380張、鹿皮145張、山羊皮264張、砂金17 $7/18$里耳，這些都是用他們（指原住民）所喜歡的鐵交換來的。每百斤鐵可換取21或22克拉的砂金，重量1里耳。」這一年，荷蘭人從台灣運往巴達維亞的砂金重量24$7/18$里耳[34]。1665年5月東印度參事會寫給比特和雞籠評議會的信說：「雞籠鍛冶工場所需的煤炭可在當地開採。」[35] 第二年，「雞籠的報導說，該處已準備好用於鍛冶的煤炭232哈弗（halve，半桶），在一月份之前還可進一步收集。……在十二月份中，我們與福摩薩土人交換了重達45路比亞（roepia）的金子運往馬六甲」[36]。1666年，又有雞籠出產的皮革被運往日本，煤炭被裝船送往福州，再從那裡運往曼德羅哥爾[37]。

　　荷蘭人還把雞籠當作他們船隻在海上航行的停靠站和中轉基地。每年南季風起後，荷蘭船隻從巴達維亞出發，分別航向福州和雞籠，再航往日本。返航時也是在福州和雞籠停靠，再航往巴達維亞或東南亞各地。當時荷蘭人已在福州開展對清貿易，因此荷蘭船隻經常穿行於福州和雞籠兩地，甚至荷蘭人認為：「如果福州的韃靼人過分刁難我們，雞籠方面應為我方提供很大的便利。」[38]由此可見，荷蘭人把雞籠視為他們對清朝貿易的一個庇護所，至少來說它可以使荷蘭多一個從事貿易的基地。

　　但是，荷蘭人在雞籠的貿易規模卻是很小的，大大不如占據大員時期的一般年份。以巴達維亞送往雞籠的貨物量為例。從1664

34　《巴城日記》，第3冊，頁344。

35　《巴城日記》，第3冊，頁349。

36　《巴城日記》，第3冊，頁351-352。

37　《巴城日記》，第3冊，頁353-354。按1 roepia=28斯蒂法。

38　《巴城日記》，第3冊，頁349。

年至1668年，荷蘭人每年都要派遣船隻前往雞籠貿易，但所派船
數都只在二、三艘左右，運載貨物也只是3-5萬盾的規模（其中1667
年最多，才不過7萬多盾）。而且在送往雞籠的貨物中，有相當大
部分都是守軍必需的大米、小麥、衣物、彈藥以及各種食品和用
品，可供貿易的香料、鐵、毛紡織品、現金甚少（詳見下表）。從
這一角度看，荷蘭人在雞籠的貿易是十分有限的。

荷蘭船隻自巴城載貨前往雞籠一覽表

年份	船數（艘）	運貨價值（盾）	貨物內容	出處
1664	12	59056:3:7	商品、彈藥等	p.343
1665	3	39124:17:6	商品	p.348
1666	2	37941:10:11	大米、小麥、現金、羅絲、粗毛、織品、毛布、衣服、襯衣、帽子、香料、銃、旅行用品、職工用品、食品等	p.356-357
1667	3	73555:19:6	衣服、現金、各種紡織品、大米、火藥、鐵、食品、彈藥、職工用品等	p.358-359
1668	3	44493:13:8	現金、大米、小麥、花生、豆、鹽、Arack酒、牛肉、燻豬肉、毛布、襯衣、帽子、上等羅紗、綾織毛紡品、火藥、彈丸、火繩、文具、薔薇水、旅行品、食品、戰鬥用品等	p.360-362

資料來源：《巴達維亞城日記》第3冊。註1664年12艘，留在雞籠僅2艘。

再從運回巴達維亞的貨物看，也很能說明問題。1666年4月29
日，諾貝爾率領一艘荷船自雞籠返抵巴城，它共運載了60,927盾1
斯蒂法5便尼的各種商品，其中屬於雞籠出產的僅是半桶煤炭。具
體如下[39]：

39　《巴城日記》，第3冊，頁353。

純銀	13,250兩
麝香	53斤
絹織品	115匹
冶煉用的半桶煤炭	252個
鐵鍋	500個
精細銀	285ropia
鑽石戒指	4個
合計價值	60,927盾1斯蒂法5便尼

荷蘭人在雞籠貿易的不景氣，是與荷、清關係的變化有很大關係的。

1665年荷蘭人退出清、荷聯盟後，荷、清之間的關係就開始惡化。特別是1665年6、7月間，康熙四年五月，荷蘭人在浙江普陀山搶劫寺院，「盡取鑄像、幢藩等物往日本貿易，得金二十餘萬」[40]，這引起了清廷的極大憤恨。清朝政府早就對荷蘭人要求在沿海「擇地常久貿易」懷有戒心，並認為「外夷稟性貪利」，「伊等遇事游移，疑慮重重」，令人難以琢磨[41]。普陀山事件後，更使清政府看清荷蘭殖民者燒殺掠奪的本性。1666年福建總督李率泰終臨之前上疏清廷說：「紅毛夾板船雖已回國，然而往來頻仍，異時恐生釁端。」[42]當年康熙帝立即下令：永遠停止荷蘭人兩年一次貿易的規定[43]。1667年又針對荷蘭人違例從福建入貢事諭令：「除今

40　《南海普陀山志》，卷6。
41　滿文密本檔，康熙2年11月20日〈耿繼茂等題報荷蘭船助攻出力並窺伺台灣事本〉，《統一檔案》，頁20-21。
42　印鸞章，《清鑑綱目》，頁187。
43　《欽定大清會典事例》，卷510。

次不議外，嗣後遇進貢之年，務由廣東行走，別道不許放入。」[44]
也就是說，從1666年起，清政府已先後取消了荷蘭人在福建的一切
優惠待遇。

另一方面，從1665年起，由於施琅三次出征台灣都沒有成功，
清政府決定改變對台灣鄭氏的政策：停止使用武力，調施琅入京；
在沿海厲行海禁，同時不斷派員前往招撫，以期最終迫使鄭氏官
兵投誠。而荷蘭船隻經常航行於福州、雞籠兩地，這是對海禁政
策的極大破壞。而且荷蘭人占據雞籠，也引起清政府的警惕，擔
心他們會勾結鄭氏對抗清朝。《巴達維亞城日記》1665年12月3日
載：「韃靼人似乎不喜歡我船由雞籠來到福州後再派往雞籠。我
方占領雞籠並與台灣毗鄰，已引起他們的猜疑，大概是擔心由他
們海岸到那裡的帆程不過一日，我方如與敵方聯合將會給他們帶
來很大的麻煩。」[45]因而，在清政府厲行海禁的政策下，荷蘭人要
在福州、雞籠招徠貿易也就很困難了。

再從台灣島內的情況看，鄭氏對於荷蘭人占據雞籠也十分注
意，極力加以驅逐。1665年荷蘭人發現有6艘舢仔船運載70名中國
人（水手不計）來到淡水，把該處的安東尼奧（Anthonio）廢堡用木柵
圍起來，切斷了淡水與雞籠的聯繫，致使荷蘭人食品奇缺，他們認
為有必要「將上述敵人逐走」[46]。1666年5月，鄭經更派出將領率
軍前去攻打雞籠城。據說鄭軍共有船隻60艘，士兵6,000名，與荷軍
交戰9天仍無法攻下，最後撤退[47]。《海紀輯要》記云「丙丁(1666)
年，世子命勇衛黃安督水陸諸軍攻之，親隨鎮林鳳戰死」[48]。可見

44　《欽定大清會典事例》，卷511。

45　《巴城日記》，第3冊，頁351。

46　《巴城日記》，第3冊，頁351-352。

47　見賴永祥，〈清荷征鄭始末〉。

48　夏琳，《海紀輯要》（台灣文獻叢刊本），頁65。

戰鬥是很激烈的。1667年12月11日《巴達維亞城日記》又載：根據
比特和雞籠評議會寄來的書信，「得知……敵人國姓爺集團雖擁有
比以前更強大的兵力，而且威嚇說要攻打雞籠，但沒有實行。在這
期間，我國人已經做好了一切防禦準備，有387人擔任防守」[49]。
荷蘭人為了抵禦鄭氏軍隊的進攻，不得不增加防衛力量。

荷蘭人在雞籠貿易不振，而軍事費用卻負擔很重，因此雞籠
方面的財政狀況十分糟糕。以1668年為例，荷蘭人在費用方面共
支出98,549盾，而所得收入僅18,918盾，損失高達79,630盾[50]。這
對於「稟性貪利」的荷蘭人來說，是絕對難以接受的。在福州，
荷蘭人與清朝「高級官吏的經紀人」進行貿易也獲利甚少，從1662
年至1666年1月，共出售貨物逾75萬盾，購進貨物逾100萬盾，純
利僅40%[51]。況且從1666年以後，荷蘭人在福州的貿易被全部禁
止，他們在中國沿海已經是無利可圖了。

1668年7月5日，巴達維亞當局被迫作出決定：撤離全部駐守
在雞籠的軍隊和其他物資，放棄這一地區，並派兩艘船隻前往執
行[52]。10月18日，荷蘭人將所有公司留存的現金、衣服、食品、彈
藥以及職工用的工具等都裝載上船，371名荷蘭人也登船完畢，離
開雞籠。撤離前，荷蘭人還炸毀了設在那裡的城堡和工事[53]。荷蘭
殖民者的侵略勢力最終從台灣消失了。1669年初，雞籠已在鄭氏
軍隊的控制之下。

---

49 《巴城日記》，第3冊，頁359。
50 引自中村孝志，〈十七世紀荷蘭人在台灣的探金事業〉。
51 張韋生，〈荷蘭東印度公司、台灣鄭氏與清帝國的關係——介紹《胡
　　椒、槍炮及戰場談判》一書〉。
52 《巴城日記》，第3冊，頁361。
53 《巴城日記》，第3冊，頁364-365。

第九章

結語

　　17世紀上半期，荷蘭殖民者憑藉著船堅炮利，占領台灣長達38年之久。這38年，在人類歷史長河中是短暫的，但在台灣歷史上，它卻占有重要地位。它是台灣第一次淪爲外國殖民地，也是大陸向台灣大規模移民與開發的起點。從中國史的角度說，荷蘭是「十七世紀標準的資本主義國家」[1]，它的入侵，揭開了近代西方資本主義勢力侵略中國的序幕！

　　荷蘭殖民者占領台灣有著深刻的歷史背景。16、17世紀，歐洲各國已進入資本原始積累時期，葡萄牙、西班牙、荷蘭、英國，相繼派遣船隊航行於世界各地，搶占殖民地，掠奪資源財富，展開激烈的「商業戰爭」。而台灣正處在亞洲東部的交通要道上，它很快就成了東、西各侵略勢力爭奪的焦點。在中國內部，明王朝封建統治已相當腐敗，吏治不修，國力衰弱，消極的防海政策更使台、澎地區的防備形同虛設。東南沿海商品經濟的發展，私人海上貿易已集結成各種武裝集團，他們中的一些人（如李旦等）與明朝地方官吏既相勾結，與西方殖民地又有聯繫，在這種錯綜複雜的背景下，荷蘭殖民者乘虛而入，兩次占領澎湖、又從澎湖移占台灣。

1　馬克思，《資本論》，第1卷。

荷蘭殖民者在台灣的統治可劃分爲四個階段：

1624-1634年，這是荷占初期各種矛盾與衝突全面爆發，荷蘭人面臨嚴重挑戰的階段。在宋克率艦隊移占大員後，各種矛盾就隨之而起。1625年發生荷日關稅糾紛事件，後來演化爲濱田彌兵衛的武力衝突；1626年西班牙人又占領雞籠，與荷蘭人形成南、北對峙之勢。與此同時，鄭芝龍等海上勢力相繼興起，福建沿海動盪不安，荷蘭人與中國的通商亦發生困難。而在台灣，新港、麻豆等社原住民紛起反抗，給荷蘭人以沈重打擊。荷蘭人在大員的統治岌岌可危，他們不得不採取多種策略，勉爲應付。對日本人妥協，對西班牙人強硬，對中國以武力通商，與鄭芝龍或和或戰，最後被迫放棄在中國沿海自由通商的計畫，在大員等候貿易。1634年以後，北部西班牙的威脅也逐漸減弱，荷蘭人才基本度過了早期的危機。

1635-1640年，這是荷蘭人在大員全力發展轉口貿易，各項事業初步展開的階段。1635年，隨著劉香勢力被剿除，台灣海峽恢復平靜，荷蘭人在大員的貿易也急速發展起來。在這時期，每年有一、二百艘商漁船隻前往大員貿易，荷蘭人大量收購中國商品，過往日本、巴達維亞以及東南亞各地出售，有一部分商品被運往歐洲。大員成爲向各地輸送中國商品的重要基地。至1640年，轉口貿易發展到最高峰，從大員輸出的貨物高達770多萬盾，加上向中國大陸輸出的胡椒等香料，總計年貿易額在800萬盾以上。這是荷據台灣38年間轉口貿易最繁盛的時期。與此同時，荷蘭人還出動兵力，開始鎮壓大員附近原住民的反抗，穩住了在大員的統治，並把其殖民勢力發展到台灣南部。捕鹿、墾殖、探金、傳教等項事業也初步展開。

1641-1650年，這是荷蘭人大力經營台灣，全面加強殖民統治的時期。1640年以後，隨著大陸戰亂逐漸加劇，鄭芝龍又不與之

合作，荷蘭人在大員的轉口貿易急劇下降，在這種情況下，如何經營台灣就提到議事日程上來。此後，荷蘭人將經營重心轉入台灣島內，改變以往以轉口貿易為主的策略，在開展轉口貿易的同時，注重於本島的經營與統治。在政治上，從1641年，荷蘭人多次集結兵力，征伐台灣中部、東部和北部，驅逐了西班牙人勢力，將自己的統治範圍擴展到全島大部分地區。同時著手編製「番社戶口表」，劃分行政區域、確立原住民地方會議制度和納貢制度。對漢族移民的統治也在加強。在經濟上，趁大陸戰亂之機，採取措施鼓勵移民入台，發展糖、米生產，以增加殖民地收入。同時加強稅收管理，提高稅率，增加稅種，實行賦稅承包制。在傳教方面，隨著殖民勢力的擴張，傳教範圍也相應擴大，在傳播基督教的同時，興辦各種教會學校，以期從根本上解決穩固統治的問題。至1647年，公司的財政收支狀況已大為好轉。1649年總收入達到107萬餘盾，比據台初期的1629年（1萬多盾）增加了將近100倍！

　　1651-1662年，這是荷蘭人在台灣統治出現危機直至失敗的階段。進入50年代後，荷蘭人的統治日益衰敗，受公司控制的原住民人口急劇減少，傳教事業大不如前。隨著殖民地剝削的加重，台灣人民反抗荷人統治的情緒也日漸高漲，1652年爆發郭懷一起義，標誌著荷蘭人的統治已出現危機。另一方面，鄭成功海上勢力的興起，對荷蘭人形成了嚴重的威脅。荷蘭人幾乎每年都在擔心鄭成功將要出兵攻打台灣，統治危機與強化統治互相交織在一起。在這一時期，荷蘭人增加了駐軍人數，加築城堡，加強對台灣人民的控制與迫害，殖民地收入不見增長，但財政支出卻比40年代每年增加10萬盾以上。1654年以後，荷、鄭關係已嚴重惡化，鄭成功實行海禁、何斌出逃，直至1662年荷蘭人在台灣的統治徹底失敗。

　　荷蘭人在台灣的殖民統治，是少數人對多數人的統治。他們為了穩固統治地位，一方面實行武力鎮壓，在血腥屠殺的基礎上

建立起統治秩序。另一方面採取分而治之的政策，不使漢族移民與原住民任意交往，挑撥各族人民之間的思想感情，這在台灣歷史上是產生極為惡劣的影響的。與此同時，在台灣傳播基督教，把傳教當作軍事鎮壓與行政控制的補充。

在經濟上，荷蘭人實行野蠻的掠奪性政策。一切以是否能為公司增加財富為轉移。在這種掠奪性政策影響下，台灣鹿皮資源遭到了毀滅性的破壞；普通勞動者過著極其貧困的生活，他們不僅要負擔各種賦稅而且承受著雙重的剝削和各種攤派。台灣的糖、米生產及其他產業完全納入公司商業貿易的軌道。荷蘭人通過發放貸款、免除稅收、調整收購價格等手段來控制和影響生產，使它們完全適合於荷蘭人掠奪的需要。這種殖民地經濟充滿著商品生產的色彩，是與荷蘭東印度公司作為商業殖民機構相適應的。但另一方面，它也在台灣歷史上產生了久遠的影響。

荷蘭殖民者占領台灣時期，大批漢族移民湧入台灣，開墾土地，發展生產，成為台灣開發史的重要轉折點。這一歷史事實一方面與荷蘭人的獎勵政策有密切關係，另一方面與大陸的戰亂更是直接關連。而隨著移民人口的不斷增加，荷蘭人與中國人的矛盾就日益尖銳起來。他們已越來越擔心隨著移民人口的增長，公司的統治將被推翻。事實上，荷蘭人的殖民體制已無法容納更多的社會生產力，只有打破這個桎梏，台灣的開發才有進一步發展的可能。從這個意義上說，鄭成功收取台灣，不僅可以維護中國的領土完整，同時也是台灣社會經濟繼續發展的必然要求。

附錄

巴城總督一覽表

任職時間	原　名	漢譯名
1609-1614	Piter Both	彼得・伯斯
1614-1615	Gerard Reynst	格拉德・雷因斯特
1616-1618	Laurens Reaal	勞倫斯・里亞爾
1618-1623	Jan Piterzoon Coen	燕・彼德爾森・格恩
1623-1627	Pieter de Carptntier	彼得・德・卡本特
1627-1629	Jan Pieterzoon Coen	燕・彼得爾森・格恩
1629-1632	Jacques Specz	雅克・史佩克斯
1632-1635	Hendrick Brouwer	亨德里克・布勞威爾
1636-1645	Anthony van Diewen	安東尼・樊・第蒙
1645-1650	Cornelis van de Lijn	科尼利斯・樊・德・利英
1650-1653	Carel Reyniersz	卡爾・雷爾茲
1653-1678	Joan Maetsuycker	約翰・瑪茲克

台灣長官一覽表

任職時間	原　名	漢譯名
1624-1625	Martinus Sonck	馬爾登・宋克
1625-1626	Gerard Frederikzoon de With	哲拉・弗里弟里茲・德・韋特
1627-1629	Piter Nuyts	彼得・訥茨
1629-1636	Hans Putmans	漢斯・普特曼斯
1636-1640	Johan van der Burch	約幹・樊・德・伯格
1641-1643	PaulusTraudenius	保魯斯・特羅登紐斯
1643-1644	Maximiliaen le Maire	馬克西米利安・勒・麥爾
1644-1646	Franeois Caron	法蘭索斯・卡朗
1646-1650	Pieter Antoniszoon Over Water	彼得・安東尼・奧弗特・華特
1650-1653	Nicolaes Verburgh	尼古拉斯・費爾堡
1653-1656	Cornelis Cesar	康納利斯・卡薩
1656-1662	Fredrick Coijet	弗里第里克・揆一

駐台牧師一覽表

原 名	漢澤名	駐台時間	備 註
Georgius Candidius	甘第丟斯	1627-1631 1633-1637	
Robertus Junius	尤紐斯	1629-1641 1641-1643	1641年曾回巴城
Assuerus Hoosgeteyn	荷斯戈登	1636-1637	病歿於目加溜灣
Joannes Lindeborn	寧德本	1636-1637	被解職遣回
Gerardus Leeuwius	利未斯	1637-1639	病歿於熱蘭遮城
Joannes Schotanus	斯格唐那茲	1638-1639	生活放蕩被解職遣回
Joannes Bavius	巴維斯	1640-1647	病歿於熱蘭遮城
N. Mirkinius	米金紐斯	1641-？	
Simon van Breen	布倫	1643-1647	
Joannes Happartius	哈約翰	1644-1646	病歿於熱蘭遮城
Daniel Gravius	哥拉韋斯	1647-1651	
Jacobus Vertecht	瓦提烈	1647-1651	
Antonius Hambroek	漢布魯克	1648-1661	被鄭成功殺死
Gilbertus Happartius	哈帕丟斯	1649-1652 1653	再次來台，8月8日病歿
Joannes Cruyf	克魯夫	1649-1662	被鄭成功俘虜，後返回
Rutger Tesschemaker	特斯徹馬克	1651-1653	在台灣病歿
Joannes Ludgens	魯德根茲	1651	在澎湖病歿
Gulielmus Brakel	布拉科爾	1652	抵台後不久病歿
Joannes Backerus	巴克爾	1653	

Abrahamus Dapper	達帕爾	1654	
Robertus Sassenitus	薩森尼紐斯	1654	
Marcus Masius	馬修斯	1655-1661	鄭成功入台，逃往日本
Petrus Masch	默斯	1655-1662	被鄭成功殺死
Joannes Kampius	甘庇斯	1655	病歿於二林
Hermanus Bushof	布索夫	1655-1657	
Arnoldus a Winsemius	威澤繆斯	1655-1662	被鄭成功殺死
Joannes de Leonardis	列奧那第斯	1655-1661	被鄭成功俘虜、後遣往中國大陸
Jocobus Ampzingius	安波金斯	1656-1657	病歿於二林
Gulielmus Vinderus	汶德魯斯	1657-1659	病歿於台灣

重要譯名對照表

人名

一畫

一官（鄭芝龍） Nicholas Iquan

二畫

二官 Niquan

四畫

王夢熊 Ong Sofi、Engsoepi
尤里安森 Jan Jeuriaensen
尤紐斯 Robertus Junius
丹克爾 Johannes Danckers
巴龍 Baron
巴維斯 Joamnes Bavius

五畫

比特 Herman de Bitter
瓦爾德斯 Antonio Carřno de Veldés
甘為霖 Wm. Campell
甘第丟斯 Georgius Candidius

本唐紐斯 Bocatius Pontanius
布倫 Simon van Breen
布勞韋爾 Hendrick Bouwer
布恩 Boon
平藏殿 Fesidonne
卡本特 Pieter de Carpentier
卡郎 Francois Caron
卡薩 Conelis Caesar
尼霍夫 Johan Nieuhofs
弗朗斯 Christiaan Francx
弗斯特根 Willem Verstegen

六畫

考烏 Hocob Caeuw
考克斯 Richard Cocks
托馬森 Albert Thomassen
伊伯倫 Thomas van Iperen
池貴 Cipzuan、Quisuan

七畫

貝德爾 Thomas Pedel
克倫克 Herman Klenke
李旦 Adri Dittas、Andrea Dittus

李國助　Augustin Iquan

李魁奇　Quitsicq

利文斯　Carel Lievensz

何斌　Pienqua

伯尹　Anthonij Boeij

伯格　Johan van der Burch

宋克　Martinus Sonck

八畫

阿爾多普　Aldorp

林戈　Johan van Lingan

拉莫丟斯　Lamotius

波特　Baltasar Bort

九畫

馬可路德　Macleod

馬利尼爾　Mariniere

馬修斯　Marcus Masius

馬蒂尼（衛匡國）　Martin Martini

馬提利夫　Cornelis Matelif

韋利斯　Manten Gerritsen Vries

韋特　de With

韋麻郎　Wijbrand van Waerwijk

韋斯　Albrecht Wirth

韋塞林　Marten Wesselingh

韋霍爾特　Adam Verhult

胡興　Ouhinko

柯恩　Jan Pieterzoon Coen

哈約翰　Joannes Happartius

哈帕特　Gabriel Happart

哈帕丟斯　Gilbertus Happartius

哈洛西　Henrick Harrousee

哈特森　Carel Hartsingh

哈曹爾　David Harthouwer

科爾康拉　Hurtado de Corcuera

洪通事（洪玉宇）　Hongtsiensou

十畫

庫克巴克爾　Couckebacker

紐維路德　Cornelis van Nieuwe-
　　roode

埃斯赫爾　Eysscher

哥頁　Pieter de Goijer

哥拉韋斯　Daniel Gravius

特羅登紐斯　Paulus Traudenius

十一畫

訥茨　Pieter Nuyts

麥爾　Maximiliaen le Maire

麥哲倫　Fernao de Magalhães

郭苞　Pau

理加　Dijcka

勒弗雷　Hendrick Levreij

勒奧那杜斯　Leonardus

梅爾德　Johan van Meldert

梅伊　Philips Meij

第蒙　Antonio van Dieman

康尼利斯　Symen Cornelisz

康斯坦　Jacob Constant

十二畫

開澤　Jacob de keijser

華弗倫　Jan Oetgens van Waveren

華根納爾　Wagenaer

華特　Pieter Antoniszoon Over
　　　Water

費爾堡　Nicolaes Verburgh

描難實叮　Valentijn

斯切弗利　Schiffely

斯切德爾　Frederick Schedel

斯爾瓦　Don Fernands de Silva

斯密托　Juriaen Smito

揆一　Fredrick Coijet

普特曼斯　Hans Putmans

十三畫

達・伽馬　Vasco da Gama

達帕爾　Dapper

瑪茲克　Joan Maetsuycker

奧廷斯　Johannes Lauotins

賈斯帕(鄭芝龍)　Nicholas

Gas-pard

塔博拉　Don Juan Niňo de Tabor

奧羅佛　Hans Oloff

雷約茲　Cornelis Reijersz

詹姆斯　Willem Jansz

十四畫

漢布魯克　Antonius Hambroeck

赫波特　Albrecht Herport

十五畫

劉香　Jan Clauw、Janglauw

鄭泰　Sanja

鄭鴻逵　Sikokong

魯廷斯　Hans Rutens

樊特朗　Jan van der Laan

十六畫

龍官　Louequa

諾貝爾　Constantine Nobel

鮑塞倫　Pieter van Borselen

霍特曼　Cornelis de Houtman

十七畫

鍾斌　Toutsailack

十八畫

薩摩蒂奧　Don Jaan de Zamudio

十九畫

羅伯・歐蒙　Lopo Homen

二十畫

蘭斯曼　Francois Lansman
蘇鳴崗　Bencon

船名

布列丹號　Cleyn Bredam
布魯克哈文號　Brouckerhaven
卡斯特利康號　Castricum
白鷺號　de Vink
西卡佩爾號　West Cappel
伊拉斯莫斯號　Erasmus
米爾曼號　de Meerman
貝弗維克號　Beverwijck
伯文卡斯佩爾號　Bovencarspel
伯拉克號　de Bracq
馬利亞號　Maria
科克倫號　Koukeren
科登霍夫號　Cortenhoef
烏克號　Urk
班德號　Band
格拉弗蘭號　's Gravelande
格羅寧根號　Gronigen

特克塞爾號　Texel
荷蘭地亞號　Hoogelande
斯洛特迪克號　Slooterdijck
聖克魯伊斯號　St. Cruys
奧德華特號　Ouderwater
路切號　de Roch
齊里克澤號　Zienick Zee
赫爾特號　't Vligende Hert
赫爾特號　Hector
熊號　de Beer
熱利德爾號　Zeeliddel
德波號　de Pauw

地名（包括城堡）

二林　Gielim、Tackeijs、Taokais
士美村　Smeer Dorp
大巴六九社　Tammaloccau
大阪　Osacca
大員 Tayuan、Tayouan、Thaiwan
大武壠　Tevoran
小琉球（台灣）Lequeno Pequeno
六坤　Lochon
巴達維亞　Batavia
巴林邦　Palembangh
打狗　Tankoya
平戶　Firando
卡韋特　Cavite

卡加延　Cagayan

目加溜灣　Baccaluwangh

安東尼奧堡　Anthonio

赤崁　Sakan

里漏　Linauw

阿束　Assuk

拉曼港(大員)　Lamangh

金包里　Kimauri

法沃蘭　Favorlangh, Vavoralangh

韋利辛根堡　Vlissingen

烏英哥拉　Wingurla

烏特列支圓堡　Utrecht

班達　Banda

得其黎　Takilis

麻豆　Mattau

彭亨　Pahan

普羅文查　Provintia

聖多明哥城　Santo Domingo

聖救主城　San Salvador

奧倫治城　Oranje

新港　Sinckan

福摩薩　Formosa

漳州　Chincheo

熱蘭遮　Zeelandia

熱堡　Zeeburg

澎湖　Pescadores

蕭壠　Soulangh、Sulang

貓兒干　Vassikangh

專有名詞

牛奔廊　Goela-bouw(e)r-molen

甲必丹　Captain

司令官　Kommandeur

地方會議　Landtadag

行政長官　Gouverneur

改革教派　De Gereformeerde Kerk

坎甘布　Cangan

里耳　Real

長老(僑長)　Cabessa

拉斯特　Last

政區　Politiken

哈弗(半桶)　Halve

便尼　Pening

荷盾　Guilder

都司　Touzy

斯蒂法　Stuiver

路比亞　Roepia

擔(百斤)　Picol、Pikul

臺灣研究叢刊

荷據時代台灣史

2000年10月初版　　　　　　　　　　　　　　定價：新臺幣300元
2012年10月初版第三刷
有著作權・翻印必究
Printed in Taiwan.

著　　者	楊　彥　杰	
發 行 人	林　載　爵	

出　版　者	聯經出版事業股份有限公司	責任編輯	李　國　維
地　　　址	台北市基隆路一段180號4樓	特約編輯	張　運　宗
台北聯經書房	台北市新生南路三段94號	封面設計	王　振　宇
電　　話	(0 2) 2 3 6 2 0 3 0 8		
台中分公司	台中市北區健行路321號1樓		
暨門市電話	(0 4) 2 2 3 7 1 2 3 4　e x t . 5		
郵政劃撥帳戶第	0 1 0 0 5 5 9 - 3 號		
郵 撥 電 話	(0 2) 2 3 6 2 0 3 0 8		
印　刷　者	世和印製企業有限公司		
總　經　銷	聯合發行股份有限公司		
發　行　所	新北市新店區寶橋路235巷6弄6號2F		
電　　話	(0 2) 2 9 1 7 8 0 2 2		

行政院新聞局出版事業登記證局版臺業字第0130號

本書如有缺頁，破損，倒裝請寄回台北聯經書房更換。　ISBN　978-957-08-2148-2 (平裝)
聯經網址 http://www.linkingbooks.com.tw
電子信箱 e-mail:linking@udngroup.com

國家圖書館出版品預行編目資料

荷據時代台灣史 / 楊彥杰著 .
　--初版 . --臺北市：聯經，2000年
　330面；14.8×21公分 .（臺灣研究叢刊）
　ISBN　978-957-08-2148-2（平裝）
〔2012年10月初版第三刷〕

1.台灣–歷史–荷據時期（1624-1661）

673.225　　　　　　　　　89014846